U0683845

2023年
ICT 深度观察

中国信息通信研究院／编

CAICT Insight ON
ICT-2023

人民邮电出版社
北　京

图书在版编目（CIP）数据

2023年ICT深度观察 / 中国信息通信研究院编. --
北京 : 人民邮电出版社，2023.8
ISBN 978-7-115-61936-5

Ⅰ．①2… Ⅱ．①中… Ⅲ．①信息产业－产业发展－
研究报告－中国－2023 Ⅳ．①F492

中国国家版本馆CIP数据核字(2023)第104316号

内 容 提 要

  本书主要内容为中国信息通信研究院 2023 年在 ICT 产业、两化融合与产业互联网、无线移动、信息网络、先进计算、大数据与人工智能、数字经济与工业经济、数字治理与法律、网络安全九大科学研究领域的深度观察、研究报告，具有较强的时效性、权威性和实用性。

  本书的主要读者对象为国内外电信运营商、设备制造厂商、增值服务提供商，以及政府部门、行业协会、研究机构的相关人员。

◆ 编　　　　　　中国信息通信研究院
  责任编辑　苏　萌
  责任印制　马振武

◆ 人民邮电出版社出版发行　　北京市丰台区成寿寺路 11 号
  邮编　100164　电子邮件　315@ptpress.com.cn
  网址　https://www.ptpress.com.cn
  北京市艺辉印刷有限公司印刷

◆ 开本：787×1092　1/16
  印张：17.75　　　　　　　2023 年 8 月第 1 版
  字数：325 千字　　　　　　2023 年 8 月北京第 1 次印刷

定价：149.80 元

读者服务热线：(010)81055493　印装质量热线：(010)81055316
反盗版热线：(010)81055315
广告经营许可证：京东市监广登字 20170147 号

编 委 会

作者

ICT 产业篇　　刘高峰　张晶　卢玥　刘泰　张丽　胡昌军　李小虎　张悦　袁媛　张利华　王义　张雅琪　张倩　王文跃　孙路遥　吴晓卿　齐永欣　田康叶　陈润竹　吕佳欣　王晨　董颖璇　齐佳

两化融合与产业互联网篇　　刘默　刘阳　王润鹏　汪俊龙　杨昊亭　侯羽菲　赵旭　贾金鹏　王海萍　刘棣斐　高艳丽　齐曙光　汤立波　闵栋　徐浩铭　张蕾　陈影　张轲欣　万洁羽　李昭伦　洪雅兰　李婷伟　吕东阳

无线移动篇　　万屹　李珊　果敢　朵灏　杜加懂　徐冰玉　曹磊　李侠宇　吕日昇　夏仕达　刘硕　马玉娟　刘念　付国强　张大坤　赵慧麟　王艳红　王志玮　杨艺　林鹏　蔡雯琦　王琦　侯伟彬　张天静　李思栋

信息网络篇　　党梅梅　苏嘉　程强　杨波　李少晖　徐云斌　王一雯　高巍　张杰　李芳　汤瑞　朱鹏飞　张恒升　余文艳　李曼

先进计算篇　　黄伟　周兰　陈曦　王扬　邸绍岩　黄璜　王骏成　王琼　赵泽雨　张博　岳楠　史曼

大数据与人工智能篇　　魏凯　王蕴韬　董昊　丁欣卉　吕艾临　王卓　吴因金　马飞　苏越　赵伟博　周丹颖　王少鹏　邱奔　颜媚　呼娜英

1

数字经济与工业经济篇　　孙克　李小虎　巩天啸　何阳　汪明珠　姜颖　胡燕妮　耿瑶　王李祥　冯泽鲲　郭怡笛　贺新宇　袁媛　张洁　汤惠民

数字治理与法律篇　　张春飞　方禹　毕春丽　石中金　刘陶　张子淇　邱晨曦　石月　杨媛　王甜甜　刘耀华　李侃　李强治　石立娜　殷勇　裴吉鹏　袁纪辉　彭宁楠

网络安全篇　　田慧蓉　丰诗朵　李慎之　谢俐倞　周丽丽　冯哲　王玉环　赵相楠　杨文钰　杨朋　焦贝贝　马娟　吴诗雨　陈杰　葛悦涛　崔枭飞　冯泽冰　王哲

序

  2022 年是党和国家历史上极为重要的一年。这一年，中国共产党第二十次全国代表大会胜利召开，描绘了全面建设社会主义现代化国家的宏伟蓝图。2022 年《政府工作报告》提出，要建设数字信息基础设施，逐步构建全国一体化大数据中心体系，推进 5G 规模化应用，促进产业数字化转型，发展智慧城市、数字乡村，为行业持续稳定高质量发展提供重要指引。面对复杂多变的国际环境和艰巨繁重的国内改革发展稳定任务，信息通信业迎难而上，5G、工业互联网、云计算、人工智能等新型基础设施的建设取得新进展，各项应用普及全面加速，为打造数字经济新优势、增强经济发展新动能提供有力支撑。

  过去一年，在党中央、国务院的坚强领导和产业各方的共同努力下，我国信息通信业平稳持续增长，融合赋能传统产业效应进一步凸显。数字经济发展取得新突破，2021 年我国数字经济规模达到 45.53 万亿元，占 GDP（国内生产总值）的比重为 39.8%。其中，数字产业化规模为 8.35 万亿元，产业数字化规模约 37.18 万亿元，数字化转型向纵深加速拓展。**基础支撑能力跨越式发展**。2022 年我国累计建成开通 5G 基站 231 万个，千兆光网具备覆盖超过 5 亿户家庭的能力，全国已实现"县县通 5G""市市通千兆"。全方位、多层次、立体化的网络互联架构加快形成。IPv6 网络的端到端贯通水平和服务质量不断提升。**技术产业实力日益增强**。我国企业的 5G 标准必要专利数量保持世界领先，在高性能计算、量子计算等领域取得一批重大科技成果。通信设备、光纤光缆、智能手机占据全球半数市场份额，大数据、云计算、区块链市场规模保持世界领先。**融合应用程度不断深化**。5G 行业虚拟专网超过 1 万个，"绽放杯"5G 应用征集大赛的参赛项目近 3 万个，超五成项目进入商用落地阶段。飞机、船舶、汽车、电子等领域的"5G+工业互联网"在建项目超过 4000 个，培育了一批高水平的 5G 全连接工厂标杆。**数字化治理体系日益完善**。数字经济治理规则逐步完善，治理手段和治理方式逐步优化，数字社会、数字政府建设持续推进，公共服务、社会治理的数字化、智能化水平不断提高。行业管理效能进一步提升，健全市场主体的全生命周期信用管理，实现事前、事中、事后全流程监管联动。完善 App 全链条监管，2022 年工业和信息化部共组织 6 批次技术抽测，检测 151 万款 App，持续净化 App 生态。**数字惠民水平大幅提升**。第八批电信普遍服务试点项目累计支持全国超过 9000 个农村 4G、5G 基站建设。648 家网站和 App 完成了适老化改造。信息通信技术助力新冠疫情防控更加科学、精准，信息通信服务的感知水平持续提升。**安全保障能力持续增强**。优质、高效地完成中国共产党第二十次全国代表大会等重大活动的网络安全和应急通信保障任务。关键基础设施的安全防护能力持续夯实，电信网络持续安全、稳定运行。防范、治理电信网络诈骗成效显著，全年累计拦截涉诈电话 18.2 亿次，加快织密织牢安全防护网。

2023 年是全面贯彻落实党的二十大精神的开局之年，是实施"十四五"规划承上启下的关键一年。中国信息通信研究院将坚持以习近平新时代中国特色社会主义思想为指导，顺应新一代信息技术产业变革与创新趋势，秉承"国家高端专业智库、产业创新发展平台"的发展定位，聚焦 ICT 产业、两化融合与产业互联网、无线移动、信息网络、先进计算、大数据与人工智能、数字经济与工业经济、数字治理与法律、网络安全九大科学研究领域，持续夯实 5G/6G、工业互联网、数字经济等重大战略研究成果，为网络强国和制造强国建设提供有力支撑，为推进新型工业化贡献力量。

《ICT 深度观察》是中国信息通信研究院持续发布的年度重磅成果，已连续 15 年发布，是业界观察和研判产业大势的重要读本之一。本书集中了上述九大科学研究领域的最新研究成果，希望能够为社会各界了解 ICT 产业最新态势和发展趋势提供参考。不足之处，请读者不吝指正。

王志勤

2023 年 3 月于北京

目录

ICT 产业篇

导　读

　　2022 年，全球经济增长预期大幅下滑。新兴科技与产业成为大国博弈的新赛道，数字化、新能源等成为全球主要国家抢占竞争制高点的聚焦领域。全球 ICT 产业规模在复杂的外部环境下总体相对平稳增长。

　　2022 年，我国 ICT 产业规模持续增长，创新引擎地位进一步巩固。电信业加快转型升级、创新赋能，收入保持快速增长；互联网企业积极应对经营压力，加速向内深耕、向外拓展；软件业收入稳步增长，信息技术服务业收入占比不断提升；电子信息制造业韧性强劲、持续升级，保持较快增长。

　　展望 2023 年和未来 3 年，信息技术正处于系统创新和智能引领的重大变革期，ICT 对实体经济的数智化赋能将加速向深、向广、向新发展。我国 ICT 产业正在加强统筹创新布局，加快关键技术突破和产业化推进，持续赋能千行百业，加快构建现代化产业体系。在不断深化数字化转型的过程中，我国 ICT 产业将开启高质量发展新征程，产业规模将持续快速增长。

本篇作者：

刘高峰　张晶　卢玥　刘泰　张丽　胡昌军　李小虎　张悦　袁媛　张利华　王义
张雅琪　张倩　王文跃　孙路遥　吴晓卿　齐永欣　田康叶　陈润竹　吕佳欣　王晨
董颖璇　齐佳

一、2022 年 ICT 产业发展综述

（一）2022 年全球 ICT 产业发展回顾

在多重因素影响下，2022 年全球 ICT 服务业收入增速放缓回落，ICT 制造业收入规模小幅下降。数字鸿沟、气候变化等国际普遍性问题日益凸显，世界主要国家和地区加快了科技创新和产业培育的步伐，以卫星互联网、人工智能、元宇宙等为代表的新兴科技产业变革加速演进。

1. 全球电信服务业收入稳步增长，基础设施建设持续快速推进

全球电信服务业收入稳步增长。2022 年全球电信服务业规模保持稳定增长，收入同比增长 3.2%，较 2021 年同期提升 1.4 个百分点。从全球 GDP 增速来看，2022 年全球电信服务业收入增速高于全球 GDP 增速 0.3 个百分点。全球电信服务业发展情况如图 1-1 所示。

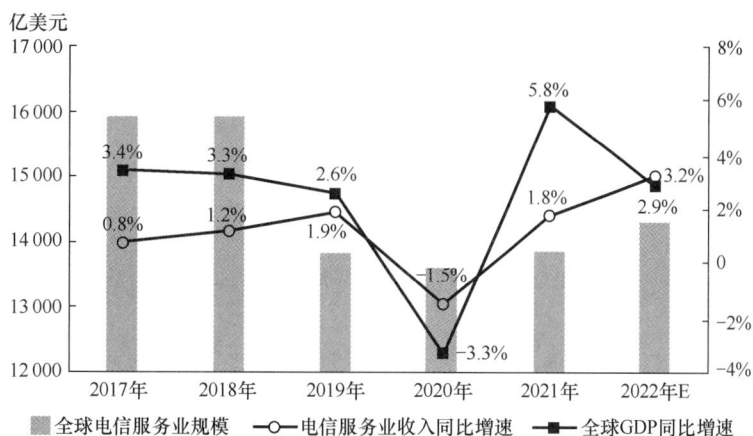

图 1-1　全球电信服务业发展情况

[数据来源：Gartner、国际货币基金组织（IMF）]

移动数据流量保持较高增速。2022 年全球移动互联网 DOU（月户均流量）达到 15.2GB，同比增长 27.7%，增速较 2021 年同期下降 0.2 个百分点。全球移动数据流量增长，视频数据流量占比接近 70%。全球主要地区移动互联网 DOU 情况如图 1-2 所示。

基础设施建设持续快速推进。全球 5G 网络建设持续快速推进，截至 2022 年 11 月，全球共有 90 个国家和地区的 237 家运营商开通了 5G 商用网络。据测算，截至 2022 年年底，全球 5G 网络人口覆盖率增至 29.0%，较 2021 年提升 3.3 个百分点，如图 1-3 所示。全球国际互联网带宽达到 997.3Tbit/s，同比增长 28%，如图 1-4 所示。

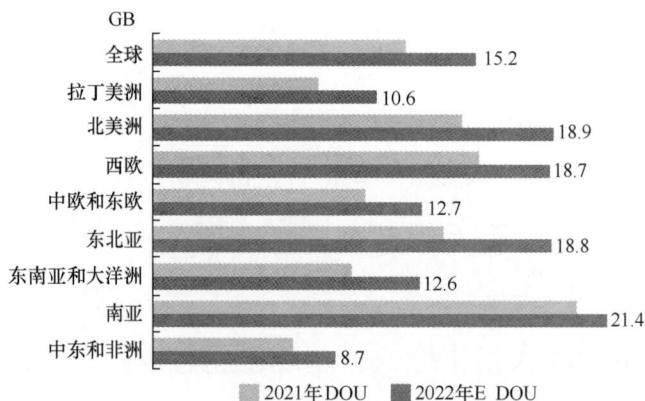

图 1-2　全球主要地区移动互联网 DOU 情况

（数据来源：爱立信）

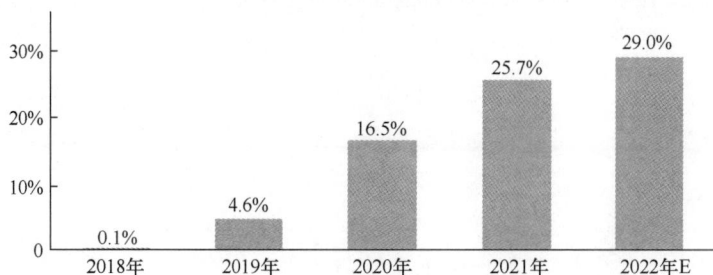

图 1-3　全球 5G 网络人口覆盖率

[数据来源：全球移动通信系统协会（GSMA）]

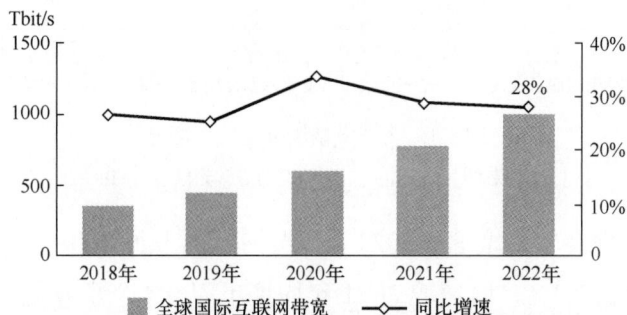

图 1-4　全球国际互联网带宽及同比增速

（数据来源：TeleGeography）

2. 全球互联网企业营收增长放缓，投融资总额及市值下滑

全球互联网企业营收增长急速放缓。2022 年，全球互联网企业营收增长急速放缓，总营收预计为 2.3 万亿美元，同比增长 9.5%，为近 6 年来最低增幅。其中，2022 年全球 TOP10 互联网企业全年营收预计增长 8.9%，达到 1.6 万亿美元，如图 1-5 所示。

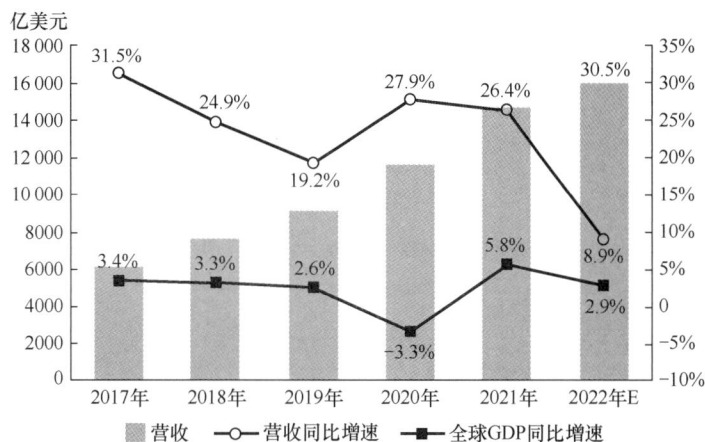

图 1-5 全球 TOP10 互联网企业营收情况

（数据来源：世界银行、中国信息通信研究院）

投融资总金额大幅下滑。资本流动性收紧，投融资市场持续收缩。2022 年上半年，全球互联网领域投融资交易总笔数同比增长 2.1%，融资总金额同比减少 14.8%，平均单笔投资金额同比下降 16.6%，如图 1-6 所示。

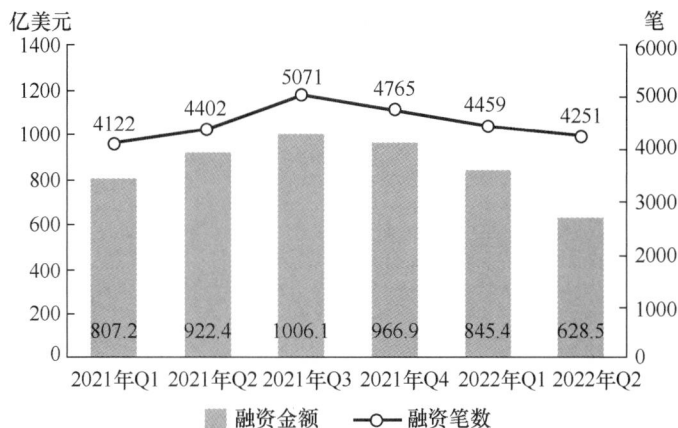

图 1-6 全球互联网领域投融资总体情况

（数据来源：CB Insights、中国信息通信研究院）

互联网头部企业市值缩水。2022 年前三季度，全球互联网头部企业（TOP 30）总

市值连续下滑，至 2022 年第三季度末，总市值跌至 4.4 万亿美元，同比减少 46.5%，如图 1-7 所示。

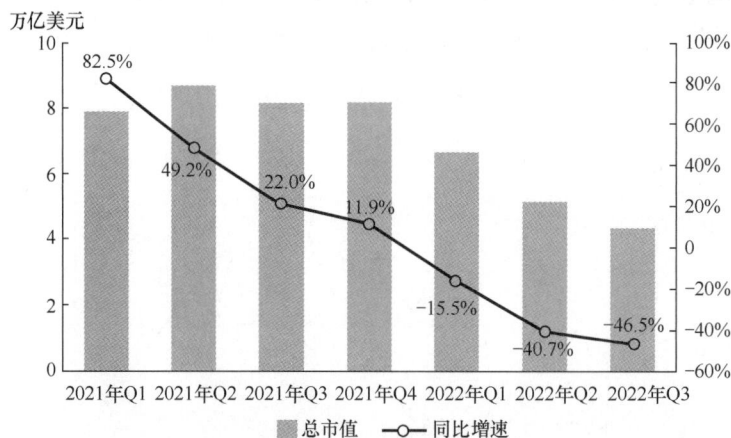

图 1-7 全球互联网头部企业（TOP30）总市值

（数据来源：中国信息通信研究院）

3. 全球软件市场收入规模增速回落，部分领域仍保持两位数增长

全球软件市场收入规模增速回落。 经济环境对全球软件市场的滞后性影响逐步显现，行业企业在 IT（信息技术）软硬件方面的支出更加谨慎。Gartner 数据显示，2022 年全球软件市场收入增速明显放缓，预计将从 2021 年的高位回落至 8.0%，如图 1-8 所示。

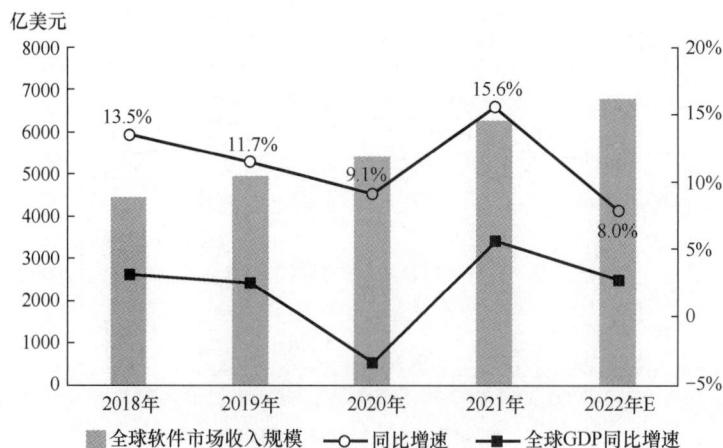

图 1-8 全球软件市场收入规模和增速

（数据来源：Gartner）

各领域增长情况差异较大。 2022 年，基础设施软件收入预计增长 8.6%，增速略高

于应用软件收入增速 1.4 个百分点。重点领域收入规模增长情况如图 1-9 所示。

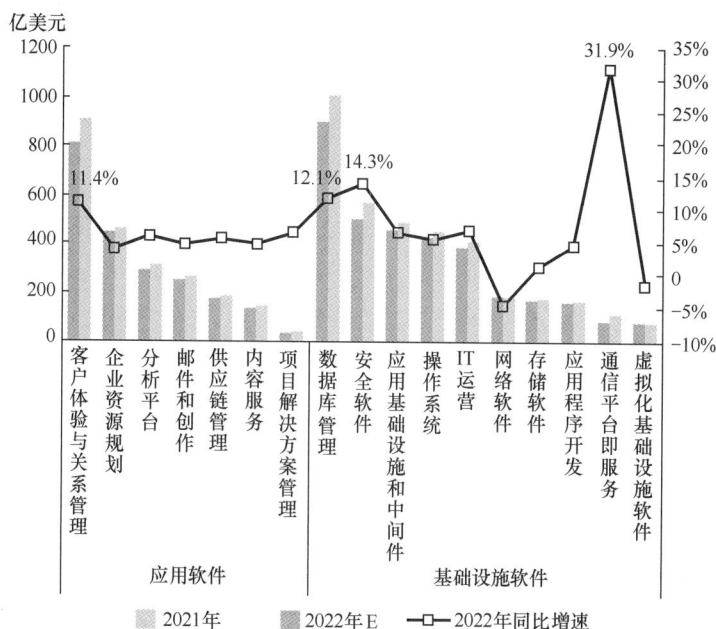

图 1-9　重点领域收入规模增长情况

（数据来源：Gartner）

基础设施软件方面，数据库管理、安全软件、通信平台即服务（CPaaS）领域的收入仍将保持两位数以上的增速，增速较快，特别是通信平台即服务，市场规模基数较小，同比增速或将超过 30%；网络软件、虚拟化基础设施软件收入小幅微降，降幅在 5% 之内。

应用软件方面，客户体验与关系管理软件收入增速超过 11%，其他细分市场收入增速均为个位数。

4. 全球 ICT 制造业收入规模下降，服务器等领域收入规模增长较快

2022 年全球 ICT 制造业收入规模小幅下降。 2021 年全球 ICT 制造业实现了 18.4% 的高速增长，在此高基数的基础上，叠加全球经济疲软等多种因素的影响，全球 ICT 制造业重点产品需求和价格受到较大影响，根据中国信息通信研究院的测算，预计 2022 年全球 ICT 制造业收入增速为 -0.3%，如图 1-10 所示。

重点细分领域收入规模有增有减。 在消费电子产品方面，手机、PC（个人计算机）和平板电脑等产业收入规模合计占 ICT 制造业收入规模的比重接近 40%，2022 年，各

类消费电子产品需求不振,行业收入规模总体呈现负增长态势;**在网络设备和云设备方面**,受益于云数据中心(DC)、边缘计算和 5G 等基础设施的部署拉动,服务器、5G 通信设备等产业的收入规模保持快速增长的势头。**在半导体方面**,在数字化、智能化转型,以及全球半导体多元化布局的发展趋势下,2022 年全球半导体上游材料、装备的收入规模仍然处于迅速增长的状态,但半导体产品市场收入规模的增速在 2022 年下半年已经进入下降周期,全年增速为 3.0%。2021—2022 年 ICT 制造业重点产品收入规模增长情况如图 1-11 所示。

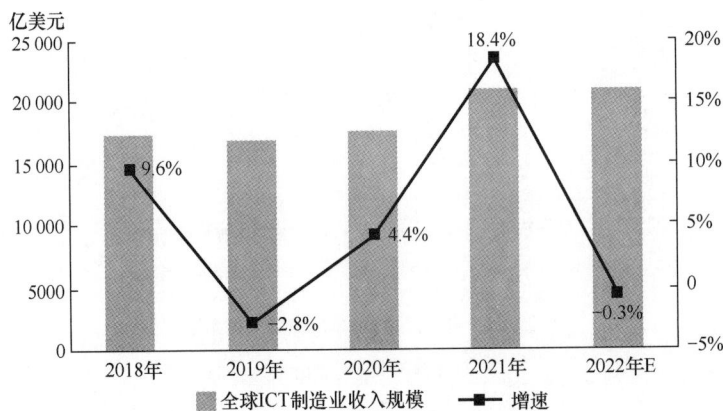

图 1-10　全球 ICT 制造业收入规模和增速

[数据来源:Gartner、国际半导体产业协会(SEMI)、埃信华迈(IHS Markit)]

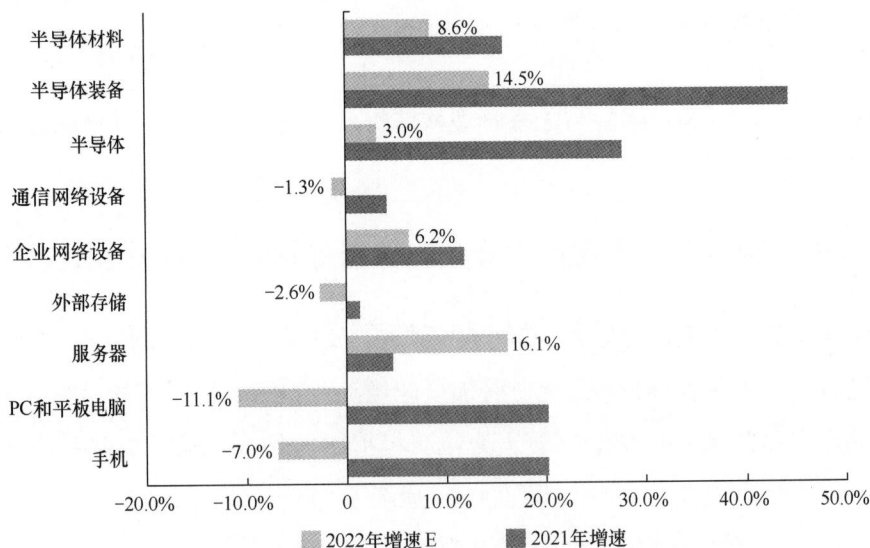

图 1-11　2021—2022 年 ICT 制造业重点产品收入规模增长情况

(数据来源:Gartner、SEMI、IHS Markit)

（二）2022 年我国 ICT 产业发展成效

1. 我国 ICT 产业收入规模持续增长，打造稳增长坚实基础

ICT 产业收入规模持续增长。2022 年，我国的数字产业化基础进一步夯实，ICT 产业收入规模接近 29.25 万亿元，同比增长 7.3%，增速较 2021 年回落 8.2 个百分点。其中，电子信息制造业、软件及信息技术服务业、电信业、互联网及相关服务业收入分别为 15.40 万亿元、10.81 万亿元、1.58 万亿元、1.46 万亿元。电信业、互联网及相关服务业、软件及信息技术服务业收入占比 47.35%，较上年提高 0.27 个百分点。2018—2022 年我国 ICT 产业收入规模增长情况如图 1-12 所示。数字产业化对 GDP 的贡献仍在稳步增长，2022 年我国 ICT 产业增加值达到 9.2 万亿元，同比名义增长 10.3%，占 GDP 比重 7.6% 左右。2018—2022 年我国 ICT 产业增加值及占 GDP 比重如图 1-13 所示。

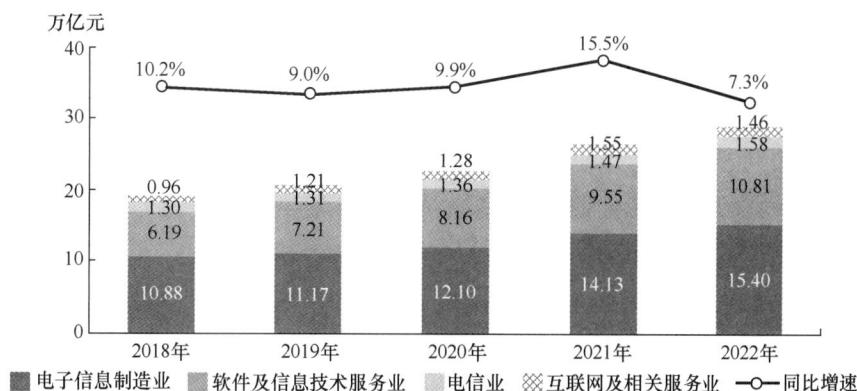

图 1-12　2018—2022 年我国 ICT 产业收入规模增长情况

（注：电子信息制造业收入统计口径调整为规模以上电子信息制造业企业营业收入数据，根据国家统计局发布的数据进行调整；软件及信息技术服务业、电信业、互联网及相关服务业收入，数据来源为工业和信息化部；收入增速为同比口径）

2. ICT 产业创新引擎地位持续巩固，赋能传统行业高质量发展

ICT 产业创新引擎地位持续巩固。我国 ICT 制造业规模以上企业研发（R&D）经费从 2019 年的 2448 亿元上升至 2021 年的 3577.8 亿元，位列全行业之首，年增长超过 20%，2022 年我国 ICT 制造业规模以上企业 R&D 经费预计将超过 4000 亿元。2019—2022 年我国 ICT 制造业规模以上企业 R&D 经费如图 1-14 所示。中国科学院、

上海交通大学、清华大学等机构的全球 ICT 领域核心期刊论文发表量位列全球前 20，围绕新一代 ICT 领域前沿加强基础理论研究和应用科研创新。世界银行数据统计，近年来我国 ICT 服务出口额增速较快且形成了更加多元化的 ICT 服务出口格局，其中软件企业在 ICT 服务出口中居引领地位，我国的 ICT 服务出口额直追美国。2010—2022 年中国、美国、德国、日本、韩国的 ICT 服务出口额如图 1-15 所示。

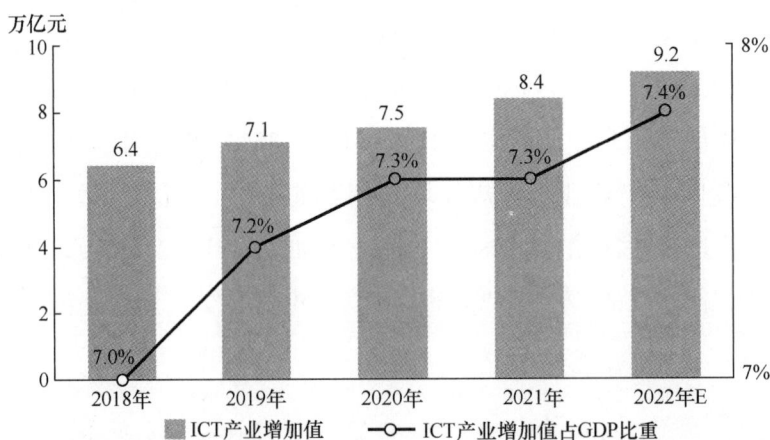

图 1-13　2018—2022 年我国 ICT 产业增加值及占 GDP 比重

（数据来源：国家统计局、工业和信息化部）

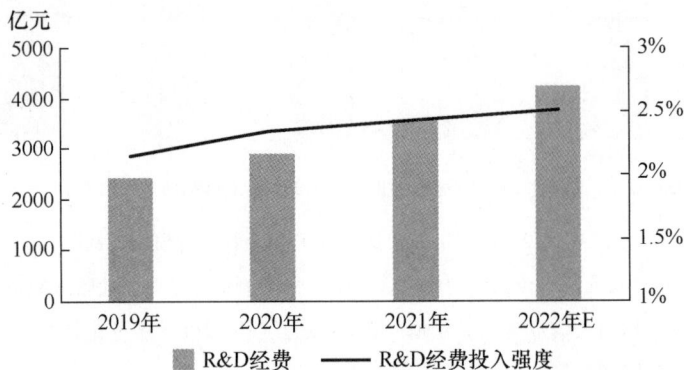

图 1-14　2019—2022 年我国 ICT 制造业规模以上企业 R&D 经费

（数据来源：全国科技经费投入统计公报）

我国 ICT 企业的 PCT 国际专利申请量名列前茅。我国的华为技术有限公司（以下简称"华为"）连续第 5 年领跑 PCT（专利合作条约）国际专利申请人排行榜，已公布 PCT 国际专利申请量为 6952 件，美国的高通公司（以下简称"高通"）位居第 2 名，其次是韩国三星电子（以下简称"三星"）、LG 电子（以下简称"LG"）和日本的三菱电机株氏会社（以下简称"三菱"）。在排名前 10 的申请机构中，有 3 家企业来自中国，分别是华为、OPPO 和京东方（BoE）。我国 ICT 企业在全球 PCT 国际专利申请人排行榜中的排名如图 1-16 所示。

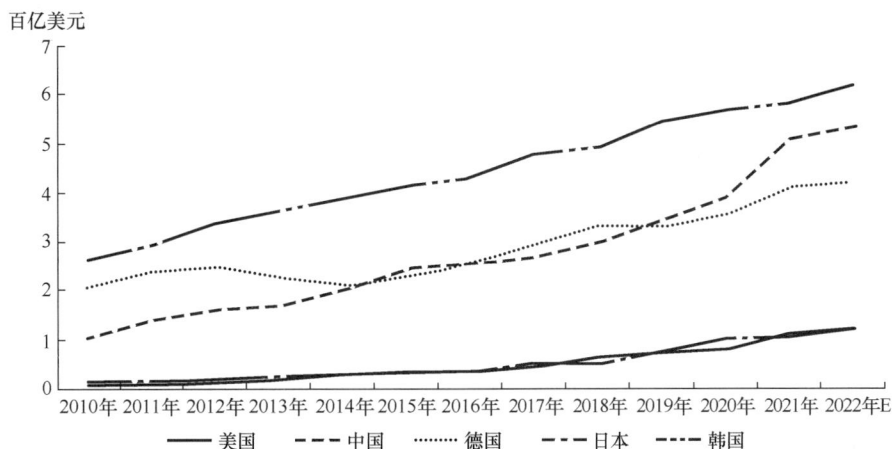

图 1-15　2010—2022 年中国、美国、德国、日本、韩国的 ICT 服务出口额

（数据来源：世界银行）

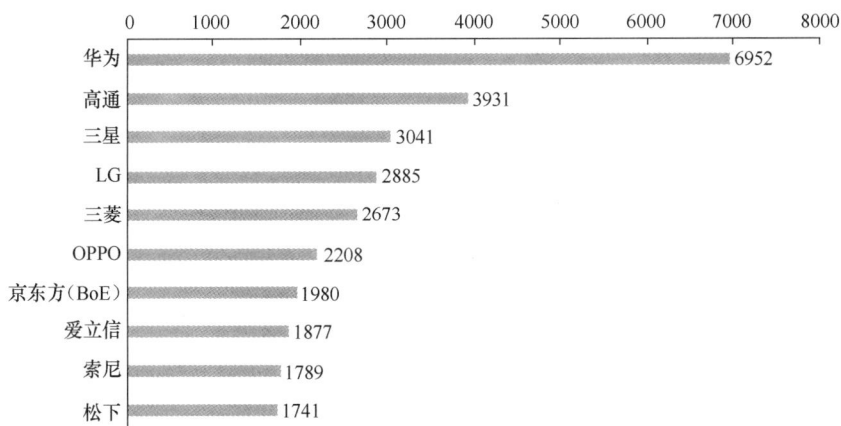

图 1-16　我国 ICT 企业在全球 PCT 国际专利申请人排行榜中的排名

[数据来源：世界知识产权组织（WIPO）]

新一代信息技术创新由自身的技术演进驱动向整个经济体系扩散和渗透。我国向国际标准化组织——欧洲电信标准组织（ETSI）披露的标准必要专利数量持续上升，预计 2022 年年度专利申请量将达到 8000 件，技术标准从智能终端市场向物联网、车联网等行业领域场景扩散，不断拓展应用深度与广度。2004—2022 年中国、美国、韩国、日本的 ETSI 标准必要专利披露数量变化趋势如图 1-17 所示。

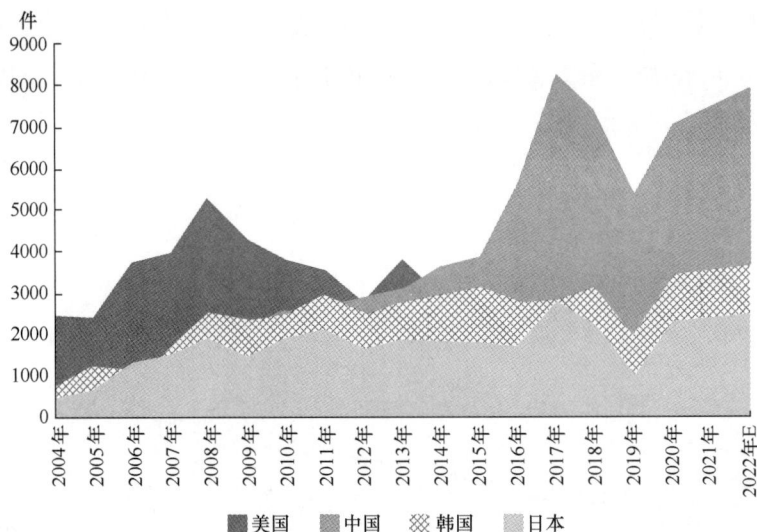

图 1-17　2004—2022 年中国、美国、韩国、日本的 ETSI 标准必要专利披露数量变化趋势
（数据来源：根据智慧芽专利数据库对 ETSI 标准必要专利数据进行检索）

3. 我国电信业务收入保持快速增长的趋势，数字化服务驱动力强劲

电信业务收入保持快速增长的趋势。 2022 年，我国电信业仍处于由 5G 带动的新一轮增长周期前期，电信业务收入同比增长 8.0%，保持了中高速增长的良好态势。2016—2022 年我国电信业务收入和增速如图 1-18 所示。

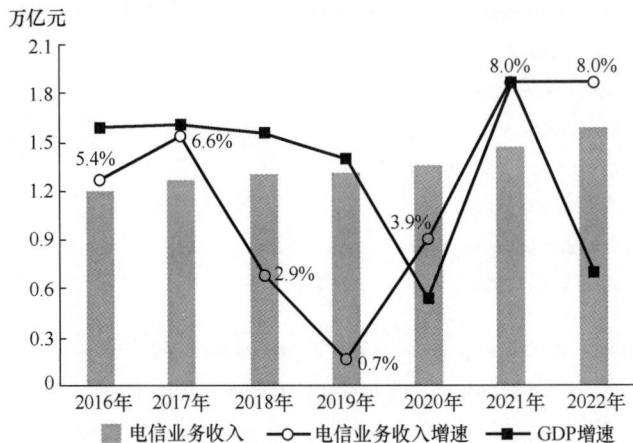

图 1-18　2016—2022 年我国电信业务收入和增速
（数据来源：国家统计局、工业和信息化部）

数字化服务对电信业务收入增长的拉动力提升。 从各类业务对电信业务收入增长

的拉动作用看，随着数据中心、DICT[1]、移动信息服务等面向企业的数字化服务的快速发展，2022 年 8 月物联网终端用户数超过移动电话用户数，2022 年增值及其他业务拉动电信业务收入增长 6.9 个百分点，较 2021 年提升了 1.5 个百分点，是电信业务收入增长的首要驱动力。固定宽带接入用户数稳步增加、接入带宽快速提升，固定数据及互联网业务拉动电信业务收入增长 1.1 个百分点。移动电话用户规模持续扩大，但移动互联网接入流量增速放缓，移动数据及互联网业务对电信业务收入的拉动作用减弱，接近 0%。2020—2022 年各类业务拉动电信业务收入增长情况如图 1-19 所示。

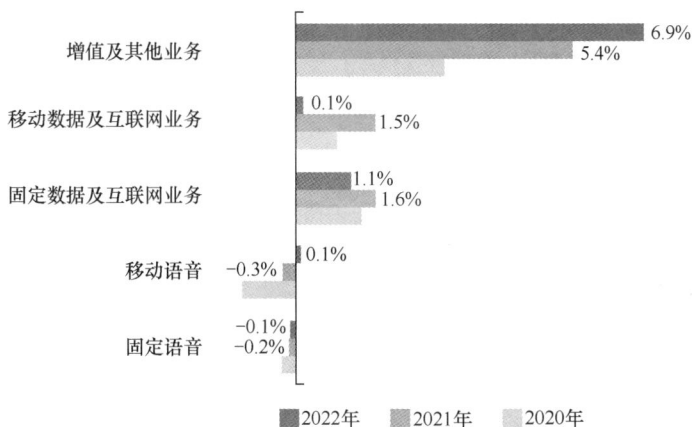

图 1-19　2020—2022 年各类业务拉动电信业务收入增长情况

（数据来源：国家统计局、工业和信息化部、中国信息通信研究院）

数字信息基础设施供给能力持续提升。截至 2022 年年底，5G 基站累计开通 231 万个，占移动基站总数比例的 21.3%，比 2021 年底提高 7 个百分点；千兆端口净增 737 万个，总数达到 1523 万个，千兆光网具备覆盖超过 5 亿户家庭的能力。电信服务助力我国农村及偏远地区的信息通信基础设施水平显著提升，实现"县县通 5G、村村通宽带"。数字化融合应用加快推进，"5G+工业互联网"建设项目超过 4000 个，5G 虚拟专网超过 1.4 万个。

4. 我国互联网企业收入增速下滑，投融资规模持续下探

我国互联网企业收入增速由正转负。受经济形势变化等因素的影响，互联网企业的传统核心业务疲软，新兴业务、海外业务收入占比较少，尚无法支撑互联网企业收入高速增长。2022 年，我国规模以上互联网企业收入 1.46 万亿元，同比下滑 1.1%，

---

[1]　DICT 是指在大数据时代 DT（数据技术）与 IT（信息技术）、CT（通信技术）的深度融合。

如图 1-20 所示。

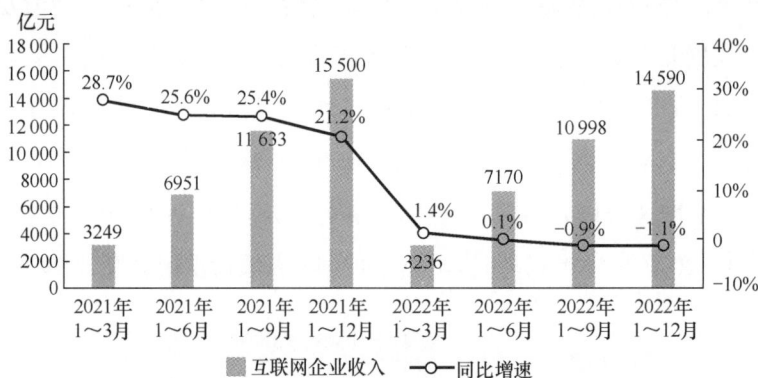

图 1-20　我国规模以上互联网企业收入及增长情况

（数据来源：工业和信息化部）

我国互联网企业市值持续波动。 截至 2022 年年底，我国上市互联网企业总市值为 10.25 万亿元，在经历了前三季度的大幅波动后，第四季度环比上涨 14%，如图 1-21 所示。

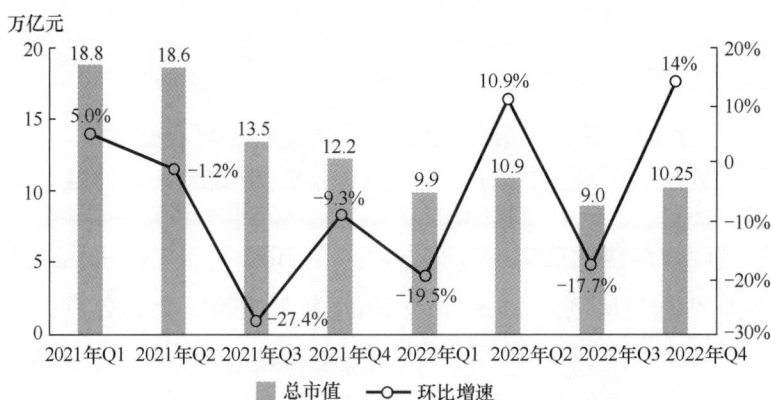

图 1-21　我国上市互联网企业总市值及环比增速

（数据来源：工业和信息化部、万得资讯、CB Insights）

2022 年我国互联网领域投融资活跃度下降。 2022 年，我国互联网领域的投融资案例为 1752 笔，同比下降 22.7%；披露的投融资金额低位徘徊，2022 年全年投融资金额约为 102.2 亿美元，同比下降 77%，如图 1-22 所示。

5. 我国软件业务收入跃上 10 万亿元台阶，信息技术服务收入占比进一步提升

软件业务收入稳步增长。 我国软件和信息技术服务业（以下简称"软件业"）运

行稳步向好，2022 年，全国软件业规模以上企业超 3.5 万家，软件业务收入同比增长 11.2%，跃上 10 万亿元台阶，如图 1-23 所示。

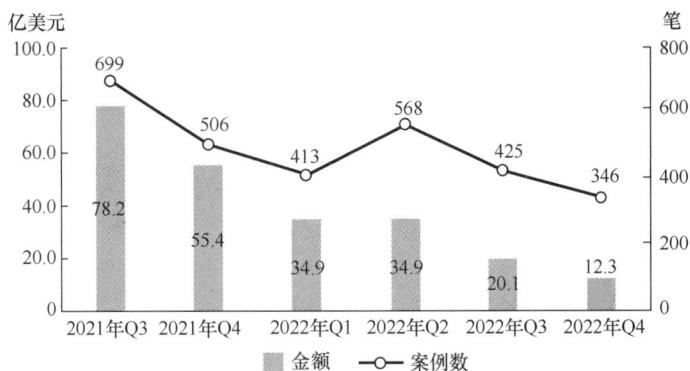

图 1-22　我国互联网领域投融资情况

（数据来源：工业和信息化部、万得资讯、CB Insights）

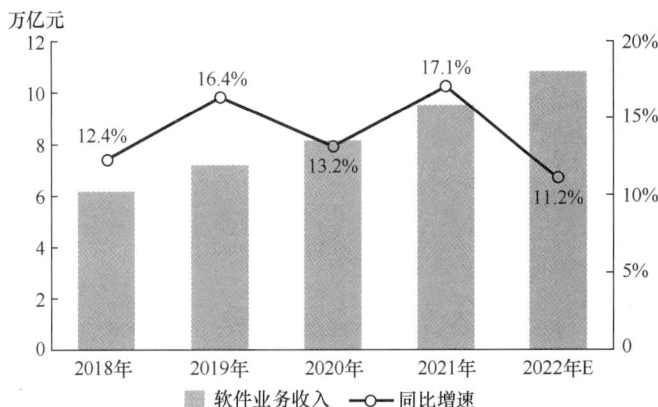

图 1-23　我国软件业务收入及同比增速情况

（数据来源：工业和信息化部、中国信息通信研究院）

软件业务出口额保持增长态势。受全球经济形势变化和汇率变化等因素的影响，软件业务出口额的增速在上半年出现了较大的波动，于下半年逐渐趋向平稳。2022 年，我国软件业务出口额达到 524.1 亿美元，同比增长 3.0%，增速较上年同期回落 5.8 个百分点。其中，软件外包服务出口额同比增长 9.2%。

信息技术服务收入占比进一步提升。我国软件业细分领域包含软件产品、信息技术服务、信息安全和嵌入式系统软件 4 部分，其中，信息技术服务收入保持较快增长，2022 年同比增长 11.7%，高出全行业整体水平 0.5 个百分点，在全行业收入中所占比重为 64.9%，较上年同期增加 0.3 个百分点。其中，云服务、大数据服务收入同比增长 8.7%；集成电路设计收入同比增长 12.0%；电子商务平台技术服务收入同比增长 18.5%。2018—2022 年软件业细分领域收入情况如图 1-24 所示。

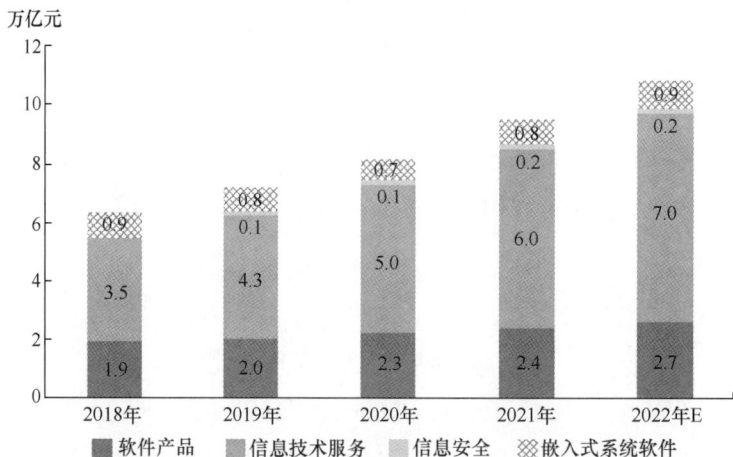

图 1-24 2018—2022 年软件业细分领域收入情况

（数据来源：工业和信息化部、中国信息通信研究院）

6. 我国电子信息制造业增加值保持较快增速，重点产品产量增长分化明显

我国电子信息制造业规模扩大，出口增速有所回落。在增加值增速方面，近五年，我国电子信息制造业增加值的增速持续高于全国工业平均水平，2022 年这一增速为 7.6% 左右，高于全国工业增加值增速 4 个百分点左右，仍然是工业稳增长的重要支撑。在出口增速方面，2022 年全球经济低迷，国际市场需求明显下滑，我国电子信息制造业出口交货值增速为 1.8%，与 2021 年相比，下降超过 10 个百分点。2018—2022 年我国电子信息制造业和工业增加值增速如图 1-25 所示。

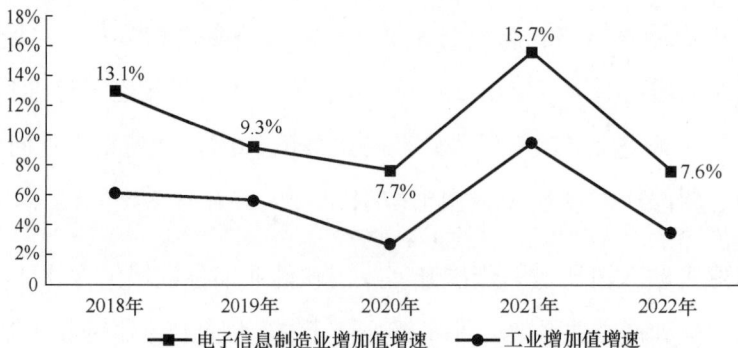

图 1-25 2018—2022 年我国电子信息制造业和工业增加值增速

（数据来源：国家统计局、工业和信息化部）

重点产品产量增速出现明显分化。**一是通信设备类产品产量呈现高速增长态势。**5G、千兆光网等新型信息基础设施建设取得新进展，2022 年移动通信基站设备产量累计增速为 16.3%，相比 2021 年实现明显回升；光缆产量保持平稳增长态势，2022 年增速达到 6.6%。**二是消费电子产品产量出现下降。**受新冠疫情反复、大国竞争等复杂外部环境影响，2022 年手机、计算机等消费电子产品需求持续低迷，产量累计增速分别为 -6.2%、-8.1%，并进一步影响集成电路等上游产品生产，2022 年集成电路产量累计增速为 -11.6%。2018—2022 年重点产品产量增速如图 1-26 所示。

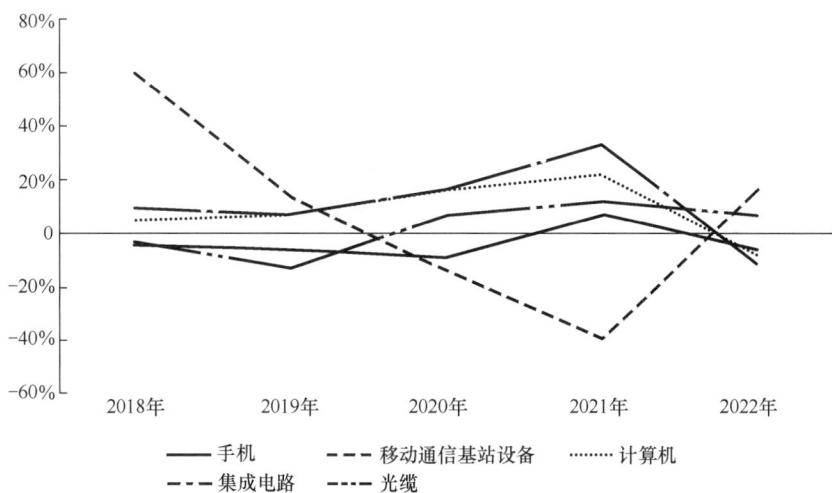

图 1-26　2018—2022 年重点产品产量增速

（数据来源：国家统计局、工业和信息化部）

二、2022 年 ICT 产业热点分析

（一）电信业加快转型升级、创新赋能

1. 面向数字化时代新要求，打造数字基础设施高品质运力底座

2022 年，面向数字化时代的网络建设新需求，各运营商加快网络转型升级，"以光筑底、以算为核"构建扁平化、大带宽、低时延、智能化、安全可靠的基于全光技术的数字基础设施高品质运力底座。

在网络架构转型方面，各运营商积极构建以数据中心为核心的扁平化网络架构，打造算网一体化服务。其中，中国电信形成了"2+4+31+X+O"的算力布局，致力于建设绿色、安全的云网融合服务体系；中国移动打造三级算力时延圈，正式启动中国移动算力网络试验示范网（CFITI），打造前沿技术和创新应用试验场；中国联通着力构建"5+4+31+X"的新型数据中心体系，提供以联通云为核心能力的"联接 + 感知 + 计算 + 智能"算网一体化服务。

在大带宽、低时延方面，优化光缆网络的高通达拓扑，打造低时延、大容量的全光底座。数据中心位置偏离传统网络中心，通过增加光缆路由方向，优化光缆网络拓扑结构，提升网络的物理连通度，保障在数据中心集群之间、数据中心集群内和城市群内实现低时延、高可靠和高通达的互联互通；持续推动光传送网（OTN）和可重构光分插复用器（ROADM）的规模部署，基于新一代 OTN、切片分组网（SPN）等满足算力接入的差异化需求，在城域网层面实现业务多颗粒度灵活接入和硬切片带宽保障；推动 400Gbit/s 及以上速率的路由器和光传输系统的大规模部署，在骨干网层面构建大容量、波长颗粒灵活调度的全光网；构建以数据中心枢纽等为核心的多层次时延圈，通过引入全光交换实现光层一跳直达，减少引入电层设备带来的节点处理时延。

在智能管控方面，赋能网络资源智能管控，提升运力服务运维水平。通过聚焦接入网、城域 / 干线传送网、IP 网络关键资源特性，进行统一建模，规范开放管控接口，解决多技术层次、多区域网络的端到端业务配置问题，最终实现端到端跨域管控、业务快速接入和服务提供；通过定义面向算力承载需求的网络切片及业务协同编排接口，

采用网络协同管控系统配置运力网络的路由和连接资源，支撑算力和网络资源协同编排；利用网络拓扑资源感知、端到端 OAM（操作维护管理）监测等技术，实现跨层、跨域的端到端网络状态监测，并基于人工智能、数字孪生等技术，实现网络运维自智化，提升网络运维效能。

在网络安全方面，完善多层安全防护体系，为运力底座提供高安全保障。积极探索光纤光缆窃听防御机制及部署应用，引入 AI 技术助力分析光纤网络的运行状况，预警异常，增强光纤网的安全性；通过网络切片实现网络资源的物理层或逻辑层隔离，通过灵活选择 L1/L2/L3 管道加密技术，提升网络数据安全保护能力，通过网络多层保护进一步提高业务的可用性和数据传输的可靠性；基于 IPv6（第 6 版互联网协议）地址编码实现更好的网络溯源，利用 IPv6 的扩展性实现网络内生安全，基于 SRv6、APN6 等 IPv6+ 技术实现安全领域的融合创新；通过防火墙、多级备份、病毒防护、漏洞扫描、安全接入认证等手段，提供系统级的安全防护手段，通过 DCN（数据通信网络）和互联网硬隔离，并引入 IP 网络安全机制，保障 DCN 的安全性与可靠性。

2. 承担科技创新新使命，打造原创技术策源地、现代产业链链长

2022 年，我国电信业加大科技创新力度，基础电信运营商均加大了科技创新投入，推动科技创新协同，争创世界一流企业。

加大科技创新投入。基础电信运营商深刻认识到科技创新在企业发展中的核心地位，积极推动科技创新体制改革，提升科技创新能力，加大研发投入。2022 年，基础电信运营商的科技创新投入明显提升，科技创新能力明显增强。前三季度，中国移动研发费用投入为 117.15 亿元，同比增长 23.15%，有效授权发明专利超过 1.1 万件；中国联通研发费用同比增长 92%，科技创新人员占比超 26%，授权专利同比增长 27%；中国电信研发费用投入达 59.15 亿元，较上年同期增长 101.4%，自研成果清单增长 3.1 倍，研发人员数量较年初增长超 46%。

承担产业链链长责任。基础电信运营商加快产业链链长制建设，加强与产业链各环节的协同合作，充分发挥链长企业的主体支撑和融通带动作用，做大产业链，做强创新链，进而形成促进信息通信产业发展的强大合力。作为移动信息产业链链长，中国移动于 2022 年 6 月推出 260 亿"链长"创新基金和产业链创新"十百千万"合作伙伴计划，推动信息通信产业协同发展；作为网络安全产业链链长，中国联通于 2022 年 8 月发布了《坚强网络和安全产品服务行动计划》，打造共建、共享、共通、共赢的网

络安全新生态；2022 年 12 月，中国电信也提出打造"翼支付"平台和生态，联合开展数字生活新消费活动，积极承担移动支付产业链链长责任。

建设世界一流企业。基础电信运营商加快开展科技创新业务，以科技创新为关键动力引领产业创新，对标世界一流企业，进一步加快国际化步伐，加快打造世界一流电信运营商。中国移动提出了建设"世界一流信息服务科技创新公司"的新发展定位，制定并实施了创世界一流的"力量大厦"新发展战略。中国联通确立了以"奋力建设具有全球竞争力的世界一流企业"为长期发展方向的愿景，在健全战略管理体系、加快数字化转型、打造智慧供应链、激发干部员工活力等方面进行积极探索，加快向一流企业迈进。中国电信把科技创新作为推动企业发展的第一动力，围绕"云改数转"战略，开展对标提升行动，加快建设世界一流企业。

3. 拥抱数字经济新蓝海，打造数字化赋能的融合业务生态

2022 年，信息通信业围绕数字化生活、生产和社会公共治理，打造新的业务生态，推动数字经济和经济社会深度融合。

升级智慧家庭产品，促进生活方式变革。电信运营商的智慧家庭业务由单品智能演变为全屋智能，从家庭场景拓展到智慧社区、数字乡村、智慧城市，打造基于家庭的数字生活解决方案。电信运营商的家庭市场收入保持持续增长态势，2022 年上半年，中国电信的固网及智慧家庭业务收入达 599 亿元，同比增长 4.3%；中国移动的家庭市场收入达 594 亿元，同比增长 18.6%。从具体业务看，中国联通提供语音智控、家庭安防、居家健康监测等智慧家庭全场景融合解决方案，以及平安乡村、智慧养老、智慧云厅等行业解决方案。

搭建云网底座，助力治理能力现代化。在加快推进数字政府建设的背景下，信息通信业持续夯实云网底座，加快政务服务的全国覆盖。在此基础上充分挖掘数据要素价值，构建全国一体化政务大数据体系，并加快向一体化政务管理和服务业务模式转变，打造全链条政务信息化解决方案。以中国电信为例，基于天翼云，利用 5G、边缘计算等技术，已助力搭建全国 20 余个省级政务云平台，助力数字政府建设和数字治理的发展。

加强产业数字化布局，推动经济增量创新。5G 与千行百业加速融合，5G 应用已覆盖国民经济 40 个大类，应用于全国 200 余家矿山、1000 余家工厂、180 余个电网、89 个港口、600 余个三甲医院的数字化项目，助力产业增量创新。电信运营商的政企

市场收入快速增长，2022 年上半年，中国电信的产业数字化收入达 589 亿元，同比增长 18%；中国移动的 DICT 收入达 482 亿元，同比增长 44%；中国联通的产业互联网收入达 369 亿元，同比增长 32%。

在新兴业务的发展过程中，三大运营商围绕数字经济加快业务生态建设。例如，中国移动启动"一库三单"招募计划，共建智慧家庭生态，做强智慧家庭产品、渠道和服务；中国电信推出"云创计划""云汇计划"，面向技术和应用、解决方案合作伙伴，共建云生态；中国联通开展工业互联网产业生态合作战略，推进产业数字化产品、技术、市场等的开拓创新。

（二）互联网行业加速向内深耕、向外拓展

1. 互联网行业积极降本增效、融合赋能

受新冠疫情和复杂的全球形势影响，我国互联网企业 2022 年的经营压力持续增加。在此背景下，我国互联网企业一方面积极推动业务运营的降本增效，回归主营业务；另一方面加速与实体经济融合，打造增长新引擎。

回归主业，降本增效。 为应对外部环境冲击及内部增长乏力，我国互联网企业积极采取降本增效的经营策略。头部互联网企业聚焦核心业务，持续提高运营效率并优化成本，收紧营销及运营开支，降本增效已初见成效。在降本增效方面，截至 2022 年第二季度，京东取得了不错的成果，营销费用下降 10.4%，一般行政成本下降 11.5%；腾讯实现了销售及市场推广开支同比下降 21%；百度实现了销售及管理费用支出同比下降 16%。在聚焦主业方面，京东通过减少汽车、健康、旅游等业务投入，聚焦京东零售、京东物流、京东到家等主营业务，业务利润大幅提升；腾讯停止运营 QQ 堂、小鹅拼拼、搜狗地图等 10 款产品，裁减腾讯体育部门，聚焦金融科技、企业服务、网络广告等核心业务，加大研发投入，取得了一定成效；百度裁撤百度医疗、百度游戏等部门，持续拓展智慧交通业务，是国内首家在开放道路提供自动驾驶公共出行服务的企业。

融合赋能，寻找增量。 2022 年，我国互联网企业除了在降本增效方面取得了一定成效，还在融合赋能、寻找增量方面积极探索。消费互联网领域，线上线下消费的有机融合有效回补了传统实体接触式消费的缺口，电商直播用户规模持续扩大，截至 2022 年 6 月，我国电商直播用户规模达 4.69 亿人，成为带动消费的重要力量，如图

1-27 所示。互联网医疗成为我国医疗服务体系的重要组成部分，全国互联网医院已超 1700 家，互联网与医疗健康结合已成为提升公共服务医疗卫生普惠化、便捷化水平的重要力量。在产业互联网方面，阿里巴巴的"犀牛智造"运用计算机视觉识别、人工智能、仿真运筹等技术，推动服装制造业全链路数据上云，将新品服饰开发周期缩短至传统模式的 1/5，成为世界经济论坛评选的全球服装行业第一家"灯塔工厂"。

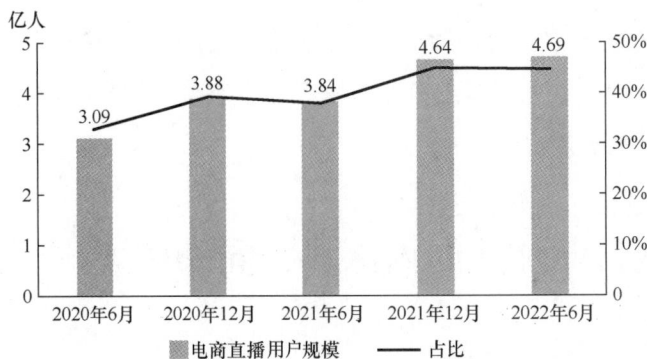

图 1-27　我国电商直播用户规模

[数据来源：中国互联网络信息中心（CNNIC）]

2. 研发投入不断加码、日见成效

研发投入显著增加。受市场环境影响，互联网企业营收增速下降，经营利润空间缩减。技术创新是推进业务增长的重要驱动力，加大企业研发投入，将科技创新作为企业长期发展的引擎，已成为互联网公司的共识。2022 年前三季度，我国规模以上互联网企业研发投入达 566 亿元，同比增长 8.8%，如图 1-28 所示。

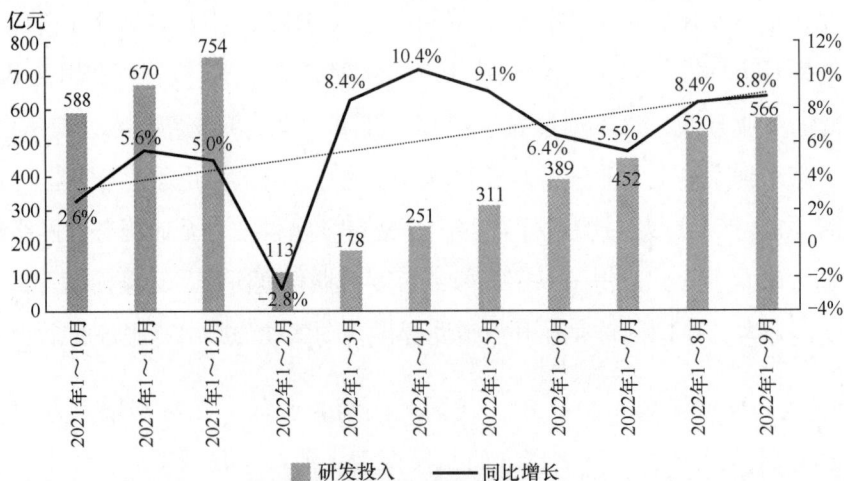

图 1-28　我国规模以上互联网企业研发投入

（数据来源：工业和信息化部）

当前，我国互联网巨头企业已成为我国研发投入的关键支撑力量。在民营企业研发投入排名前 10 的企业中，互联网企业占据 8 席，阿里巴巴、腾讯控股、百度等互联网企业的研发投入较 2021 年均出现上涨，如图 1-29 所示。

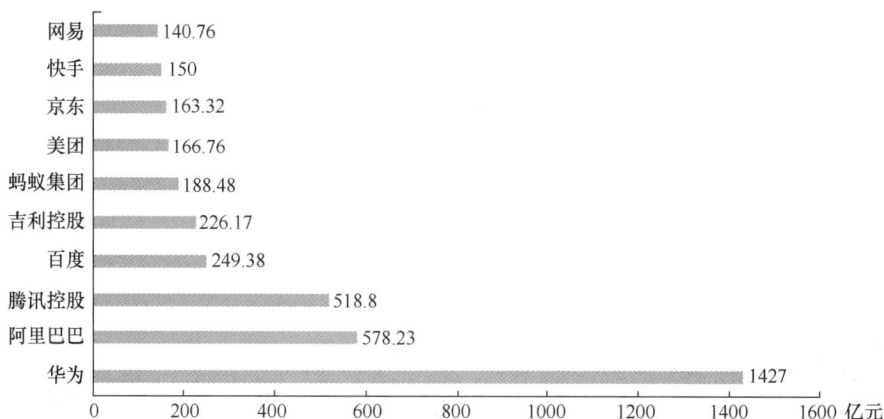

图 1-29　2022 年民营企业研发投入前 10 企业
（数据来源：中华全国工商业联合会）

技术底座不断夯实。 我国数字产业创新活跃度持续提升，世界知识产权组织（WIPO）发布的《全球创新指数报告》显示，我国的全球创新指数排名由 2012 年的第 34 位上升到了 2022 年的第 11 位，连续十年稳步提升，科技创新不断夯实数字产业发展的技术底座，形成了诸多技术成果。工程平台方面，智能语音、计算机视觉等通用人工智能平台逐渐成形，自动驾驶、城市大脑等行业专用人工智能平台得到了快速推广。开源数据库方面，PingCAP 和阿里云联合推出的开源云数据库 TiDB Cloud 具备支持全球多云部署、分钟级扩容、高度兼容 MySQL 及运维成本低等技术优势，其开源社区在全球数据库开源项目的活跃度排名中位列第 3 名。算力服务方面，基于 IPv6 转发平面的段路由、确定性网络等技术解决了传统网络难以感知业务需求、算力和服务难以良好匹配的问题。基础设施即代码（IaaC）为超大规模算力服务的转化、分配和应用部署提供基础。除此之外，开源操作系统、AI 芯片等软硬件加速创新，推动互联网平台上层应用蓬勃发展。

3. 国际业务拓展稳步提速、持续扩张

全球化发展进程加快。 一方面，海外业务收入快速增长，阿里巴巴、腾讯、百度、字节跳动等大型互联网企业加速海外市场"跑马圈地"，产品商业化速度加快。另一方面，出海应用数量持续提升。AppsFlyer 数据显示，我国的主流出海应用数量超 8000

个，从 2021 年第一季度至 2022 年第一季度，我国出海应用总安装量同比增长 9%，以游戏、互联网金融、社交、泛娱乐类产品为主。

加快探索重点海外市场。一方面是不断深耕发达国家市场，以提高收益。以游戏、电商、互联网金融等变现能力强的领域为主，来自北美洲、东亚地区和欧洲等发达市场的收入占整体海外业务收入的 80% 以上。另一方面是持续打开新兴国家市场的发展空间，在东南亚、中东地区市场的布局力度不断加大。2022 年我国出海应用收入区域分布如图 1-30 所示。

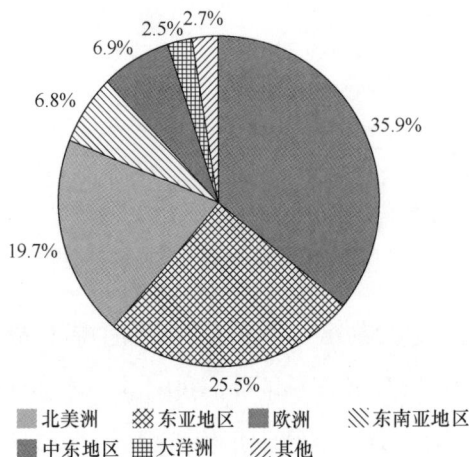

图 1-30　2022 年我国出海应用收入区域分布

（数据来源：艾瑞咨询）

细分领域释放新活力。社交短视频应用海外商业化进程加速，Sensor Tower 数据显示，2022 年，TikTok 的全球下载量累计超过 35 亿次，已超越谷歌成为全球访问量最大的互联网平台。跨境电商业务模式也取得了新突破，PYMNTS 数据显示，2022 年第二季度，在线购物平台 SHEIN（希音）超过亚马逊，成为全球下载量最高的购物 App。工具类应用不断探索新的业务增长点，精细化产品定位，生态化业务布局，场景化广告投放，不断提高盈利能力，保持强劲势头。

企业的海外经营能力持续提升。我国互联网企业的海外经营策略正转向依靠技术创新驱动、数据驱动、品牌牵引的长期经营战略。企业出海方式由成熟产品的海外推广向模式、资本、技术等多要素协同转变，随着企业海外经营能力不断提升，打造了腾讯游戏、网易游戏、莉莉丝、Funplus、TikTok 等一系列国际知名品牌。App Annie 数据显示，2021 年全球发行商 52 强中，中国发行商的数量已达到 16 家，超过美国，排名全球第一。

（三）ICT 制造业韧性强劲、持续升级

1. 全球消费终端需求不振，新动能助力我国电子信息制造业平稳增长

受全球经济下行压力增大和消费终端需求不振影响，我国手机等消费终端的出货量明显下滑。2021 年消费终端出货量的高速增长，带来 2022 年终端库存压力，全球和我国的消费终端出货量均明显下滑。从全球来看，IDC（国际数据公司）的统计显示，2022 年全球智能手机出货量为 12 亿部，同比下降超过 11%。从国内来看，根据中国信息通信研究院公布的数据，2022 年前 11 个月，中国的手机出货量明显低于 2021 年同期水平，2022 年 11 月中国的手机出货量约 2300 万部，而 2021 年 11 月中国的手机出货量约为 3500 万部，出货量明显减少，如图 1-31 所示。

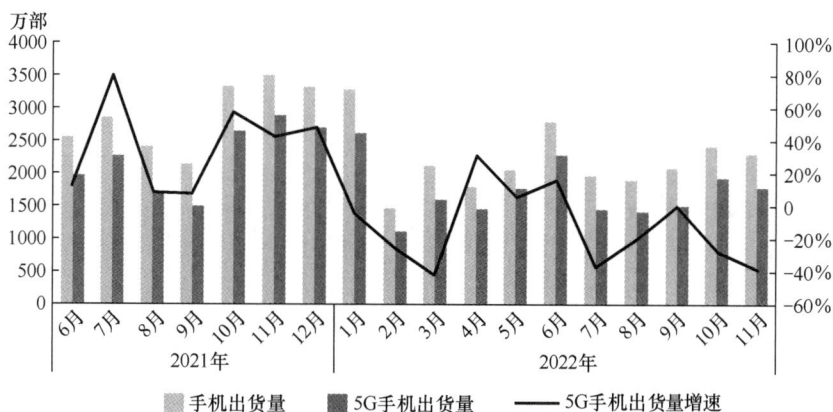

图 1-31　2021 年 6 月至 2022 年 11 月我国手机出货量

（数据来源：中国信息通信研究院）

数字化等需求拉动细分行业增长，带动我国电子信息制造业总体保持平稳增长。加快建设大数据中心、工业互联网等新型基础设施，人工智能、边缘计算等新技术赋能传统行业不断升级发展，带动 IT 设备和通信设备市场规模持续扩大。Gartner 数据显示，2022 年中国的服务器、企业网络设备市场收入均实现了超过 10% 的增速，存储系统收入增速达到 8.29%，移动通信设备收入增速超过 5%，如图 1-32 所示。总体来看，在消费电子产品需求下降与 IT 设备市场规模扩大的叠加影响下，2022 年，我国电子信息制造业收入累计增速保持在 5.5% 以上，与工业收入增速整体水平相当，如图

1-33 所示。

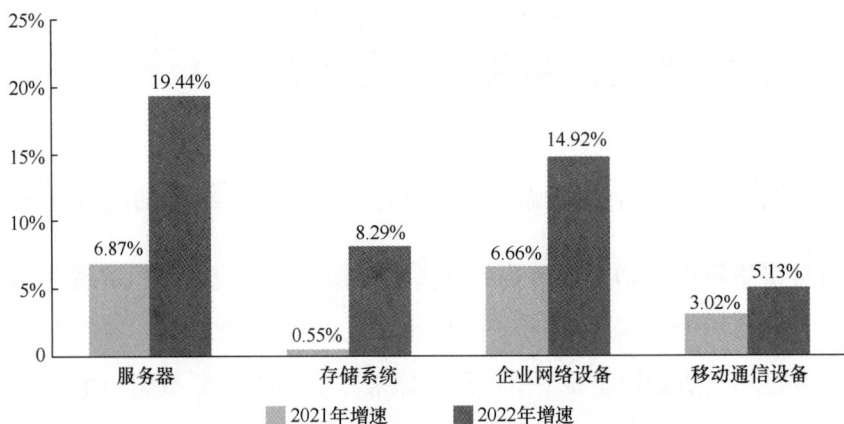

图 1-32　2021—2022 年我国主要 IT 设备和通信设备市场收入增速

（数据来源：Gartner）

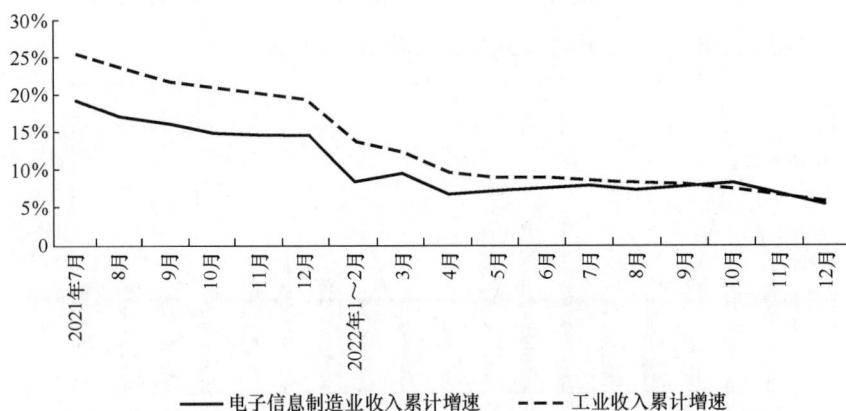

图 1-33　电子信息制造业和工业收入增长情况

（数据来源：国家统计局、工业和信息化部）

2. 国内积极应对新冠疫情冲击，国际环境不确定性较大

2022 年上海、四川、吉林、北京等地受新冠疫情冲击，在其电子信息制造业产业链集中，半导体、终端设备等产业链均受到了不同程度的影响，但在政策支持和国内产业链相关企业的共同努力下，各地区的产业链快速恢复，展现出了较强的供应链韧性。如上海市在新冠疫情期间，设立了工业和信息化领域保运转重点企业"白名单"，集中资源优先保障集成电路、汽车等产业链，企业保持闭环生产状态，保持了稳定供应，2022 年 7 月以后实现了产能回升。2021—2022 年上海集成电路月度产量如图 1-34 所示。

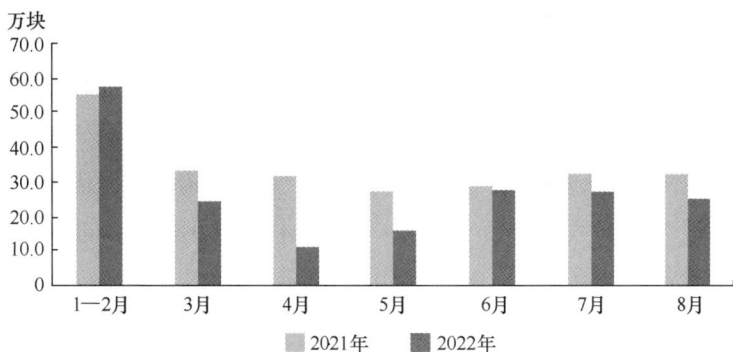

图 1-34 2021—2022 年上海集成电路月度产量
（数据来源：国家统计局）

从外部来看，美国对我国关键产业链实施打压，给我国先进计算、半导体等产业链的发展带来了很大的不确定性。2022 年以来，美国不断在高新技术领域对我国进行打压，特别是 2022 年 10 月 7 日，美国商务部工业与安全局发布了《出口管理条例》（EAR）的最新修订规则，严格限制我国企业获取发展高端半导体、计算技术所需的设备、零部件等，主要包括修订外国直接产品规则，将 28 家中国企业新增"脚注4"，列入"实体清单"；新增"先进计算直接产品规则"；针对 14/16nm 以下逻辑芯片、18nm 以下 DRAM 芯片、128 层以上 NAND 芯片实施最终用途限制，以及对超级计算机的最终用途进行限制；限制"美国人"参与中国境内的集成电路开发活动。同时，发达国家重启产业政策，加快本土化产业布局，如美国通过《芯片法案》，加大芯片领域投资并给予支持，进一步加剧了半导体产业的竞争。

3. 技术创新和质量提升加快，推动产业高质量发展

关键领域创新不断涌现。在关键基础领域加快技术创新，我国多种核心芯片、关键零部件和基础软件实现技术和产业化突破。芯片方面，国内厂商发布了高性能 RISC-V 芯片平台，加速 RSIC-V 芯片研发，推动我国迈入 2GHz 高性能应用时代；国内等离子体刻蚀设备在 5nm 芯片生产线及下一代更先进的生产线上被多次应用。显示方面，国内厂商发布 1Hz 低功耗 AMOLED（有源矩阵有机发光二极管）显示屏；发布达到支付级标准的屏下 3D 人脸识别全面屏解决方案；自主开发玻璃基 Micro-LED 拼接屏。软件方面，国内厂商发布首个桌面操作系统开发者平台——开放麒麟；鸿蒙操作系统的装机量快速增长，已超过 3.2 亿台。

ICT 产品的多项关键质量性能指标显著提升。一方面，2022 年 8 月，国务院成立

了国家质量强国建设协调推进领导小组，作为国务院议事协调机构。同时，《"十四五"认证认可检验检测发展规划》《"十四五"市场监管科技发展规划》等质量相关的政策文件相继发布。国家对"质量"的重视达到了新高度，"质量"成为面向 2035 年的中国制造业高质量发展的关键词，ICT 制造业作为支撑整个传统制造业转型升级的关键基础领域，产品质量开始进入快速提升阶段。另一方面，2022 年，我国 ICT 产品的一致性、可靠性、稳定性、使用寿命、成熟度、适用性等多项关键质量性能指标显著提升。

三、2023 年 ICT 产业发展展望

（一）ICT 加速赋能实体经济，我国强化科技创新布局

ICT 产业数智化赋能向深、向广、向新发展。 当前，5G 技术、信息网络、先进计算、人工智能全面创新发展，赋能效应持续加深，同时随着数据要素的"加持"，ICT 产业业务更加专业化，更深层次地释放数据要素价值，数字化赋能深入行业核心业务。ICT 产业向外聚合生态，新主体不断出现，不断扩展业务维度，由原来的电信业务到后来的消费互联网应用，再到现在的产业数字化解决方案，从服务企业到服务产业链，再到服务经济社会各领域，逐步渗透服务市场。ICT 产业叠加数据要素资源优势，催生新产业、新业态、新模式，消费互联网业务和产业数字化业务不断创新，网络连接业务演进升级，数智化创新赋能成为 ICT 产业发展的"主旋律"。

我国 ICT 产业加强统筹规划和创新布局。 一是国家战略层面，将坚决打赢关键核心技术攻坚战，加快实施一批具有战略性、全局性、前瞻性的国家重大科技项目，增强自主创新能力，加快推动半导体、先进计算、人工智能等关键技术突破。二是龙头企业正加快打造原创技术策源地、现代产业链链长，如中国联通、中国移动、中国电信等，加强产业链开放合作，引领、支撑和带动产业协同发展，将促进实现高水平科技自立自强。三是各地积极布局新兴产业，推动核心技术突破。"十四五"时期，多个省市和城市群针对未来产业进行重点布局，构建未来产业发展新蓝图，推动产业高质量发展。

（二）数字化转型不断深化，我国 ICT 产业规模将持续快速扩大

2023 年，我国经济工作坚持稳字当头、稳中求进，国民经济运行有望总体好转，推动传统产业改造升级、大力发展数字经济，支持平台企业在引领发展、创造就业、国际竞争中大显身手，为 ICT 产业的高质量发展开辟新局面。预计 2023 年我国 ICT 产业将平稳增长，收入增速将达到 9.1%，较 2022 年显著提升，预计 2023—2025 年我

国 ICT 产业收入年均增长 9.7%，如图 1-35 所示。

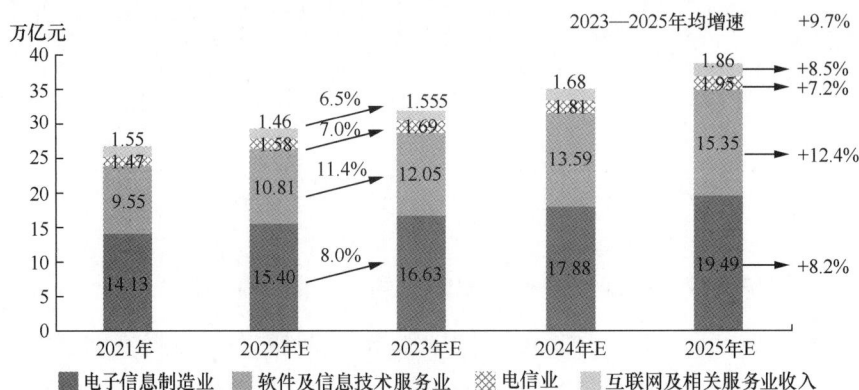

图 1-35　2023—2025 年我国 ICT 产业收入规模预测

（数据来源：中国信息通信研究院）

电子信息制造业收入预计保持平稳增长态势。未来几年，新型基础设施加快建设、物联网应用进一步深化，将持续带动 IT 设备、5G 基站、光纤光缆、物联网设备等领域实现规模增长。同时，产业自主创新加快，一批关键技术取得突破。随着国际竞争环境的变化，我国对自主技术的需求快速增长，极大程度地带动了国内产业的研发积极性，在集成电路、先进计算等领域加快技术研发攻关，提升自主创新能力，推动技术向产业端转化，形成新的产业增长点。预计 2023—2025 年，我国电子信息制造业年均收入增速将超过 8%。

软件业收入增速回升，产业结构持续优化。2023 年我国经济将出现恢复性增长，尽管 2022 年传统行业企业所面临的经营困境或将给 2023 年的软件支出带来一定程度的滞后性影响，但随着地方各项扶持政策的加速落地，企业数字化转型等市场需求进一步释放，预计 2023 年软件业的收入增速将稳步回升，产业结构持续优化，基础软件、工业软件等关键领域的技术创新步伐不断加快。在政策和市场需求的双重作用下，预计 2023—2025 年我国软件业收入将保持 12.4% 以上的增速。

电信业加快算力基础设施建设，加快发展数字化转型业务。基础电信运营商加快推进骨干网向以数据中心为核心的云网融合架构演进，持续优化关键设施布局，全面推广新网络技术布局，推进信息通信基础设施与传统基础设施融合发展和共建共享。加大 5G 网络和千兆光网覆盖的广度和深度，加快建设 5G 园区、全光园区、"千兆城市"，促进 5G 和千兆光网在工业、能源、医疗、教育、文旅等领域的纵深发展和应用落地。数字化服务业务收入快速增长，带动电信业收入保持良好增势。预计 2023 年电信业务收入增速将超过 7%；2025 年电信业务收入将达到 1.95 万亿元，2023—2025 年电信业务收入年均增长 7.2%。

互联网企业加快面向企业服务的布局和转型，扩大全球化发展版图。对内，我国互联网企业将持续深耕传统行业，赋能生产性行业的数字化转型；对外，将继续扩大全球化发展版图，积极参与全球竞争。平台企业业务由互联网传统业务向云计算、全球化业务、企业服务、金融科技等领域不断扩张和迁移，商业模式向收费、价值创造转变。预计 2023 年互联网及相关服务业收入增长约为 6.5%，收入规模将达到 1.55 万亿元；2023—2025 年互联网及相关服务业收入年均增长 8.5%，2025 年收入规模预计将达到 1.86 万亿元。

（三）ICT 产业绿色低碳发展水平持续提升，全面赋能社会节能降碳

ICT 产业绿色低碳发展水平持续提升。ICT 产业持续坚持绿色低碳发展。一方面，ICT 服务企业将通过各种方式推进信息通信基础设施的绿色化升级，统筹信息基础设施集约部署，深入推进基站、机房等基础设施共建共享，加快云网基础设施、基站等重点设施的绿色升级，加快老旧设施绿色改造，推动通信设备节能技术的应用，提高绿色用能水平；另一方面，ICT 服务企业将积极带动产业链供应链节能降碳，ICT 服务业绿色发展加速期的到来，对 ICT 制造业提出了更高的要求，上游制造企业必将加快新材料、新工艺、新产品的研发和绿色化应用步伐，ICT 绿色产业链供应链逐步完善。同时，关于 ICT 产业的碳排放核查、审计等相关标准、指标体系将逐渐完善，行业绿色低碳标准体系和考核管理机制等在各方推动下日益成熟。

ICT 全面支撑经济社会绿色转型。ICT 为经济社会绿色转型提供网络化、数字化、智能化的技术手段，ICT 产品、服务与绿色服务相互融合，加速生产、生活方式的绿色变革，助力社会实现绿色低碳目标。生产方面，推动数字化与绿色化协同赋能行业应用，ICT 产品、服务与能源、工业、交通、建筑等重点碳排放领域深度融合，持续优化生产流程，提升运营效率与资源利用效率，推动绿色低碳产业发展。生活方面，ICT 服务企业积极践行社会责任，聚焦绿色降碳理念，通过供应链管理、投资等手段，推动社会更多关注绿色低碳包装、低碳运输及储能、"绿电"使用等议题。ICT 服务企业通过各类产品和服务，积极引导全民的绿色生活方式，持续减少消费者的碳足迹和

资源浪费。

（四）ICT 产业迈向重"质"新阶段，全力支撑质量强国建设

"十四五"期间，ICT 产业将全面贯彻党的二十大精神，牢固树立质量第一的强烈意识，围绕提高供给体系质量，更大力度地保障优质产品、工程和服务的有效供给，不断增强人民群众的获得感、幸福感、安全感。

ICT 制造业优质产品的供给能力显著增强。随着质量科技持续创新、质量基础设施不断夯实和质量管理水平稳步提升，ICT 制造业在基础零部件、电子元器件、基础材料、基础软件等关键细分领域已度过了"从无到有"的阶段，开始走向"从有到优"的新征程。"十四五"期间，ICT 制造业将立足新发展阶段，贯彻新发展理念，加强全面质量管理，深入开展质量提升行动，推动产业链供应链质量联动提升，做好质量品牌建设，全面推动新一代 ICT 产品质量向中高端迈进，优质产品的供给能力显著增强，同时为质量强国建设注入中坚力量。

ICT 服务业的服务品质持续提升。一方面，ICT 服务业将继续提升 4G/5G、千兆光网、算力网络、物联网等高品质网络的建设质量。另一方面，ICT 服务业将持续提升数智化平台、优质云服务、算力设施等云计算产品的质量和服务能力，促进平台企业提供优质产品和服务。"十四五"期间，ICT 服务业将围绕用户满意度、客户感知、用户权益、价值传递等多个方面，推动 ICT 服务业向专业化和价值链高端延伸，以及推动 ICT 产品、服务向精细化和高品质转变，从而更好地支撑经济转型升级，满足人民群众日益增长的美好生活需求。

两化融合与产业互联网篇

导　　读

　　2022 年，数字化转型推动行业实现持续的创新发展，向更广的范围全面拓展，在充满不确定性的环境中创造新的发展机遇。从全球来看，各国都在加大对数字化转型的支持力度，数字化技术与行业技术的融合创新变革加快，新的技术产业体系正在形成。重点行业和领域的转型进一步深化，数字技术的变革带动着行业核心业务的优化提升，同时也正在形成网络化、平台化的新型产业组织方式和基于数据的新型服务模式和商业模式。随着数字化转型进程的不断加快，一个数实融合的新兴技术产业孕育而生，成为未来产业发展的制高点。

　　本篇从发展情况综述、热点分析和发展趋势展望 3 个方面对两化融合与产业互联网领域 2022 年发展进展和未来发展趋势进行分析论述。**发展情况综述部分**，提出全球各国都在强化数字化转型政策布局，其中行业转型升级、供应链数字化转型和行业数据流通共享成为近期重点。工业互联网、工业智能、数字孪生等领域技术产业创新持续深化，国内外呈现特色发展路径。制造、能源、农业、医疗、智慧城市等重点行业和领域应用探索不断深化，数字技术正在为各行业创造巨大赋能价值。在转型需求带动下，融合技术产业快速发展，国内产业规模突破万亿元，并涌现出一大批初创企业。**热点分析部分**，一是分析了中小企业数字化转型的最新进展，"工具＋资源"的双重赋能模式将成为重要发展方向。二是研判了产业链供应链数字化转型的最新方向，特别是在充满不确定性的环境下各国政府的重要布局举措。三是提出数字化创新成为新趋势，"数据＋知识＋AI"的新型研发范式正成为新一轮产业创新的重要驱动力。**发展趋势展望部分**，指明全球产业数字化转型步伐正在进一步加快，新技术将成为增长核心驱动力，低门槛技术、IT 与 OT（运营技术）融合技术是重要探索方向。同时，随着产业深层次变革，ESG（环境、社会和公司治理）成为企业必选题，对于数字化人才的关注度也将进一步提升。

本篇作者：

刘默　刘阳　王润鹏　汪俊龙　杨昊亭　侯羽菲　赵旭　贾金鹏　王海萍　刘棣斐

高艳丽　齐曙光　汤立波　闵栋　徐浩铭　张蕾　陈影　张轲欣　万洁羽　李昭伦

洪雅兰　李婷伟　吕东阳

一、2022 年两化融合与产业互联网领域发展情况综述

2022 年，在外部复杂环境的巨变之下，为顺应产业发展大势、抢占产业变革制高点，全球各国均以行业数字化转型为战略布局重要着力点，全面推进，加大支持力度，工业互联网、数字孪生与工业智能等创新技术取得突出进展，制造业、能源、农业、医疗、智慧城市等行业和领域应用探索不断深化，工业互联网产业规模正快速扩大、供给能力实现全面增强。

（一）全球数字化转型加速，行业转型升级、供应链数字化转型和行业数据流通共享成为近期重点

一是各国坚定实施产业数字化转型战略。**在制造业领域**，美国发布 2022 年版《先进制造业国家战略报告》，重点支持智能制造、增材制造等先进技术，强调数字技术对制造业转型升级的赋能价值，以深化美国先进制造业在全球范围内的领导地位；新加坡推出 5 个先进制造业行业转型地图，聚焦电子、精密工程、能源与化学、物流、航空航天五大行业领域，致力于在 10 年内将制造业附加值提高 50%。**在能源领域**，欧盟启动"能源系统数字化行动计划"，旨在通过对能源系统的深度数字化改造，推动绿色化和数字化协同转型发展，进一步加快能源转型进程；我国发布《"十四五"现代能源体系规划》，确立能源系统数字化升级迭代的总方针与任务举措，加快能源产业的数字化、智能化转型步伐。**在农业领域**，日本发布《农林水产研究创新战略 2022》，以实现"智能农林水产业"为目标，加速构建更加完整的数字技术应用体系，降低应用成本，推动农业规模化、数字化转型；法国发布"农业与数字化"路线图，将数字技术确立为农业发展规划的优先领域，通过加大对智慧农业企业的补贴力度，增强企业创新能力，为发展智慧农业提供新动能。

二是提升产业链、供应链的安全水平与韧性成为各国共性需求。我国在党的二十大报告中将产业链安全上升到战略地位，提出加快建设现代化经济体系，着力提升产业链、供应链的韧性和安全水平。美国将构建数字化供应链写入《先进制造业国家战略报告》，强调通过供应链的数字化改造，增强供应链系统的柔性调配、风险预警等能力。美国、欧盟、日本、澳大利亚等 18 个国家及地区就全球供应链合作

发表联合声明，将共同推动构建供应链的信息共享和风险预警系统，强化全球供应链的协同性与稳定性。韩国成立全球供应链分析中心，旨在掌握供应链的危机动向并进行深度分析，支撑早期预警系统的稳定运转。

三是推动行业数据流通共享成为重要探索方向，行业数据空间建设步伐加快。德国推进以交通数据空间替代原有数据平台，实现敏感交通数据的实时交换，加速智慧交通运输系统发展。欧盟推出 Catena-X 汽车行业数据空间，涵盖制造、销售、服务行业的大中小企业，实现"原材料－制造－销售－回收"全局优化协同。欧盟启动《健康数据空间计划》，投入 8.1 亿欧元（1 欧元≈7.5 元人民币）加强医疗数据共享，培育数字健康市场和智能应用。此外，欧盟发布"Enershare"能源数据空间，基于跨能源部门可信数据交换，加强智慧能源调度和智慧应用能力。

（二）新技术创新高度活跃，工业互联网、数字孪生、工业智能技术取得新突破

1. 网络领域，传统网络技术仍占主导地位，新技术应用探索活跃

从全球来看，传统网络技术仍占据着极大的市场份额。根据国际调查机构 Global Market Insights 的最新数据，工业以太网仍然是目前最主要的网络技术，市场份额占比达到 66%，相较于上一年度增长了 1%，并且依然保持着 10% 的年增长率；现场总线市场份额占比为 27%，相较上一年度下降 1%，年增长率仅为 4%，但现场总线节点安装数量比上一年度增长了 4%，缓和了往年现场总线安装数量规模收缩态势。国外巨头企业正在加快新兴网络技术探索与产业化布局。在"5G+工业互联网"领域，西门子、博世等国际巨头企业纷纷推出工业 5G 产品及解决方案，同时博世计划在 250 家工厂部署"5G+工业互联网"应用，加速融合技术的产业化进程；在确定性网络领域，芯片企业（如英特尔、恩智浦等）、电子设备制造商（如诺基亚、爱立信等）、集成商（如西门子、三菱）等都推出了 TSN（时间敏感网络）相关产品，加快推进 TSN 技术向工业制造领域的渗透；在信息模型领域，全球 6000 余家供应商已生产超 52 000 种支持 OPC（工业标准）协议的产品，进一步推动 OT 网络和 IT 网络的互联互通。

从国内来看，我国工业互联网内外网建设取得显著成效，基础设施持续升级。一

方面，高质量外网覆盖范围持续扩大，目前已延伸到全国 300 多个地市，以联通高质量外网 CUII（中国联通工业互联网）为例，已在全国和海外建设 400 多个 POP（因特网接入点），预接入 77 个国内外主流云商资源池。另一方面，园区网络与企业内网的演进升级和更新换代进程进一步加快，2022 年工业和信息化部组织开展"百城千园行"活动，推动园区利用 5G、TSN 等新兴技术，升级改造园区网络和企业内网。"5G+ 工业互联网"初步形成规模应用。"5G+ 工业互联网"创新应用加速向各垂直行业渗透，应用层次进一步加深，应用范围持续扩展，如三大运营商的"5G+ 工业互联网"项目目前已覆盖采矿、机械、钢铁、家电、食品、电热力供应等数十个行业。

2. 平台领域，产业发展走向成熟，技术与模式创新不断

国外平台产业规模加速扩大，进一步提高集中度。国际调查机构 IoT Analytics 测算，全球平台市场规模保持快速增长，目前市场规模已经超过百亿美元，预计未来 5 年的年均复合增长率将达到 32%。另外，全球平台数量首次出现下降，平台效应显现，市场集中度进一步提升，TOP10 平台企业市场份额由 44% 提升至 67%。国外平台产品化进程加速，边缘创新成为热点发展方向。国外巨头企业加速推出平台技术产品，覆盖数据采集管理、边缘微服务、边缘云原生、开放架构等多个细分领域。如美国参数技术公司（PTC）推出 Kepware+，能够更大规模、更加便捷地管理边缘端 Kepware 软件，简化 Kepware 上云配置流程；西门子推出 Xcelerator IoT 产品组合，实现模块化的物联网应用；罗克韦尔国际公司推出 Factory Talk Design Hub，实现基于 Web 的边缘应用设计；艾默生电气集团推出"无限自动化"的架构愿景，致力于推动 OT 和 IT 数据的无缝链接与管理。

我国产业集群培育成效显著，平台能力持续增强。一方面，全国有影响力的平台数量快速增加，2022 年工业和信息化部公布的跨行业、跨领域工业互联网平台数量由 15 家增加到 28 家。另一方面，工业互联网平台覆盖范围持续扩张，平台能力进一步加强，工业互联网平台连接设备接近 8000 万台 / 套，工业 App 突破 60 万个，规模以上工业企业关键工序数控化率达到 55.3%，数字化研发工具普及率达到 74.7%。我国平台模式不断创新，特色解决方案不断涌现。一方面，我国充分发挥消费互联网流量优势，加速推进消费互联网与工业互联网双网融合，如京东与园林机械行业制造商格力博（江苏）股份有限公司合作，通过分析消费互联网数据，反向指导洗脱一体机产品设计，仅数月便实现 5 万个订单。另一方面，我国地方政府与平台企业共同构建区

域平台，通过政企联动推动产业的规模化、集群化转型，如浙江省依托蓝卓supOS工业操作系统搭建产业大脑，引导产业的规模化、数字化转型，已初步在10个优势产业集群推广，基本实现试点扩面。

3. 工业智能领域，面向行业需求的创新持续活跃，国内外应用探索各有侧重

工业应用需求促进前沿技术加速创新探索，工程化落地问题探索成效初显。一是知识图谱技术由销售、供应链等环节向设备故障诊断、预测性维护、质量分析优化等核心制造领域延伸，如富士康科技集团开展"脑矿"计划，构建设备故障知识图谱，实现质量辅助管理应用；二是跨领域创新技术组合不断提升赋能水平，美国某工厂利用强化学习算法实现生产线调度优化，协调效率提升66%；三是小数据、可解释性方向工程化落地问题探索成效初显，逐步由理论研究走向实践应用，通用汽车通过特征可视化技术，更好地理解分类器的学习过程，提升模型的可解释性。

工业智能应用全面铺开，国内外应用各有侧重。中国信息通信研究院案例统计分析显示，当前国内外工业智能应用均以生产过程管控环节为核心。但国外工业智能已在生产全环节实现广泛应用，目前在研发创新、管理优化等领域的探索十分活跃，多采用数据建模优化类与知识推理决策类应用模式。当前国内工业智能在生产领域应用较多，多采用识别类应用模式，在上游研发设计与下游产品服务等环节中的应用不足。

4. 数字孪生领域，融合技术创新加速，国内外技术侧重不同

国外聚焦数据与仿真模型的集成融合，提升运营决策分析水平。一是探索多模型融合应用和数据与模型的集成融合，如西门子更新数字孪生产品，将产品孪生与产线孪生打通，提高数据的转换效率与建模的精确性。二是运用AI技术优化数字孪生模型精度，通用电气推出Autonomous Tuning软件，通过AI技术建立燃气轮机数字孪生模型，寻找最佳的火焰温度和燃料分流策略，改善燃气轮机的运行效率；英伟达打造用于科学计算的数字孪生平台，通过将NVIDIA Modulus（基于新型PINN架构的端到端AI驱动模拟框架）和NVIDI Omniverse虚拟仿真平台集成，提升复杂系统的建模精度。三是提升算力以推动数智融合，英伟达推出NVIDIA OVX计算系统，为NVIDIA Omniverse虚拟仿真平台提供更强的算力支持；量子算法公司Multiverse Computing与

博世集团合作开展量子数字孪生计划，将量子算法应用于数字孪生模拟工作流程中。

国内倾向基于低代码开发平台、超渲染技术构建更便捷、可视性更强的数字孪生应用，加速数字孪生应用普及。当前，国内数字化解决方案厂商积极开展数字孪生应用开发，打造了一批支撑数字孪生快速落地应用的产品。如腾讯数字孪生云打造模拟仿真引擎，实现高质量的动态仿真环境渲染，并通过低代码开发平台降低使用门槛；易知微推出数字孪生融合渲染引擎 EasyTwin，低代码开发平台的应用开发能力助力解决中小型数字孪生项目的 SaaS（软件即服务）化交付问题；优锘科技推出数字孪生交付平台 ThingJS-X4，提供多个行业模板，支持零代码开发和插件拖曳使用。

（三）行业转型聚焦核心业务，智能工厂、供应链的数字化转型成为热点发展方向

1. 智能工厂建设、供应链数字化转型等呈现新发展趋势

企业转型聚焦核心业务，收益导向愈加明显。受全球经济发展形势变化的影响，企业在数字化转型过程中，对生产、经营等核心领域的关注度进一步提升，模式创新类应用占比则下降 5% 以上，是否能够快速、稳定地创造收益成为企业开展数字化转型的决策关键。

智能工厂建设推进蹄疾步稳，柔性制造技术快速发展。在行业需求牵引与国家政策引导等多重因素的影响下，我国智能工厂建设保持快速发展，其中数字化柔性生产发展较为突出，排产与调度案例、生产管控一体化案例占比提升 6% 以上，数字化转型成为应对"规模需求不足，个性需求提升"的重要手段。

供应链的数字化转型进程加快，助力提升供应链弹性、韧性。2022 年全行业对于供应链领域的关注程度显著提升，企业为避免断供等各类问题纷纷推进数字化供应链建设，供应链一体化案例与产品全生命周期管理案例占比共计上升约 2%，数字技术的应用进一步提升了企业供应链的透明化程度与弹性水平。

重点行业转型走深向实，新发展方向、新发展趋势不断涌现。随着技术产业不断成熟，各行业结合自身特点探索差异化转型路径，新发展方向、新发展趋势加速涌现，如装备制造行业的敏捷制造、柔性制造水平不断提升，原材料行业加快数字化低碳项

目建设升级，消费品行业的产销一体化进程加快。2022 年行业数字化转型案例统计如图 2-1 所示。

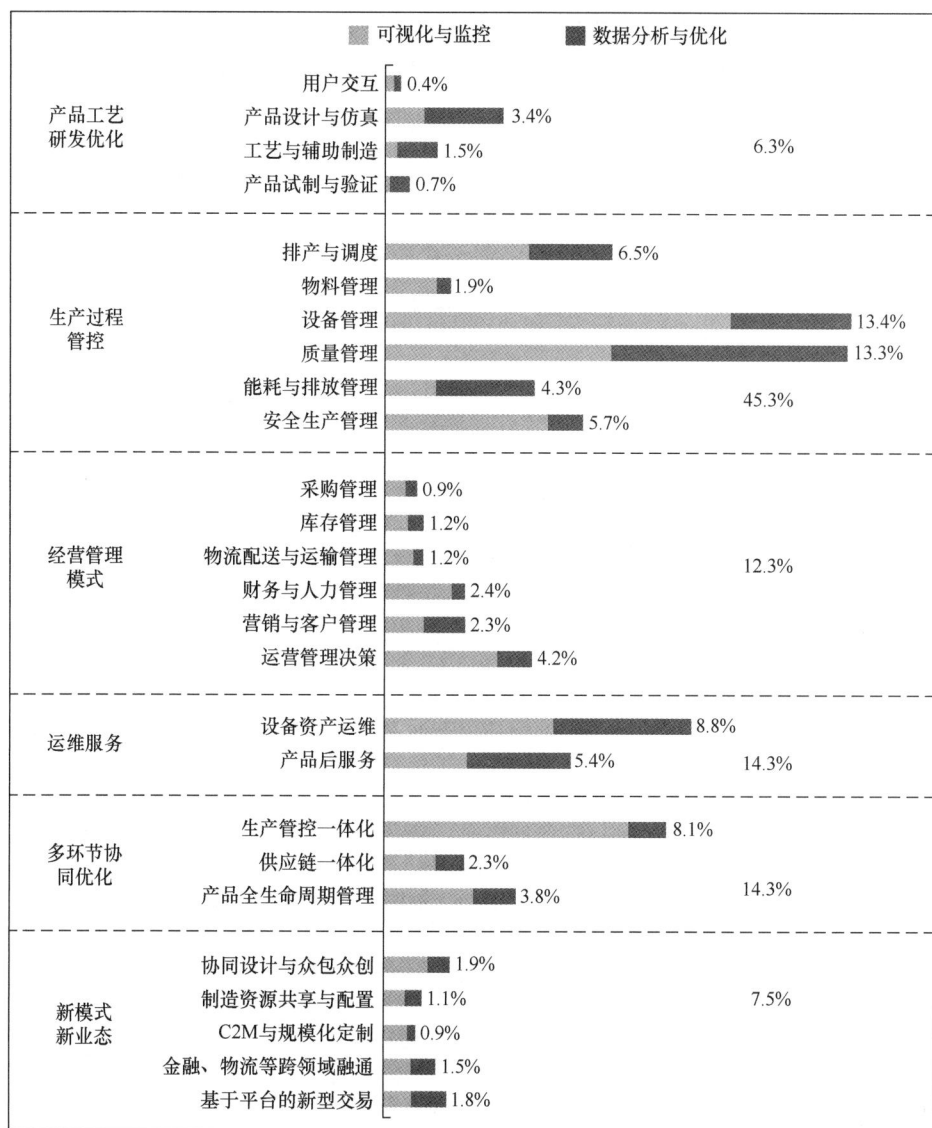

图 2-1　2022 年行业数字化转型案例统计

（数据来源：中国信息通信研究院）

2. 能源、农业、医疗与城市数字化转型全面深化

能源领域，数字化、绿色化协同转型发展加速。从生产侧看，传统能源与新能源的数字化转型并重，相关技术产品化进程加速。通用电气、施耐德电气等企业的绿色产品发布数量明显上升，其中通用电气推出的分布式能源解决方案、面向风机的

Lifespan 套件等产品，有效增强供能侧企业的实时监测、柔性调度、敏捷控制与智能预测等能力，进一步加快供能侧数字化、绿色化协同转型发展。从消费侧看，原材料等高耗能行业成为发力重点。积极推动高耗能行业的减碳降耗已经成为基本共识，数字技术赋能双碳的创新应用进一步普及，2022 年工业和信息化部启动、实施的全国智能制造试点示范案例显示，原材料行业超过 30% 的应用场景与减碳相关。

农业领域，深化生产与流通的数字化探索。一方面，农业生产数字化进程步入快车道，预计未来 10 年全球智能农业市场的年均复合增长率将达到 10.6%。另一方面，农产品电商平台的拉动效应日益显现，2022 年中央一号文件提出实施"数商兴农"工程，加快推进农村发展电子商务，2022 年上半年农产品网络销售额达 2506.7 亿元，同比增长 11%。

医疗领域，数字技术应用持续深入，逐步构筑全民数字健康体系。从生产侧看，AI 技术与医疗领域的融合应用加深，延伸至高门槛操作领域。一方面，医疗 AI 软件应用从辅助诊断向手术规划发展，如强联智创研发的手术计划软件获批全国第一张神经介入手术领域"AI+ 治疗"的创新医疗器械三类注册证。另一方面，手术机器人从辅助医生操作向自主操作进化，如约翰斯·霍普金斯大学研发的自主手术机器人"独立操刀"，自主完成了首个活体猪的腹腔镜肠吻合术。从消费侧看，智慧医疗逐步向健康管理和养老领域拓宽。一方面，数字健康产品呈现便捷化和自动化的发展趋势，如华为公布的运动健康研究新成果，可利用智能可穿戴设备开展主动健康监测，涵盖睡眠健康、呼吸健康及女性健康等健康管理领域。另一方面，智慧养老产业规模加速扩大，如浙江省要求 2022 年每个区、县 (市) 至少建成 1 家智慧公办养老院。

城市领域，"城市信息模型（CIM）平台 + 双碳大脑"双底座建设加速。一方面，城市平台能力持续增强，110 多个地区推进 CIM 平台项目建设，项目数量及投资额年均复合增长率分别达到 117.6%、102.8%。另一方面，数字化赋能城市双碳转型加快落地，我国 28% 的双碳数字化应用项目聚焦城市领域，碳源汇实测、能耗实测、碳数据资源应用、碳决策支撑成为四大核心应用场景。

（四）工业互联网产业规模加速增长，资本市场表现活跃

我国工业互联网产业发展实现规模、增速双增长，国内工业互联网产业规模首次

突破万亿元，工业互联网领域企业融资规模扩大，创新创业活跃，带动制造业的数字化转型全面提速。

我国工业互联网产业持续壮大，产业规模首次突破万亿元大关。中国信息通信研究院测算，2021年，我国工业互联网产业规模为1.06万亿元，较2020年（9101亿元）增长16.7%，增速较2020年提高3.5个百分点，增速连续两年正增长，如图2-2所示。其中，核心产业加快成长，工业互联网平台与应用规模为2817亿元，同比增长28.3%，成为产业规模增长主引擎。

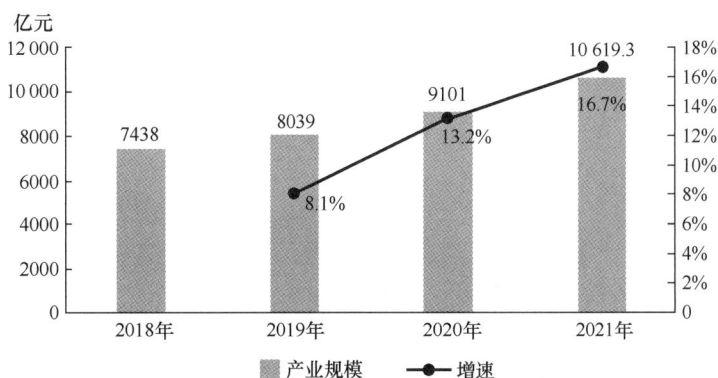

图 2-2 我国工业互联网产业规模及增速

工业互联网领域企业融资规模扩大，创新创业活跃。资本市场稳健增长，2022年上半年，我国新增工业互联网上市企业24家，首发累计融资规模为349.23亿元，超过2019—2021年上半年融资总和。工业互联网初创企业覆盖工业智能、工业软件、工业大数据、工业安全等各个领域，总量超过3000家，其中，有1500多家工业企业是智能初创企业。

二、2022 年两化融合与产业互联网领域热点分析

2022 年，中小企业数字化转型、产业链数字化转型与研发范式变革成为两化融合领域的关注热点。产业数字化转型主体正在向中小企业持续渗透，以"工具 + 资源"的双重赋能为牵引，有望实现更大范围的普及推广；产业链数字化转型全面展开，以产业链的柔性与韧性为导向，将加速产业组织方式的转变；数字化创新正成为产业转型的重要驱动力，"数据 + 知识 +AI"的新型研发范式自设想走向实践。

（一）中小企业成为产业数字化转型重点，"工具 + 资源"实现双重赋能

1. 各国加速政策布局，但中小企业面临更为复杂的需求问题

全球各国纷纷出台政策举措，加速中小企业数字化转型进程。美国中小企业管理局牵头成立中小企业数字联盟，通过为中小企业提供免费工具等方式促进电子商务应用。欧盟发布新的《欧洲创新议程》，旨在通过资金支持、人才培养等方式提升中小企业数字化、绿色化水平。我国持续完善中小企业数字化转型支持政策体系，先后发布《工业和信息化部办公厅 财政部办公厅关于开展财政支持中小企业数字化转型试点工作的通知》《中小企业数字化转型指南》等文件，用以提升对中小企业数字化转型的资源、政策支持。

数字技术赋能中小企业，解决中小企业生存与发展的多层次需求问题。中国信息通信研究院对 450 家以上中小企业的生存与发展需求分析显示，中小企业重点关注两方面难点问题，一方面是生产资源短缺的问题，其中 63% 的中小企业希望能获取更多市场订单资源，45% 的中小企业希望能获取低成本采购渠道资源。另一方面是发展能力不足的问题，其中 40.8% 的中小企业亟须提升产品研发设计能力，32% 的中小企业亟须提升生产管控能力。"补资源、提能力"成为数字技术赋能中小企业的关键。

2. 低成本数字技术快速发展，加速驱动中小企业能力提升

低成本数字技术是中小企业提升业务能力的重要工具。中小企业受限于资金、能

力不足，低成本数字技术始终是中小企业数字化转型的关键信息化、数字化工具，在2010 年前后云计算技术快速发展，云化软件等具有低成本属性的工具为中小企业信息化战略开辟了新的发展路径，时至今日，低代码开发平台等更多低成本数字技术工具快速发展，驱动中小企业进一步提升自身业务能力。

新型低成本数字技术工具为当前中小企业数字化转型提供全新路径。一方面向轻量化发展，低代码技术驱动云 MES（制造执行系统）等工具进一步原生化，促进中小企业间业务协同，2021—2022 年以黑湖小工单、飞书多维表格、钉钉生产类应用等为代表的一批低代码工具，在传统云 MES 的基础上进一步聚焦"协同"这一关键属性，通过更加轻量化的方式在中小企业间加速普及。另一方面向高性能发展，随着 AI 等技术的成熟和相关硬件成本的下降，以及边缘计算网关等集成化、易操作的解决方案不断推陈出新，软硬一体的边缘集成化解决方案快速发展，提升中小企业场景化业务应用性能，如卡奥斯发布基于边缘一体机的视觉质检解决方案，研华推出基于边缘一体机的能耗管理解决方案，均有效提升了中小企业应用效能。

3. 低成本工具与云平台间的协同加深，助力中小企业获取资源

随着新模式、新业态的不断发展，云化软件工具与平台间的协同耦合程度不断提升，"工具＋资源"模式逐渐成熟，为中小企业数字化转型带来了全新变化。

不断提升"工具＋资源"模式驱动的中小企业数字化转型动力。相较于过去单纯应用云化工具提升业务能力的方式，"工具＋资源"模式在解决中小企业能力提升不足这一难点问题的基础上，还为中小企业带来订单、贷款机会等重要生存资源，大大提升了中小企业应用数字化工具的动力与热情。

"工具＋资源"模式赋能的业务范围逐渐扩大。如京东工业推出 SaaS 工业采购支付应用，将中小企业接入供应链金融生态，助力中小企业获取金融资源。致景科技为上游中小面料工厂提供生产应用，为下游中小服装企业提供进销存应用，基于双侧数据分析开展布匹智能对接，助力中小企业获取采购渠道资源。云工厂通过分析中小企业生产类应用数据开展机加工产能的数字化匹配，助力中小工厂获取订单资源。

"工具＋资源"模式推动数字化转型规模快速增长。近年来"工具＋资源"模式快速发展，根据国家信息中心统计，2021 年共享协同生产这一工业领域的资源调度类模式的交易增长率为 14%，远超过共享住宿、共享出行等消费领域资源调度类模式的

交易规模增速水平。

4. 公共服务载体成为推动中小企业数字化转型的重要力量

随着中小企业在全球经济发展中的重要地位进一步凸显，中小企业数字化转型成为各国关注的焦点。由于中小企业天然缺乏获取资源的能力，多数中小企业难以完全通过自身力量开展数字化转型，由政府或社会组织主导的公共服务正成为推动中小企业数字化转型的重要力量。

西方国家依托完善的公共服务体系推动中小企业数字化转型。一方面通过对各类存量公共服务载体进行功能升级，为中小企业提供新型数字化服务，如始建于 1988 年的美国网络持续调整服务，目前为中小企业提供制造资源共享、数字技术创新等服务。另一方面通过新建数字化公共服务载体为中小企业提供数字化转型相关服务，如美国 2022 年推出 AM Forward 计划，旨在通过投资中小企业支持其应用增材制造（AM）等新技术，提升供应链弹性，欧盟委员会于 2022 年通过"欧洲数字创新中心工作计划"，旨在提升中小企业数字化服务水平。

我国不断推进公共服务网络建设，加速中小企业数字化转型进程。国家层面不断推动相关重点工程建设，"十四五"规划明确提出，在重点行业、区域建设若干国际水准的工业互联网平台和数字化转型促进中心，在这一背景下工业和信息化部将建设数字化转型促进中心列入工业互联网专项工作组 2022 年工作计划，设置工业互联网创新发展工程专项。产业界集合优势力量推动国家互联网数字化转型促进中心建设，中国生物、华能集团等行业龙头已初步建设一批行业数字化转型促进中心。地方纷纷开展具体工作布局，北京、重庆等地举措频出。

（二）产业链、供应链的数字化转型成为全球应对不确定性的共同选择

1. 各国高度重视供应链数字化转型，加快相关政策落实与战略部署

一是加快供应链基础设施建设。我国在《中共中央 国务院关于加快建设全国统一大市场的意见》中提出通过优化商贸流通基础设施布局，推动国家物流枢纽网络建设。在《"十四五"现代流通体系建设规划》中同样提出创新供应链协同运营模式，搭建物

流信息和供应链服务平台。美国政府启动货运物流优化工程，通过建设物流信息基础设施，帮助缩短供应链的交货时间。

二是推动供应链关键信息和数据共享。美国在 2022 年版《先进制造业国家战略报告》与组建供应链中断工作组计划中提出，加快供应链信息和产品数据共享及降低供应链脆弱性的要求。新加坡在《新加坡供应链 4.0 计划》中提出，建设供应链控制塔，帮助各公司了解货物在供应链中的流动情况，实现关键供应链数据监测。

三是开展供应链创新与生态合作探索。我国推动产业链、供应链生态体系建设试点，提出通过机制创新、要素集聚、平台搭建、数智赋能等方式，推动区域产业链、供应链生态体系迭代升级。英国打造数字供应链创新中心，计划提供 1000 万英镑（1英镑≈8.54 元人民币）的资助，以开发突破性的解决方案，创建完全连接、有弹性和可持续的供应链。

四是推动供应链安全监测与安全分析。澳大利亚、韩国等国均提出关键供应链绘制和监测的工作计划，以便在供应链出现中断危机之前主动识别。

2. 大企业积极优化数字化供应链，重视供应链的韧性与敏捷性的提升

在全球竞争新形势下，企业供应链面临风险管理和对需求的敏捷响应两大挑战。Gartner 的调查显示，在 2022 全球危机之后，企业供应链的发展方向将聚焦于供应链的敏捷性提升、提高数字化能力与提高风险管理能力。三菱重工和德勤的数据同样显示，2022 年企业面临供应链中断和短缺，以及对需求的敏捷响应等挑战。

大企业持续迭代数字化解决方案，应对各类不确定性风险。龙头企业现阶段聚焦打造具有韧性与柔性的供应链，以加强应对突发事件、抵御断供风险的能力。如奔驰、宝马等整车企业均打造了新的供应链协作平台，聚焦供应链发展瓶颈识别与风险预测。美的同样推出全球供应链监控平台，意图通过数字化手段增强供应链稳定性。

3. 产业组织提升协同范围与深度，由"链状"向"网状"转变

从协同范围来看，产业组织由单一企业、点对点互通向网络化组织演进，如希音打造用户、研发、生产、仓储一体化协同平台，通过需求、订单、物流的打通，实现小单快返的生产模式，2022 年希音已打通 2000 家工厂，估值突破 1000 亿美元。

从协同深度来看，产业组织由信息发布、接口打通向统一信息模型转变，如德国

弗劳恩霍夫研究所、韩国电子研究院、美国工业互联网联盟等机构与组织的研究人员提出智能工厂网络架构，通过标准通信协议、数据字典、通信框架实现数据连通的工厂网络。2022 年已实现全球 80 家智慧工厂连接，来自日本、韩国，以及欧洲等国家与地区的主体参与建设。

4. 数字化供应链产业发展成熟，产品呈现融合的应用发展趋势

4 类主体围绕自身优势打造数字化供应链产品。数字化供应链产业发展逐渐成熟，围绕传统软件企业、数字化服务商、龙头制造企业、产业互联网企业 4 类主体，形成了传统供应链管理软件、创新技术与解决方案、新模式与新业态 3 类产品形态。

不同产品间呈现融合的应用发展趋势。一是传统供应链管理软件与数字技术融合，大幅提升软件智能化水平，如 Oracle SCM（供应链管理）软件嵌入 AI 套件，基于算法实现采购、库存管理、销售预测功能。二是数字化服务商广泛开展合作，通过技术融合打造差异化竞争优势。如 C3 AI 公司与谷歌云合作，结合双方 AI 与大数据能力打造供应链预测产品；英伟达 AMR（自主移动机器人）自动驾驶解决方案与 NVIDIA Omniverse 虚拟仿真平台绑定，提供供应链数字孪生仿真解决方案。三是龙头制造企业打造一体化解决方案并向上下游企业复制推广，如联想、美的等企业打造供应链协同、资源管理与调度、敏捷生产解决方案，并率先围绕自身供应链在上下游企业实现复制推广。

（三）"数据 + 知识 +AI"新型研发范式正成为新一轮产业创新的重要驱动力

1. 数据驱动的新型研发范式自设想走向实践，各国加快布局

大数据成为研发创新的重要驱动力。目前，新型研发范式的发展被分为 4 个阶段，第一范式由实验驱动，基于逻辑思维和经验创新；第二范式由理论驱动，通过科学假设和理论推导建立基于模型的理论科学；第三范式由计算驱动，以计算机的应用为标志，通过计算模拟大幅提升研究效率；2007 年，由数据驱动的科学作为第四范式被提出，以互联网、云计算等新技术为手段，通过大数据和机器学习提取数据间的隐含变量，建立模型以指导新发现。

2021 年以来各国积极布局，数据驱动的新型范式变革趋势明显。美国发布的《材料基因组计划战略规划》（2021）中，强调利用 AI 技术优化材料研发和制造工艺，2022 版《先进制造业国家战略报告》也提出通过数据驱动的机器学习工具提升材料设计和加工能力。欧盟在《电池 2030+》计划中对数据驱动的电池材料设计和制造进行了系统布局，利用 AI 技术集成和编排数据，整合计算材料设计，实现全新的电池开发策略。日本的《第六期科学技术与创新基本计划》提出要推进开放创新、数据驱动等高附加值、高影响力的研究活动，并在《材料创新力强化战略》中强调了在材料领域中的数据驱动型研究。

2. 数字化材料基因工程在多个领域取得突出进展

数据正加速与材料基因工程融合。材料创新是各种颠覆性技术革命的核心，数据为材料研发的设计与发现、物性预测、排序筛选和制备实验等全流程赋能，通过 AI 揭示数据空间的复杂关系，向系统自主认知发现迈进。目前世界各国已建立规模庞大的材料数据库，通过融合材料知识和机理以加速新材料的研发创新，如美国的 Materials Data Facility 数据库涵盖了绝大多数材料的数据，日本也建立了涵盖聚合物、合金、超导等材料数据的 MatNavi 数据库，我国的材料基因工程数据库包含了大量核材料、特种合金等材料的数据。

随着工程化应用落地，数据赋能作用将进一步突显。在金属材料领域，高性能金属材料研发取得应用突破，如美国休斯研究实验室应用 AI 发现首个可用于 3D 打印的高强度铝合金粉末，已应用于美国航空航天局项目中；美国航空航天局利用 AI 技术开发出新型超高性能 3D 打印合金，显著提高零件的强度和耐用性。在非金属材料方面，高分子、半导体材料的研发已发展为工程化应用，松下公司应用 AI 材料研发平台开发电极半导体材料，最高可节省 75% 的时间成本；宁德时代新能源科技股份有限公司将高通量技术与先进算法结合，研发了电池包覆高分子材料，降低了 30% 的研发成本。在复合材料领域中，对材料性能的即时预测应用的探索十分活跃，麻省理工学院应用生成对抗网络预测复合材料的应力、应变等特性，相较于有限元仿真，效率提升近 100 倍；普渡大学采用深度学习预测碳纤维增强基复合材料的弹性，极大地减少了物理实验的次数。

3. 基于 AI 的产品设计正展现更高的产品性能和研发效率

衍生式设计具备巨大的发展潜力。衍生式设计基于 AI 技术，它能够根据限制条件和参数自行找出可能的组合，提供一系列合适的解决方案供设计人员选择并进行解决方案优化。根据 Gartner 2022 年新兴技术成熟度曲线，目前衍生式设计已经获得初步应用，距离技术成熟期尚有 5 ～ 10 年，未来还有更广阔的发展潜力。AI 在不同尺度的产品设计中展现赋能潜力。在机械结构设计领域，通过创成式设计与制造工艺的融合实现轻量化是 AI 的主要应用方向，如英国莲花汽车公司使用 Fusion 360 设计 2.5 轴 CNC（计算机数控）轮毂组件，其质量比原始设计减轻了 40%；Aristo Cast 公司利用 3D 打印技术和生产飞机座椅骨架，实现减重 56%；英国劳斯莱斯汽车公司结合创成式设计和 3D 打印技术，为部件平均减重近 50%。在电子设计领域，AI 技术或能够大幅提升设计效率和产品性能，如三星基于 Cerebrus 软件设计手机 CPU（中央处理器），将芯片晶体管密度提升 5%，频率增益提升 16%；创意电子公司应用机器学习优化芯片布线设计，使芯片翻转功耗降低 14%，线长减少 19%。在药物设计领域，AI 将创造巨大的市场价值，德勤预测 AI 药物研发市场的规模在未来两年将达到 200 亿美元，中银国际证券报告显示，利用 AI 能够节省约 50% 的药物研发时间，每年可节约 540 亿美元的研发费用。

4. 基于 AI 的前沿工艺优化与工业决策创新是探索的新方向

一是 AI 赋能工艺优化，推动应用场景向前沿工艺领域拓展。AI 技术正由常规工艺优化向前沿工艺优化渗透，优化机理复杂度逐渐提升。一方面，推动新型材料生产加工过程中传统工艺的应用，如德国弗劳恩霍夫研究院应用 AI 算法结合机理分析，优化碳纤维增强基复合材料的切削工艺参数；剑桥大学应用神经网络自动分析、检测和纠正材料挤出式 3D 打印的加工错误。另一方面，利用 AI 技术对新工艺进行优化，提升制造能力。三星应用深度学习来预测芯片蚀刻工艺、蚀刻轮廓，进而改进加工参数；美国阿贡国家实验室应用贝叶斯算法优化薄膜制备过程中的原子层沉积工艺加工参数。

二是 AI 赋能工艺创新，复杂工艺规划决策将成为探索新方向。数据赋能工艺设计创新，逐渐从药物合成、催化剂合成等化合物合成路线发展至 3D 打印等新方式，并向装备工艺、复杂零件加工等复杂工艺设计决策演进。如上海飞机制造有限公司基于机器学习算法从历史加工数据中自动归纳总结飞机结构件的加工特征类型及分类条件，实现加工特征的智能定义，并生成包含加工工序、机床、道具、加工操作、切削参数等完整工艺信息的加工工艺方案；成都飞机工业集团有限责任公司建立工艺知识库和经验模板，构建工艺流程规划知识图谱，结合多种数据应用软件实现对飞机设计图纸的数据提取和分解，提高了工艺流程规划的效率和质量。

三、2023 年两化融合与产业互联网领域发展趋势展望

展望未来，两化融合与产业互联网领域发展前景广阔，全球产业数字化转型将加速推进，成为推动实体经济增长的关键引擎。数字技术将进一步聚焦融合创新，降低技术使用门槛、打通 IT 与 OT 系统成为重要推进方向。同时，随着产业数字化转型的深化，产业需求也将持续升级，企业对于 ESG 的关注度将进一步提升，对于数字化人才的需求与培养数字化人才的投入也将持续加大。

（一）全球数字化转型将持续高速发展，新技术将孕育更大发展潜力

当今世界正在经历百年未有之大变局，全球新冠疫情、能源危机等影响因素交织叠加，全球经济震荡下行，数字化转型成为推动经济复苏的关键引擎，为进一步推动各领域数字化转型，各国加大资金投入与资源分配。

未来 5 年全球数字化转型支出将持续高速增长。国际数据公司（IDC）数据显示，2022 年全球在业务实践、产品和组织的数字化转型方面的支出达到 1.5 万亿美元，比 2021 年增长 20%，预计在 2022—2026 年，5 年内年均复合增长率将达到 16.6%。其中，2022 年中国数字化转型方面的支出为 3265 亿美元，比 2021 年增长 18.7%，预计未来 5 年年均复合增长率将保持 18.8%。

工业智能、数字孪生及云计算等领域有望成为发展突破口。未来 5 年内，数字化转型主要领域市场规模将持续高速增长，预计增速最快的前 3 名为工业智能、数字孪生及云计算领域。国外研究机构 MarketsandMarkets 提供的数据显示，2022 年全球制造业人工智能市场规模为 23 亿美元，预计到 2027 年将达到 163 亿美元，年均复合增长率达到 47.9%。国外研究机构 Vantage Market Research 提供的数据显示，2021 年全球数字孪生市场规模为 65 亿美元，预计到 2028 年将增长到 535 亿美元，年均复合增长率为 42.1%。

（二）行业数字化转型走向深层次变革，社会与公司治理将成为关注重点

行业数字化转型提速，呈现 3 点主要发展趋势。一是智能优化。在农业领域，农业生产的智能化转型提速明显，MarketsandMarkets 统计，到 2026 年，预计农业领域的 AI 技术与解决方案支出的年均复合增长率为 25.5%；在医疗领域，"AI+ 医疗"高速发展，应用场景不断延伸，Reportlinker 数据库统计，到 2025 年，全球医疗行业的 AI 市场规模将达到 2500 亿元。二是集成协同。在制造领域，全球智能工厂建设提速，预计至 2028 年，全球智能工厂市场规模年均复合增长率达到 15.03%；同时，对供应链协同的探索十分活跃，Gartner 预测，2 ～ 3 年内过半数企业将实现具有高度韧性的供应链。三是服务创新。在制造领域，智能服务将刷新传统价值边界，安永会计师事务所预计，软件在智能网联汽车价值中的占比将超过 60%；在能源领域，虚拟电厂走向落地应用，预计 2025 年虚拟电厂的运营市场规模将达到 968 亿元。

数字化将加速环境、社会与公司治理（ESG）目标达成。一方面政府密集出台政策，ESG 成为必选题。PRI Regulation 数据库统计，2015 年后全球 ESG 相关政策密集出台，增速提升明显，同时，国务院国有资产监督管理委员正在研究推动央企控股上市公司 2023 年全部开展 ESG 信息披露。另一方面，以数字化转型推进 ESG 成为企业重要探索方向。毕马威发布的《2022 全球制造业展望》指出，新冠疫情、气候变迁等因素使全球制造业高管比过往更加关注"双重转型"目标，即数字化转型与 ESG 投资。罗克韦尔国际公司发布的《2022 年智能制造现状报告》显示，47% 的 ESG 事项与实施数字化能源管理有关。

（三）降低技术应用门槛成为数字化解决方案的重要探索方向

当前软件应用、平台、装备及自动化等领域均在强化产品应用的普适性、易用性、低成本特性，未来 3 ～ 5 年工业领域数字技术应用将有望形成敏捷开发、灵活调度、即插即用的全新应用模式。

在软件及应用方面，主要通过无代码 / 低代码技术加快软件应用开发落地。通用电气推出了新一代 HMI/SCADA（人机交互界面 / 监控与数据采集系统）软件，采用无代码 / 低代码技术有效缩短响应时间，降低成本；Realtime Robotics 推出了新的自动

生成计划的软件，支持自动编程、部署及控制工业机器人，节省编排时间；Prescient
推出支持低代码开发的预测性维护软件套件，允许客户将传感器数据快速可视化，并
定制检测算法。

在平台方面，主要借助中间件集成打通各业务组件，推动业务灵活重组编排。海
克斯康推出开放平台 Nexus，打通数百个设计工程、生产计量软件，帮助用户优化复
杂工作流程；卡奥斯推出天马低代码平台 2.0，提供流程控件、工业组件等 7 大类共
48 个组件，可快速构建业务场景；华为打造 Astro 低代码平台，整合大量 API 资源和
技术部件，可快速响应不同业务需求。

在装备及机器人方面，主要以低成本模块化为核心，简化机器人部署。超威半导
体（AMD）公司推出了可扩展、开箱即用套件，该套件可快速开发机器视觉、工业通
信和控制的硬件加速应用程序；PickNik Robotics 推出 MoveIt Studio 机器人预置软件工
具包，支持轨迹检查等应用的快速构建及调试；OnRobot 推出可自动配置机器人组件
管理单元的 D:PLOY 系统，机器人部署时间节省了 90%。

（四）数字技术将进一步带动 IT 和 OT 打通融合

工业技术体系在数字技术的带动下，向数据驱动、灵活部署、按需定制、开放
融合的全新技术体系演进。一方面，软件应用系统以统一平台底座，推动全生命周期
模型创新、管理、融合和基于海量数据的综合智能决策，实现全生命周期分析优化。
美国参数技术公司（PTC）并购云原生体系，收购云原生 CAD（计算机辅助设计）、
PLM（产品生命周期管理）、MES，打造云原生 SaaS 平台 Atlas，实现单一软件与平
台的深度融合；达索系统打造新版本 3DEXPERIENCE R2023X，基于该平台实现需求
分析、设计、仿真等全生命周期软件集成，以及云化迁移和数据模型互通；西门子连
接 Xcelerator 开放式数字商业平台与 Omniverse 虚拟仿真平台，推动数字模型和 AI 的
结合，提升平台底座基础能力。另一方面，自动化系统正由传统以控制为核心的封闭
体系向控制与分析并重，数据驱动、软件定义、灵活开放的新型体系转变。施耐德基
于分布式控制架构推动软硬件解耦、提升互操作性和应用可迁移性，实现 EAE 开放自
动化平台在工业的落地应用；艾默生推出"无限自动化"架构，打通智能现场到边缘
和云端的数据无缝传输，强调数据驱动、软硬件解耦；除此之外，菲尼克斯、贝加莱、
ABB 等企业也在加速探索软硬件解耦新模式，推动新型自动化体系构建。

（五）数字化人才培养将获得更多关注和投入

全球数字化人才缺口巨大。国外研究机构 Everest Group 发布的调查结果显示，2022 年企业面临的首要业务挑战为人才 / 技能短缺，而该项在 2021 年及 2020 年均排名第 5。麦肯锡等测算，预计到 2030 年全球将有 40% 的劳动力需要学习数字化相关新技能，8500 万个数字化相关岗位空缺，8.5 万亿美元收入将因人才短缺而无法实现。

各国将加速推进数字化人才培养，更新教育体系与强化校企合作为两大核心举措。一方面，各国均加速推进新工科建设，构建与时俱进的高等教育人才培养体系。我国支持天津大学、哈尔滨工业大学、中国科学技术大学等高校新成立未来技术学院，推进新工科人才建设体系；美国持续完善以麻省理工学院的新工程教育转型（NEET）计划为代表的美国高等教育新工科教学体系；日本东京大学开设元宇宙工程学系，将持续推进工程和信息多元化人才培养。另一方面，各国均大力支持校企合作，完善职业技术人员培养计划。如我国稳步推进落实教育部、发展和改革委员会等 4 部门联合提出的 1+X 证书制度，已公布 4 批认证名单，数字化人才培养是重点人才培养方向；美国鼓励各行业企业和教育组织合作，开发和更新智能制造等新兴制造技术证书及认证评估方法；围绕校企合作联合培养人才，日本政府正在探讨如何在所得税方面给予企业优惠政策。

无线移动篇

导　读

2022 年是划时代的一年，中国共产党第二十次全国代表大会的胜利召开等一系列重大事件标志着中国进入全面建设社会主义现代化的新阶段。

回顾 2022 年，无线移动领域总体呈现出稳健发展的态势。5G 商用进度在全球范围内持续推进，我国移动数据流量增速回归平稳状态，智能终端销售量大幅下降，但移动物联网连接数保持高速增长的态势，移动 App 下载量保持稳定。

在 5G 应用方面，行业应用进入规模化发展的攻坚期，5G 在部分行业的应用已经进入核心环节，运营商加大 5G 虚拟专网的建设力度，5G 行业终端成为探索的热点。**在卫星互联网方面**，全球卫星互联网发展速度加快，手机直连卫星成为行业发展的新热点，与 5G/6G 融合的卫星互联网技术成为重点研究方向之一。**在移动物联网方面**，移动物联网终端用户数首次超越移动电话用户数，成为行业标志性事件，5G RedCap技术走向成熟，多种技术协同发展持续增强物联能力，应用形成 "4+3+*N*" 格局。

展望 2023 年，5G 网络建设速度将不断加快，5G 用户渗透率将稳步提升。Wi-Fi、短距离无线技术等各种技术将各展所长，全行业将保持持续稳健发展的态势。

本篇作者：

万屹　李珊　果敢　朵灏　杜加懂　徐冰玉　曹磊　李侠宇　吕日昇　夏仕达　刘硕

马玉娟　刘念　付国强　张大坤　赵慧麟　王艳红　王志玮　杨艺　林鹏　蔡雯琦

王琦　侯伟彬　张天静　李思栋

一、2022 年无线移动领域发展综述

（一）用户

1. 全球移动用户数达 85.1 亿，5G 用户数超 10.3 亿

截至 2022 年年底，全球移动用户数达 85.1 亿，渗透率为 106.5%；全球 4G 用户数达到 50.8 亿，渗透率为 59.72%，如图 3-1 所示。全球 5G 用户数超 10.3 亿，其中亚洲用户数占比超 70%，如图 3-2 所示。

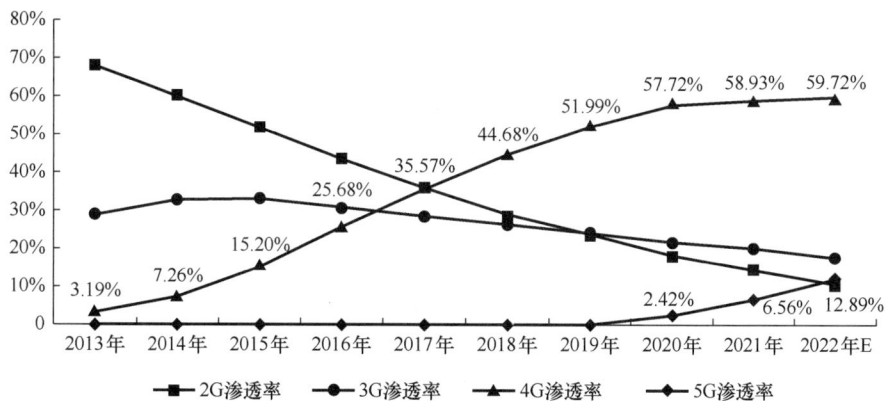

图 3-1　全球 2G/3G/4G/5G 用户占比变化情况

（数据来源：GSMA）

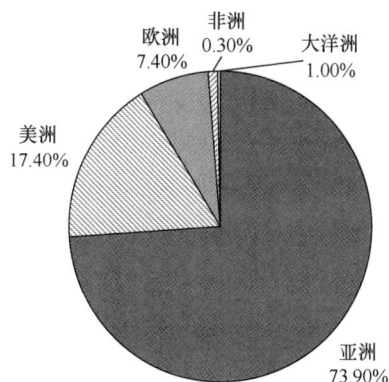

图 3-2　全球 5G 用户区域分布

（数据来源：工业和信息化部、GSMA）

2. 我国移动用户数达 16.84 亿，5G 用户数超 5.42 亿

截至 2022 年 11 月，我国移动用户数达 16.84 亿，较 2021 年末净增长 4149 万；我国 5G 移动用户数快速增加，已超过 5.42 亿，渗透率为 32.2%，如图 3-3 所示。

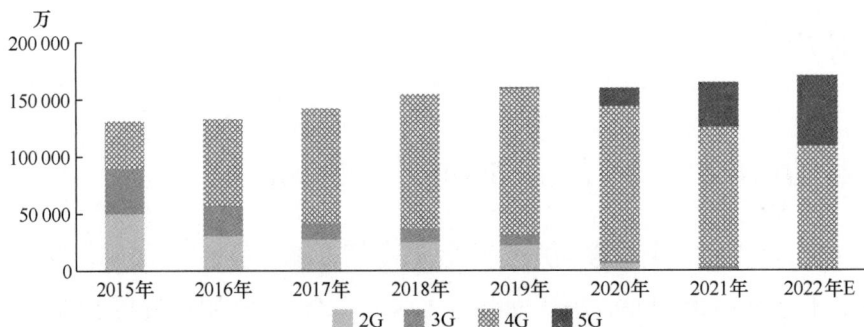

图 3-3　我国 2G/3G/4G/5G 用户数变化情况
（数据来源：工业和信息化部、GSMA）

（二）网络

1. 全球 5G 网络建设持续推进

截至 2022 年 11 月，全球已有 90 个国家和地区的 237 家网络运营商宣称开始提供 5G 业务（含固定无线和移动服务），如图 3-4 所示。2022 年 1 月—11 月，5G 商用国家和地区累计新增 13 个，约 60% 的 5G 商用新增国家和地区位于非洲，2022 年全球 5G 网络人口覆盖率达到 32%。

2. 我国已累计开通 5G 基站超 228.7 万个

截至 2022 年 11 月末，我国已累计开通 5G 基站超 228.7 万个，占移动基站总数的 21.1%，较 2021 年末新增 5G 基站 86.2 万个，如图 3-5 所示。

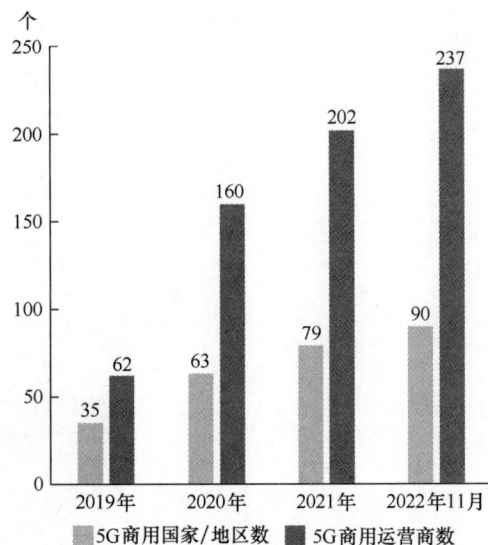

图 3-4　全球 5G 商用情况
（数据来源：工业和信息化部、中国信息通信研究院）

我国所有地级市城区、县城城区和 96% 的乡镇镇区实现 5G 网络覆盖。

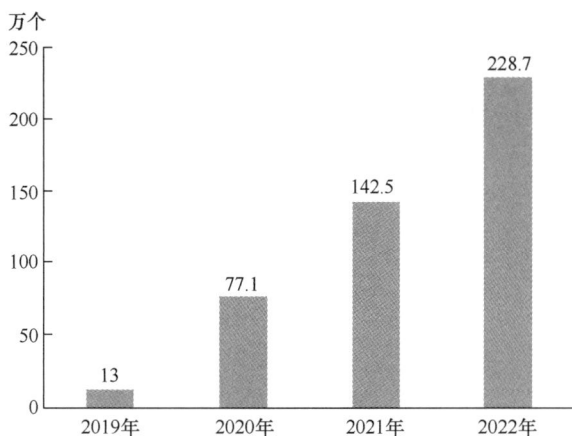

万个

图 3-5　我国 5G 网络基站开通情况

（数据来源：工业和信息化部）

（三）流量

1. 我国移动互联网累计接入流量增速回落

2022 年，我国移动互联网累计接入流量增速回落到 20% 左右。2022 年 1 月—11 月，我国移动互联网累计流量达 2382 亿 GB，同比增长 18.6%，如图 3-6 所示。

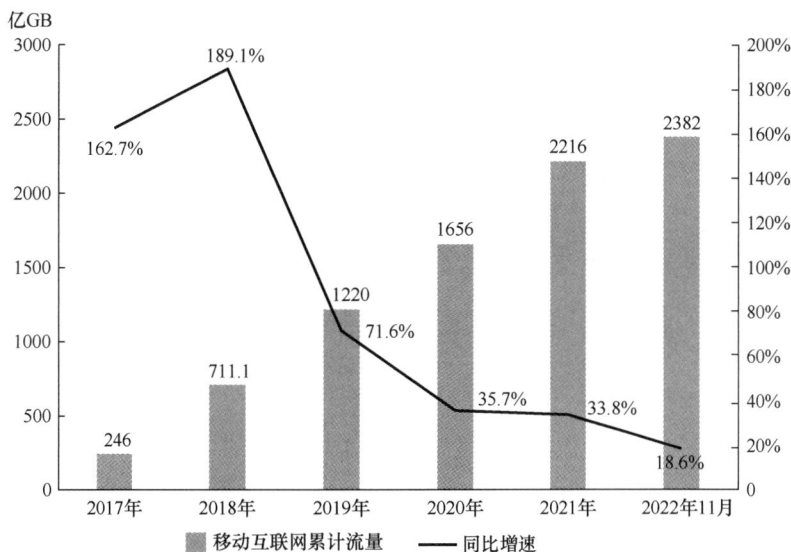

图 3-6　我国移动互联网累计接入流量同比增速

（数据来源：工业和信息化部）

2. 我国移动互联网 DOU 保持增长态势

2022 年我国 DOU 保持增长态势，2022 年 11 月当月 DOU 达到 16.58GB，同比增长 18.3%，如图 3-7 所示。2022 年全球 DOU 均值为 15GB，我国 DOU 与全球均值基本保持一致。

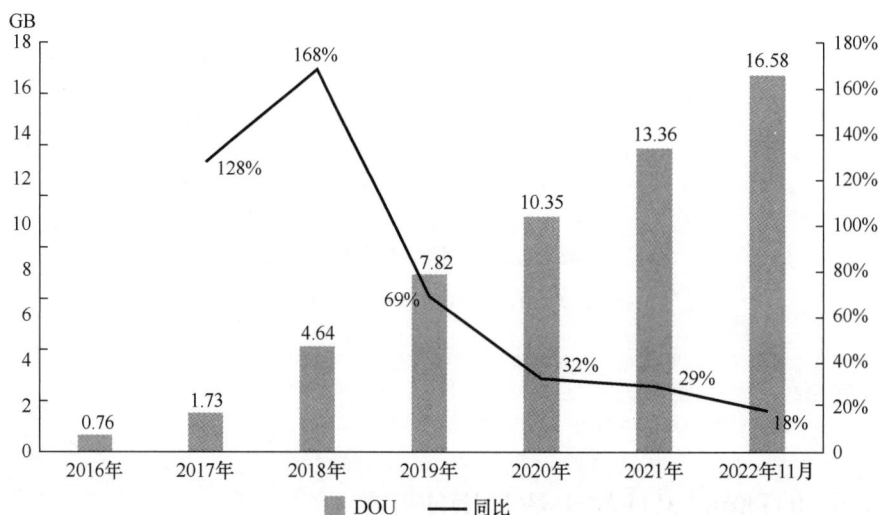

图 3-7　我国移动互联网 DOU 增长情况

（数据来源：工业和信息化部）

（四）终端

全球手机市场低迷，我国手机市场已基本完成向 5G 的过渡

受全球经济增长总体放缓、通货膨胀等因素综合影响，全球手机市场需求持续疲软，头部企业库存持续高企，全球智能手机市场持续低迷，出货量出现了大幅下滑。

自 2019 年我国发放 5G 业务牌照以来，我国手机市场用了 3 年时间，基本完成了从 4G 向 5G 的过渡。在全球市场持续低迷的大背景下，2022 年我国手机出货量为 2.86 亿部，相比 2021 年减少 18.4%，其中，5G 手机出货量为 2.29 亿部，占比 80.1%，如图 3-8 所示。

百万部

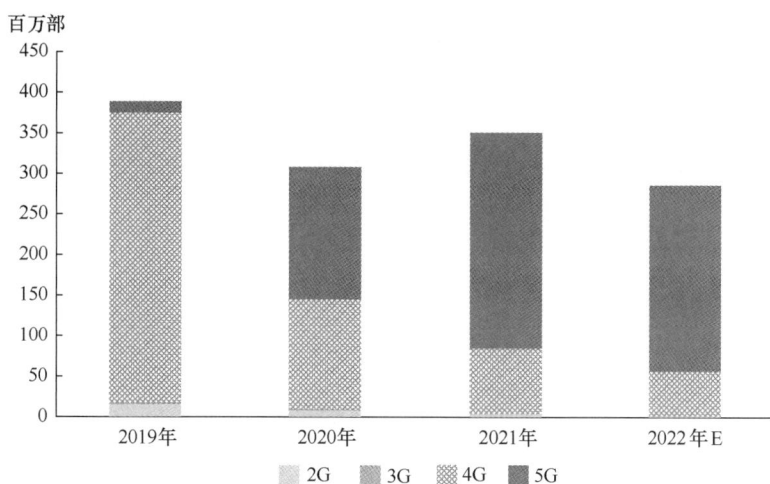

图 3-8　我国 2G/3G/4G/5G 手机出货量

（数据来源：中国信息通信研究院）

（五）移动物联网

移动物联网持续发展，终端和应用场景不断丰富

从全球市场来看，据 GSA（全球移动供应商协会）统计，截至 2022 年 9 月，全球 103 家供应商发布 484 款 Cat-NB1（窄带传输能力等级 1）终端，模组占比为 42%，如图 3-9 所示；全球 28 家供应商发布 118 款 Cat-NB2（窄带传输能力等级 2）终端。截至 2022 年 11 月，全球 211 家供应商已发布或即将推出 245 款 5G 室内外固定无线接入 CPE（用户驻地设备）、210 款 5G 模组、125 款 5G 工业 / 企业路由器 / 网关 / 调制解调器、84 款无人机 / 头戴式显示器等新型 5G 终端。

国内市场方面，据工业和信息化部统计数据，截至 2022 年 11 月，我国移动物联网终端用户已达 18.18 亿户，超出移动电话用户 1.34 亿户，如图 3-10 所示。我国已进入了"物超人"时代，成为全球主要经济体中首个实现"物超人"的国家。NB-IoT（窄带物联网）行业应用产生规模效应，已形成水表、气表、烟感、追踪类 4 个千万级应用，白电、路灯、停车、农业等 7 个百万级应用，POS（电子付款机）、电视机机顶盒、垃圾桶、冷链、模具管理等新兴应用。LTE Cat.1（长期演进技术传输能力等级 1）低应用价格和低功耗优势凸显，在可穿戴设备、共享经济、工业传感器、共享单车等领域具备更多的优势。

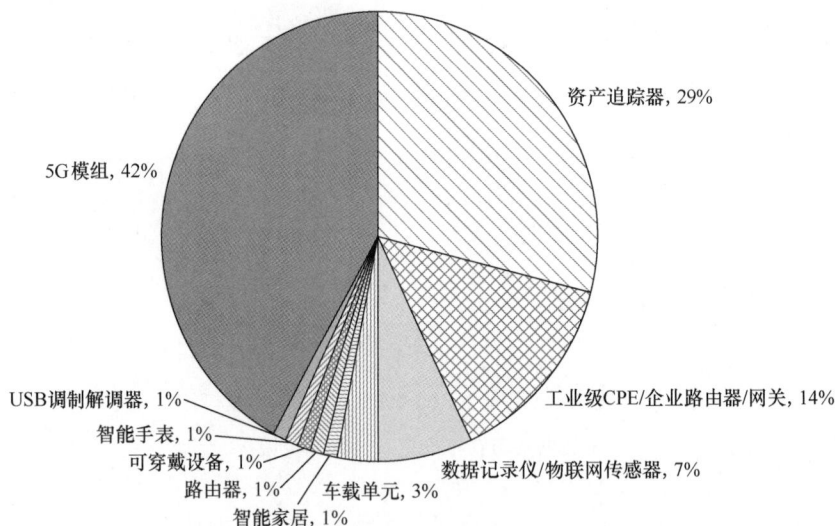

图 3-9　全球 Cat-NB1 终端分类占比

（数据来源：GSA）

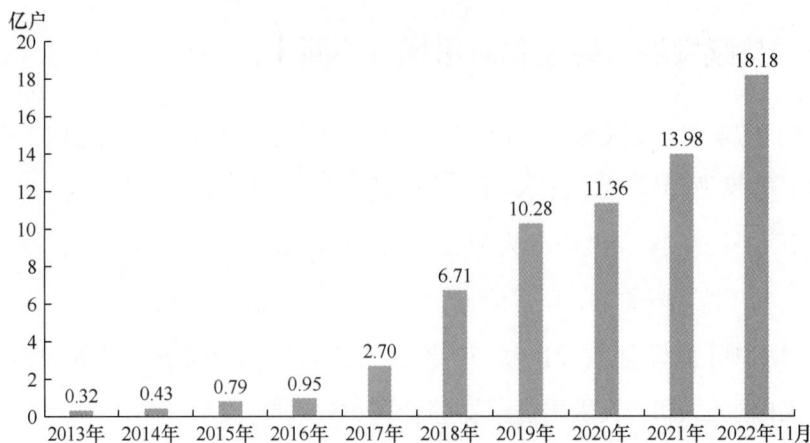

图 3-10　移动物联网终端用户

（数据来源：工业和信息化部）

（六）App

App 市场持续优化，App 月度下载量保持稳定

我国移动互联网行业的技术水平进一步得到提升，App 市场呈现持续优化、稳定

发展态势。截至 2022 年 10 月末，我国国内市场上监测到的 App 共有 253 万款，相比 2020 年 6 月监测到的 359.1 万款，数量下降了 29.55%，如图 3-11 所示。随着 App 侵犯用户权益专项整治行动持续开展，我国 App 市场步入调整优化阶段。同期我国第三方应用商店在架 App 累计下载量达到 32 625 亿次，月度下载量保持稳定，如图 3-12 所示。其中，4 类 App 数量规模保持领先，分别为游戏类、日常工具类、生活服务类和办公学习类，占比合计 39.61%，如图 3-13 所示。

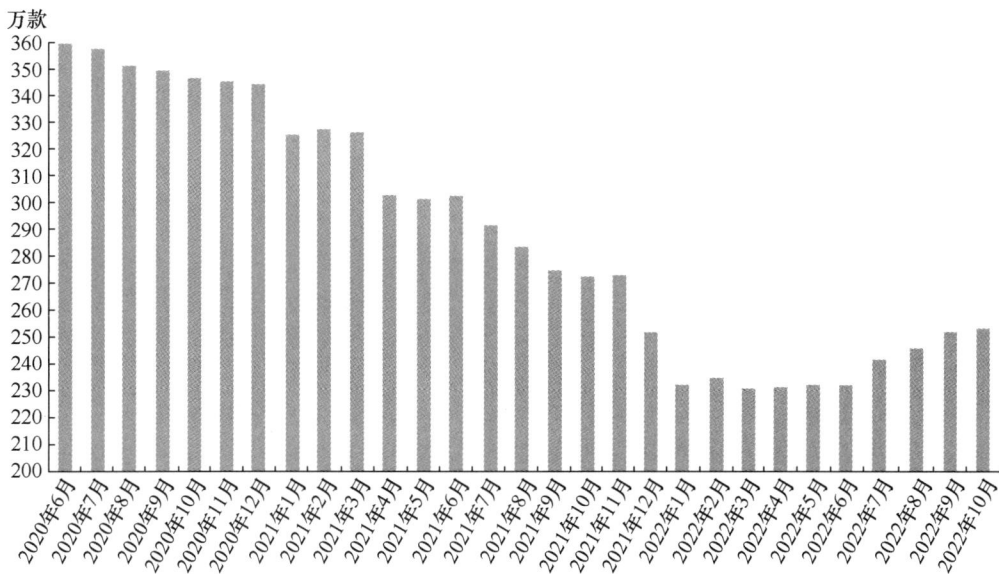

图 3-11 我国 App 市场规模

（数据来源：工业和信息化部）

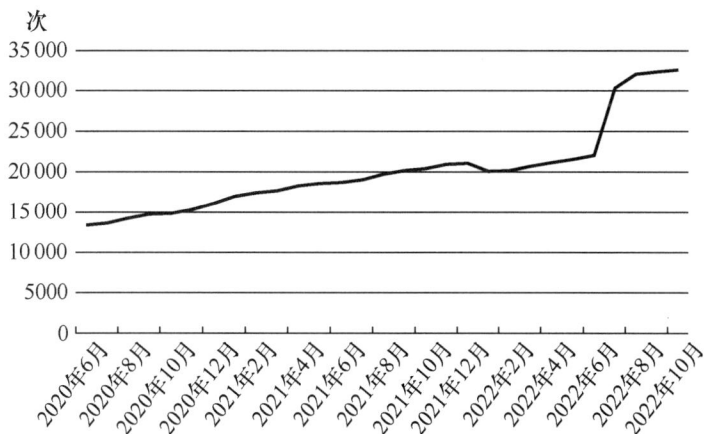

图 3-12 我国 App 累计下载量

（数据来源：工业和信息化部）

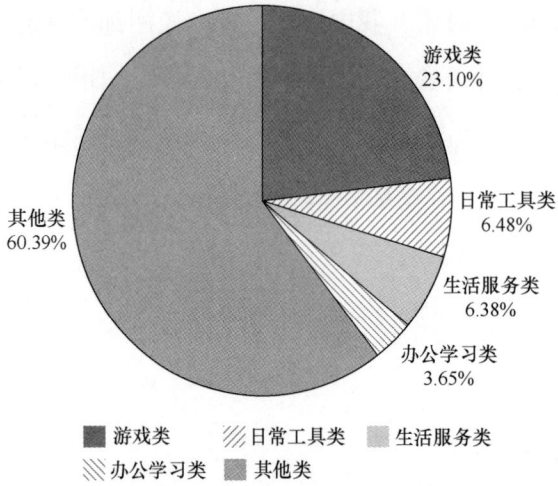

图 3-13　我国 App 市场类别占比

（数据来源：工业和信息化部）

二、2022 年无线移动领域热点分析

（一）5G 行业应用进入规模化发展攻坚期

1. "绽放杯"影响力逐年扩大，5G 应用项目呈现跨越式增长

以赛促用、以赛促智，5G 应用发展欣欣向荣。自 2018 年起，由工业和信息化部主办的"绽放杯"5G 应用征集大赛（以下简称"大赛"）已连续举办 5 届，选拔出了一批创新能力突出、应用效果优秀、市场发展前景可观的 5G 应用项目，在推动 5G 应用创新、加速 5G 与各行业融合等方面发挥着重要作用，已成为我国信息通信领域的品牌活动，在行业内产生了巨大的影响。第五届大赛收到来自全国 31 个省、自治区、直辖市，以及香港特别行政区、澳门特别行政区的项目共计 28 560 个，与第四届大赛相比，参赛项目数量增幅达 132%，如图 3-14 所示。

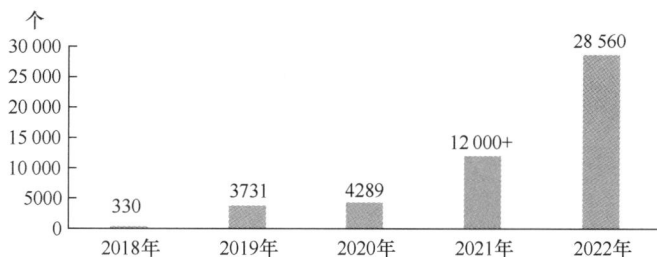

图 3-14 2018—2022 年"绽放杯"5G 应用征集大赛参赛项目数量

5G 应用成熟度大幅提升，深度、广度实现突破。在 5G 应用项目应用成熟度方面，处于"商业落地""解决方案可复制"阶段的 5G 应用项目占比超过 56%，较第四届大赛提升 7%。同时，近 4000 个 5G 应用项目实现"解决方案可复制"，较第四届大赛的 1874 个可复制 5G 应用项目，大幅增长 113%，增长势头迅猛。

行业应用领域持续拓展，热点领域不断涌现。5G 在轨道交通、海洋等领域的融合应用成为新兴探索方向，得到相关行业的持续关注和积极响应。在第五届大赛中，轨道交通、海洋领域的参赛项目分别达到 160 个和 98 个，初步形成试点示范，带动各自行业 5G 应用发展进程。

2. 5G 应用面临三大挑战，规模化推广路径探索成为关键

价值、成本、融合成为 5G 应用规模化发展面临的三大挑战。在价值方面，5G 应用的价值体现仍然是行业关注的重点，在部分行业中 5G 应用价值彰显不足、行业刚需尚待挖掘，已经成为制约 5G 应用规模化发展的重要阻碍。究其原因，行业需求分化导致 5G 及融合技术难以在各行业形成统一的应用价值，部分重点行业进入成长阶段，多数行业仍处于起步阶段。5G 应用的典型发展阶段如图 3-15 所示。在成本方面，行业网络协议纷繁复杂，封闭化问题严重，大幅提升了 5G 与行业网络的融合难度，进而导致行业企业建网、用网成本居高不下，一定程度上削减了 5G 应用的行业价值。在融合方面，行业应用系统属于烟囱式部署，使信息难以有效融合分析，形成管理壁垒。5G 应用解决方案定制化程度高，加剧了行业应用系统的"烟囱化"问题，精准深入的融合应用方案仍待进一步探索。

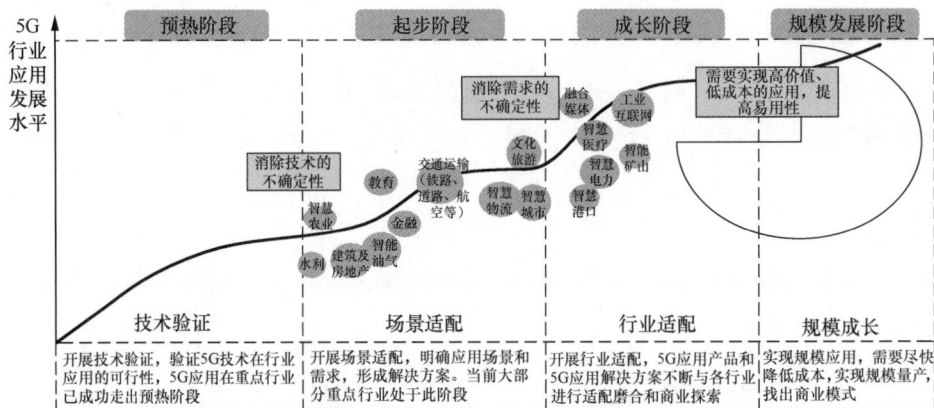

图 3-15　5G 应用的典型发展阶段

标杆复制和中小企业推广是规模化关键。一是重点行业的标杆企业引领行业内 5G 应用的复制探索，重点行业的标杆企业开始进入复制探索阶段，但多数企业仍困于 5G 应用解决方案层面的简单复制，尚未实现 5G 应用在生产和管理系统中的全面贯通。二是充分发挥大企业的带动作用，全面加速 5G 应用从大企业到中小企业的复制推广，为中小企业打造可参考、可借鉴的 5G 应用经验，提升 5G 应用对垂直行业的吸引力。

3. 5G 应用集中于行业龙头企业，部分行业进入核心环节

部分行业龙头企业的 5G 应用占比超 60%。 在以煤矿、钢铁、港口为代表的 5G 应用重点行业中，行业龙头企业的 5G 应用渗透率突破 60%。煤矿行业方面，我国近 400

座煤矿开展 5G 应用，50 强煤炭企业的 5G 应用占比达到 72%，20 强煤炭企业的 5G 应用占比攀升至 95%。全国在产煤矿 3000 余座，5G 应用占比约为 13%。钢铁行业方面，全国 50 强钢铁企业的 5G 应用占比达到 62%，在 20 强钢铁企业中这一占比提高至 85%。港口行业方面，在全国 25 个主要沿海港口中，5G 应用占比高达 92%；在全国 28 个主要内河港口中，5G 应用占比为 32%。

5G 进入核心控制环节，效果显著。 5G 应用逐渐从行业外围辅助环节深入核心控制环节，5G 网络的确定性时延、抖动、可靠性等指标为生产业务的稳定性提供根本保障。煤矿行业，5G 助力远程掘进实现少人化操作。掘进机远程一键启停，现场作业人员从 9 人减至 5 人；掘进机定姿定位，掘进效率提高 3 倍；移动端集中控制，生产效率提高 20%。钢铁行业方面，5G 赋能远程生产操作。远程集中操控，作业人员从 32 人减少到 20 人，生产效率提升 60%；"机器换人"，高危作业减少 70%；在线运维，巡检效率提高 60%。港口行业，采用 5G 无人驾驶集卡作业模式有效提升物流效率。采用远程监控模式，作业人员减少 3/4；全流程自动运营，港口综合运营效率提升 50%；"5G+ 北斗高精度定位"实现厘米级精度定位服务。

4. 5G 行业虚拟专网构建应用基础设施，打造"一站式"运营能力

5G 规模化应用，网络适度"先行"。 数字经济成为推动国家经济增长的重要引擎，而行业数字化转型升级是数字经济发展的主战场，已上升为国家战略。5G 行业虚拟专网能有效使能行业数字化转型，为行业提供定制化网络服务、开放化网络能力、智能化网络管控，推动行业生产方式升级、管理方式变革、治理能力提高，成为行业应用规模化的重要基础设施。2020—2022 年，我国 5G 行业虚拟专网数量快速增长，实现"应用部署、网络先行"，截至 2022 年 9 月底，我国 5G 行业虚拟专网建设总量超 10 500 个，全面推进 5G 规模化应用，融入千行百业。同时，5G 行业虚拟专网在行业应用的广度不断拓展，工业、城市、信息消费等重点行业的 5G 行业虚拟专网由商业落地走向规模化复制阶段，赋能千行百业信息化基础设施的转型升级。

5G 融入行业应用关键环节，打造"一站式"运营能力。 一方面，5G 行业虚拟专网的建网模式从运营商主导向行业自主需求主导转变，面向重点行业的定制化 5G 行业虚拟专网模板成为趋势，5G 网络逐步融入行业既有网络体系中。电信运营商相继发布专网 2.0 系列产品，为行业用户提供定制化网络服务。具体来说，中国联通发布的 5G 行业专网产品体系 2.0 实现"更强网络、更懂行业、更优服务"的"三大跨越"，

加速行业数智转型。中国移动推出的 5G 专网产品体系 2.0 面向客户实现确定可靠、云网融合、多样管控的"三个转变"，服务企业生产。另一方面，5G 行业虚拟专网带动产业发展，定制化基站、轻量化核心网、行业特色边缘计算及共管共维行业自服务管理平台等定制化 5G 行业虚拟专网产品持续涌现，极大地丰富了 5G 产业链布局。5G 行业虚拟专网产品如图 3-16 所示。

图 3-16　5G 行业虚拟专网产品

5. 5G 行业终端是应用部署的"黏合点"，5G 行业融合装备成为探索热点

国内 5G 终端发展全球领先，加速构建 5G 行业终端体系。在发展规模方面，据 GSA（全球移动供应商协会）的统计，截至 2022 年 9 月底，全球共发布 5G 终端 1579 款，其中 5G 室内外固定无线接入 CPE 共 225 款，5G 工业 / 企业路由器 / 网关 / 调制解调器共 99 款。国内 5G 终端发展遥遥领先，在 1579 款 5G 终端中，我国企业共发布 1153 款 5G 终端，占比高达 73%；国产 5G 室内外固定无线接入 CPE 共 175 款，占比 78%；国产 5G 工业 / 企业路由器 / 网关 / 调制解调器共 49 款，占比超 49%。在 5G 行业终端体系建设方面，5G 行业终端分级分类、聚类发展成为发展大趋势。根据应用范围的不同，5G 行业终端可被分为 5G 行业通用终端和 5G 行业定制终端两大类。5G 行业通用终端包括摄像头、网关 /CPE 等设备，聚焦行业规模化市场的通用场景，实现视频监控、无人巡检、数据采集等行业通用应用；5G 行业定制终端包括医疗推车、挖掘机等设备，聚焦行业碎片化市场的个性化应用场景，实现远程查房、天车远控、编队驾驶等行业特色应用。

对 5G 行业定制终端的探索力度持续加大，5G 行业融合装备成为探索热点。一方面，随着行业应用探索的逐步深入，终端本体轻量化、控制云化、多机作业协同化等逐步成为产业热点关注领域。以云化 PLC（可编程逻辑控制器）终端为例，工业设备通过轻量化 UPF（用户端口功能）与部署在边缘的 MEC（多接入边缘计算）的云化控制器连接，实现工业设备的远程云化控制。另一方面，5G 与行业装备的融合引发软硬件系统双重变革，如无人天车、5G 掘进机、5G 矿卡等。行业装备的重大变革涉及装备本体与配套技术的全方位支撑，如操作 / 控制操作系统升级技术、感知系统改造技术、模组适配技术，实现行业装备与5G技术的深度融合。5G与行业装备的融合引发软硬件系统双重变革示意如图3-17所示。

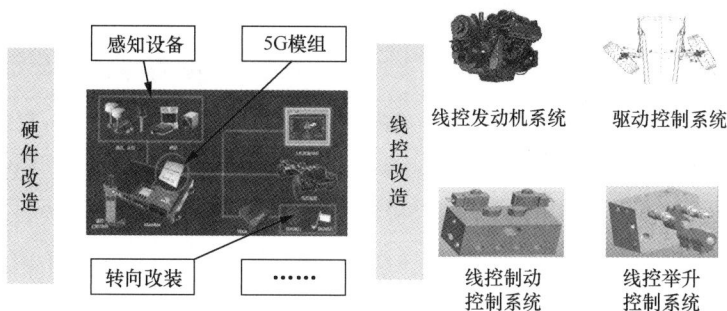

图 3-17　5G与行业装备的融合引发软硬件系统双重变革示意

（二）卫星互联网产业加快布局

1. 卫星通信市场需求不断提升

从全球范围来看，卫星通信的市场需求持续提升。2020年，全球卫星通信终端市场规模达到53.636 2亿美元，预计到2027年市场规模将达到108.992 4亿美元。2020年，我国卫星通信终端市场规模达到4.579 4亿美元，占全球卫星通信终端市场规模的8.54%。预计2027年市场规模将达到10.216 2亿美元。

同时，卫星互联网市场规模也在不断扩大。摩根士丹利预测，2040年全球太空经济规模将超过1万亿美元，其中卫星互联网将占据市场规模增量的50%。欧洲咨询公司Euroconsult预测，2030年前，全球平均每年将发射1700颗卫星，其中58%的卫星集中在5个低轨宽带星座 ["一网"（OneWeb）、"星链"（Starlink）、"国网"（GW）、"柯伊伯"（Kuiper）和"光速"（Lightspeed）]。

2. 重塑全球卫星通信产业模式，推动产业快速发展

得益于"一箭多星""火箭回收""批量化卫星生产"等技术的发展和革新，卫星通信产业模式被重塑，卫星发射效率不断提升，成本大幅降低，产业发展呈现快速发展的态势。

在采用工业化、市场化卫星互联网发展模式后，卫星／火箭制造成本下降。"星链"

的单颗卫星制造成本仅为采用传统卫星通信系统的"铱星"制造成本的 1/60，约为 50 万美元。"星链"的发射火箭每千克制造成本为"铱星"发射火箭的 1/3，约为 0.24 万美元，如表 3-1 所示。

表 3-1 "铱星" 与 "星链" 通信系统卫星和其发射火箭成本对比

	铱星	星链
卫星质量	860kg	260kg
卫星成本	3067 万美元	50 万美元
火箭成本	0.79 万美元 / 千克	0.24 万美元 / 千克

（数据来源：艾瑞咨询）

数字化卫星工厂涌现，卫星制造进入批量化、规模化生产时代，中国与美国均部署建设多个数字化、智能化卫星工厂。2022 年 9 月，美国地球人轨道公司提出在美国佛罗里达州建设卫星制造工厂。2022 年 4 月，中国空间技术研究院的卫星制造中心进入试生产阶段。同年 6 月，台州星空智联卫星工厂首台套产品正式下线，步入批量化生产阶段。

"一箭多星"技术大幅提升卫星发射效率。"星链"采用猎鹰 9 号火箭，能够实现"一箭 60 星"，后续即将采用"星舰"飞行器，可一次发射数百颗卫星。2022 年 2 月，长征八号火箭实现"一箭 22 星"，创我国"一箭多星"纪录。2022 年 11 月，我国民营火箭制造厂商星河动力航天成功实现"一箭 5 星"。

火箭回收技术成为发展重点，火箭发射成本不断降低。2022 年美国猎鹰 9 号火箭全年成功发射 60 次，超过 2021 年创造的最高年度 31 次的发射纪录。单个火箭回收次数已超过 15 次。同年 9 月，西安航天动力研究所自主研制的某型液氧煤油发动机首次实现重复飞行试验验证。

3. 全球卫星互联网发展速度加快，我国也积极开展卫星互联网的建设

全球卫星互联网星座的发展突飞猛进，典型的代表系统包括美国 Starlink 和欧洲 OneWeb 星座。其中，Starlink 星座累计发射超过 3600 颗卫星。截至 2022 年 12 月底，Starlink 星座全年共发射超过 1700 颗卫星，发射次数达到了 60 次。目前在 44 个国家为超过 50 万用户提供服务。平均下行速率超过 100Mbit/s，最低时延为 40ms，达到 4G 水平。OneWeb 星座也已发射 464 颗卫星，完成总星座规划的 70%。此外，美国的 Kuiper 星座也已经获得 FCC（美国联邦通信委员会）批准，将在 2023 年年初发射 2

颗原型卫星。

我国也在加速以低轨卫星为主的卫星互联网建设。我国首家由国务院国有资产监督管理委员会履行出资人职责的企业中国卫星网络集团有限公司着力打造国家战略科技力量，正积极推进我国卫星互联网系统建设，目前已启动卫星通信地面网络建设，正在筹备商业火箭发射基地。民营企业也在积极推动卫星互联网建设。银河航天（北京）科技有限公司打造低轨宽带卫星星座"银河 Galaxy"，2022 年 3 月成功发射 6 颗批产宽带卫星，单星容量平均为 40Gbit/s。北京国电高科科技有限公司建设低轨卫星星座"天启星座"，它由 38 颗卫星组成，目前已完成一期 15 颗卫星的发射部署并提供数据服务。

4. 手机直连卫星通信成为卫星互联网发展的新热点

全球航天和移动通信产业均在加强手机直连卫星技术的研究和系统建设。美国 Lynk 公司提出的"支持手机直连的卫星互联网星座"服务已正式获得 FCC 许可。美国传感器技术（AST）公司计划打造包含 168 颗卫星的支持手机直连的卫星互联网星座。二代"星链"系统将联合 T-Mobile 开展支持手机直连卫星通信业务。联发科技股份有限公司（简称"联发科"）在 5G 标准室内验证了手机直连卫星的可行性。中国移动联合中兴通讯基于 3GPP（第三代合作伙伴计划）开展了手机直连卫星端到端测试。

同时，苹果公司和华为公司已推出手机直连卫星窄带应急通信业务。苹果公司与全球星（Globalstar）星座达成合作，其推出的 iPhone 14 手机支持用户在紧急情况下发送短信，该业务已于 2022 年 11 月在美国和加拿大开通。华为公司于 2022 年推出的 Mate50 系列手机可支持北斗短报文业务，为用户提供文字发送、定位等服务。

5. 与 5G/6G 融合的卫星互联网技术是重点研究方向之一

全球学术和产业界均将与 5G/6G 融合的卫星互联网技术作为重点研究方向之一。卫星互联网作为潜在架构类关键技术之一，能够作为地面网络的有效补充，实现偏远地区、海上、空中和海外的广域立体覆盖，满足地表及立体空间的全域、全天候的泛在覆盖需求，实现用户随时随地按需接入。

为推动星地融合网络产业发展，3GPP 5G NR NTN（新空口非地面网络）的卫星通信体制发展迅速。3GPP R17 重点研究 3GPP 5G NR NTN 增强方案，开展了手机直连卫星通信的系统架构和空口接入技术研究。3GPP R18 将对 NTN 覆盖增强、移动性增强、物联网增强、UE（用户终端）位置服务规范进行进一步讨论。

目前已有多家企业开展 3GPP 5G NR NTN 相关研究和布局。联发科已研制出具备 5G NTN 卫星网络功能的移动通信芯片。爱立信公司、高通公司、泰勒兹集团正联合开展 5G NTN 手机直连技术研究和测试。中国移动和中兴通讯也基于 5G NTN 开展了外场业务测试。

（三）移动物联网构建全场景物联能力

1. 多网协同发展持续增强物联能力

我国移动物联网已经初步形成 NB-IoT（窄带物联网）、4G 和 5G 多网协同发展的格局，网络覆盖能力持续提升。我国建成全球最大的移动物联网，形成了高、中、低速协同组网的良好局面。截至 2022 年 11 月，NB-IoT 基站数达到 75.9 万个，实现全国主要城市、乡镇以上区域的连续覆盖；4G 基站总数达到 599.7 万个，实现城镇地区深度覆盖；5G 基站总数达到 228.7 万个，实现 5G 独立组网（SA）规模部署，覆盖所有地市级城市、大部分县城城区和乡镇。

运营商持续推动网络普遍覆盖和重点场景深度覆盖，不断增强面向物联的连接，打造场景化服务能力。中国电信以 5G 云网为基石，以业务场景为核心，为行业客户提供"网边云用服"五位一体的定制网融合服务。中国移动构建 5G（NB-IoT+NR）+4G（Cat1+Cat4）协同发展精品网络，聚焦视频物联网、智能物联网、产业物联网，深耕应用。中国联通建立了"人物分离"、高效安全的 4G/5G 物联网专用核心网元，持续聚焦重点场景、打造包括 5G 专网在内的场景化服务能力。中国广电加快 700MHz 5G 网络建设，截至 2022 年底，与中国移动共建共享，完成 48 万座 700MHz 5G 基站建设，使 700MHz 优质频段更快地惠及个人用户，并满足各行业需要，实现 5G 网络集约高效覆盖。

2. 构建全场景连接能力，支持高、中、低速率的移动物联网应用场景

移动物联网技术持续演进，移动物联网重点面向 4 类应用场景需求，以 NB-IoT 满足大部分低速率应用场景需求，以 4G Cat1 满足中等速率物联需求和话音需求，以 5G RedCap（降低能力）满足中、高速率应用场景需求，以 5G NR 技术满足更高速率、低

时延联网需求，加速 2G、3G 业务向 NB-IoT、4G Cat1 迁移。移动物联网构筑大带宽、低时延、高精度、低成本、低功耗的网络原生能力核心优势，为行业提供全场景连接能力，在深覆盖、低功耗、低速率等需求的应用场景适宜采用 NB-IoT 技术，在中低速率、对功耗及传输稳定性有一定要求的应用场景适宜采用 4G Cat1 技术，在对速率、时延要求较高，对尺寸、成本、耗电有一定要求的应用场景适宜采用 5G RedCap 技术，在大上行带宽、低时延、高可靠的应用场景适宜采用 5G NR 技术。

3. 加速推动 5G RedCap 技术走向成熟，相关标准和技术验证工作正在稳步推进

5G RedCap 技术适用于对速率、时延等性能要求较高，对尺寸、成本、耗电有一定要求的应用场景，其典型应用包括可穿戴设备、工业无线传感器、视频监控等，5G RedCap 技术有望成为 R17 标准中最快得到推广应用的技术之一。为了加快推动 5G RedCap 技术走向成熟，相关标准和技术验证工作正在稳步推进。

5G RedCap R17 标准于 2022 年 3 月冻结，其侧重对终端设备低复杂度、低成本和低时延需求的应用场景，对标 4G Cat4；5G Redcap R18 则在 5G Redcap R17 的基础上继续简化，预计将于 2023 年 12 月冻结，对标 4G Cat1/1bis。

为了推动 5G RedCap 商用落地，业内进行了包括关键技术、外场部署和业务场景在内的技术验证。2022 年 9 月 23 日，中国信息通信研究院 MTNet 实验室、IMT-2020（5G）推进组完成全球首个 5G R17 RedCap 基站芯片关键技术测试。中国联通完成了全国首个 RedCap 终端接入 5G 网络的内场关键技术测试和 5G RedCap 连片部署实验局验证。中国电信完成了全球首个 5G RedCap 业务场景验证。

R17 版本 ASN.1 已于 2022 年 6 月冻结，预计 2023 年下半年将推出 5G RedCap 商用芯片，并有望在 2024—2025 年规模商用。5G RedCap 技术相较于 4G 物联技术有代际优势，由于降低 5G RedCap 芯片模组成本和完成 5G 网络的深度覆盖都需要时间，未来 4G 和 5G 物联网终端将长期共存，共同服务经济社会数字化转型升级。

4. 芯片、模组市场持续复苏，中国厂商优势明显

全球移动物联网市场需求持续增长，市场需求旺盛，中国厂商的移动物联网相关产品研发能力持续增强，中国芯片、模组市场份额逐步提升，具备领先优势。2022 年

第一季度全球移动物联网模组出货量同比增长 35%，全球移动物联网模组出货量排行前 8 厂商中，第 2～7 都来自中国。Counterpoint Research 数据显示，2022 年一季度全球移动物联网芯片市场，紫光展锐以 25% 的市场份额排名第 2，翱捷科技以 7% 的市场份额位居第 3，移芯通信、芯翼信息、华为海思等企业位列其中。2022 年一季度、二季度、三季度全球移动物联网模组出货量分别同比增长 35%、20%、2%。中国厂商持续扩大全球移动物联网模组市场领先优势，移远通信持续占据市场份额首位，广和通、日海智能、中国移动、美格智能市场份额位居于前列。

5. 加速与千行百业融合，应用形成 "4+3+*N*" 格局

截至 2022 年 11 月末，3 家基础电信企业移动物联网终端用户已达 18.18 亿户，比上年末净增 4.21 亿户，超移动电话用户 1.34 亿户，占移动终端用户数的比重达 51.9%。我国移动物联网形成了 "4+3+*N*" 应用格局，广泛应用于车联网、公共服务、零售服务、智慧家居、智慧农业、智慧工业、智慧物流、智慧医疗等领域，已经形成车联网、公共服务、零售服务、智能家居 4 个亿级应用，智慧农业、智慧工业、智慧物流 3 个千万级应用，以及虚拟现实（VR）、无人机等若干新兴应用场景。

三、2023 年无线移动领域发展展望

（一）用户：2G、3G、4G 用户加速向 5G 转移，2025 年我国 5G 用户渗透率将超 50%

2022 年全球移动用户超过 85.8 亿户，到 2025 年将达到 91 亿户。2022—2027 年，全球 5G 移动用户占比持续增长，预计全球 4G 移动用户数从 2024 年开始下降，2G、3G、4G 移动用户加速向 5G 转移，预计到 2025 年，全球 5G 移动用户将超过 23 亿户，在全球移动用户中的占比接近 30%，如图 3-18 所示。

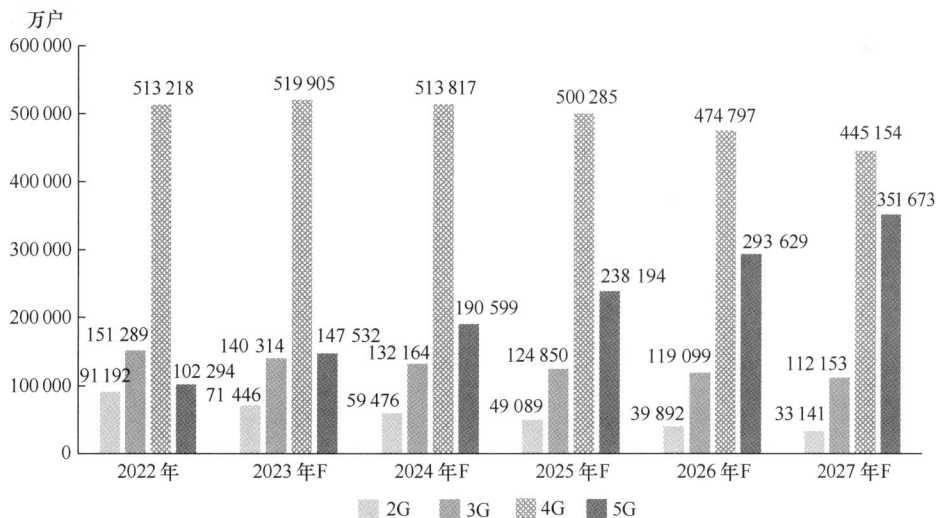

图 3-18　2022—2027 年全球移动用户数预测

（数据来源：GSMA）

2022 年我国移动用户超过 16.9 亿户，到 2025 年将达到 17.1 亿户。我国 5G 移动用户数将在 2025 年超过 4G 移动用户数，4G 移动用户将加速向 5G 转移，我国 5G 移动用户在 2025 年将超过 9 亿户，渗透率超 50%，如图 3-19 所示。

万户

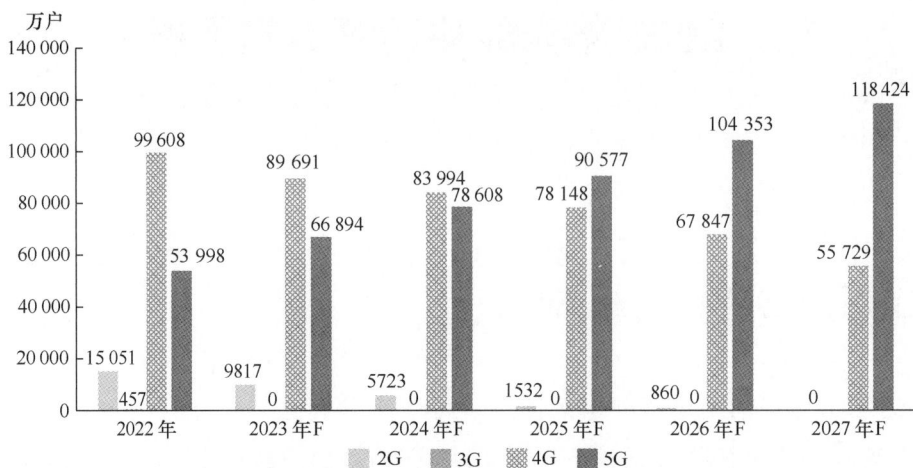

图 3-19　2022—2027 年我国移动用户数预测

（二）流量：5G 应用探索逐步深入，流量保持稳定增长态势

随着 5G 应用探索的不断深入，预计将涌现出一批对网络性能要求更高的创新应用，同时现有存量应用不断优化用户体验，特别是视频类应用，其基于 5G 网络在帧率、码率、分辨率等方面提升性能指标，促进流量保持稳定增长态势。2022 年运营商多地分公司 5G 分流比突破 30%，部分城市超过 50%。月均移动数据流量增速在 2022 年稳定保持在 20% 左右，随着运营商逐步降低 5G 套餐资费，移动数据流量增速将缓步回升。预计 DOU 将继续保持增长态势，2022 年 DOU 有望达到 15GB，2025 年 DOU 有望突破 20GB，如图 3-20 所示。

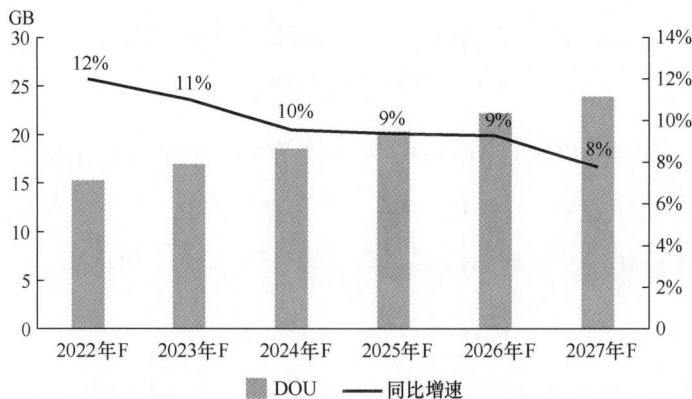

图 3-20　2022—2027 年国内 DOU 及增速预测

（三）Wi-Fi 7 技术优势明显，应用场景丰富

Wi-Fi 7 是最新一代 Wi-Fi 连接技术，该技术基于 IEEE 802.11be 标准，在 2.4GHz、5GHz 和 6GHz 频段运行。与之前的技术相比，Wi-Fi 7 可以提供更高的数据传输速率、更低的时延和更大的覆盖范围，在有很多设备争用频谱资源的设备密集的环境中能够保持良好的传输性能。

1. Wi-Fi 7 的技术优势

Wi-Fi 7 最大支持 320MHz 带宽。 由于 2.4GHz 和 5GHz 频段免许可频谱资源有限且拥挤，现有 Wi-Fi 在运行 VR/AR（虚拟现实 / 增强现实）等新兴应用时，不可避免地会遇到 QoS（服务质量）低的问题。为了实现最大吞吐量不低于 30Gbit/s 的目标，Wi-Fi 7 将继续引入 6GHz 频段，通过跨 2.4GHz、5GHz 和 6GHz 频段的多频段聚合来扩展其带宽频段，获得高达 320MHz 的带宽。除了连续 320MHz，还增加了连续 240MHz、非连续 160+80MHz 和非连续 160+160MHz 多种带宽模式。

4096QAM（正交振幅调制）。 Wi-Fi 6 的最高调制方式是 1024QAM，这意味着每个调制符号均携带 10 位信息。为了进一步提升数据速率，Wi-Fi 7 将会引入 4096QAM，使得每个调制符号携带 12 位信息。在相同的编码下，Wi-Fi 7 的最高调制方式 4096QAM 与 Wi-Fi 6 的最高调制方式 1024QAM 相比，可以提升 20% 的数据速率，最大数据速率提升了大约 4.8 倍。然而，4096QAM 的实际应用仅在与波束赋形相结合时才可行。Wi-Fi 7 和 Wi-Fi 6 分别在 80MHz、160MHz 和 320MHz 带宽下的不同调制方式的数据速率对比如图 3-21 所示。

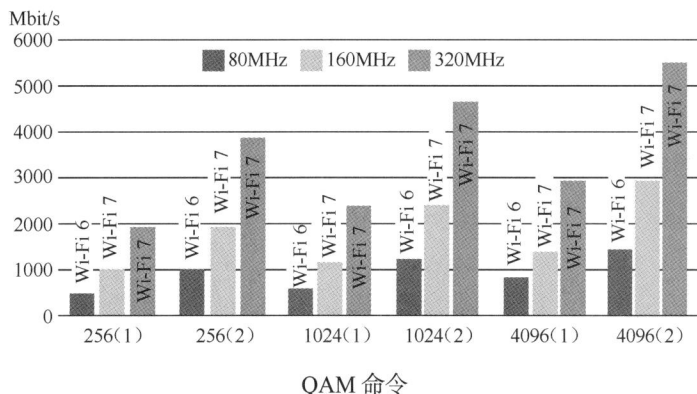

图 3-21　Wi-Fi 7 和 Wi-Fi 6 分别在 80MHz、160MHz 和 320MHz 带宽下的不同调制方式的数据速率对比

　　多链路操作机制（MLO）。多链路是在无线终端（STA）和无线接入点（AP）之间建立多条工作在不同频段上的活跃链路。多链路操作将可能成为 Wi-Fi 7 最具代表性的特征，其目的是更有效地利用在 2.4GHz、5GHz 和 6GHz 频段下的多个频段和信道。第 1 种，多频段聚合链路。这一技术能有效提高传输时的峰值吞吐量。第二种，多链路重复发送。对于对准确度要求高的内容，通过在分离的链路中传输同一帧的多个副本可以减少传输中的数据丢失，以此来提高可靠性。第 3 种，在不同频段 / 信道中同时发送和接收。此功能通常也被称为多频段 / 多信道全双工，通过分别在不同的频段 / 信道中实现异步和同步的上下行链路操作，降低通信延迟和提高吞吐量。第 4 种，数据传输和控制传输的分离。

　　支持为单个用户分配多个 RU （Multi-RU）。在 Wi-Fi 6 中，每个用户只能在分配到的特定 RU（资源单元）上发送或接收帧，大大降低了频谱资源调度的灵活性。为解决该问题，进一步提升频谱效率，在 Wi-Fi 7 中定义了允许将多个 RU 分配给单用户的机制。但是为了平衡实现的复杂度和频谱的利用率，在协议中对 RU 的组合进行了一定的限制，即小规格 RU（小于 242-Tone 的 RU）只能与小规格 RU 合并，大规格 RU（大于等于 242-Tone 的 RU）只能与大规格 RU 合并，不允许小规格 RU 和大规格 RU 混合使用。图 3-22 和图 3-23 分别为 20MHz 带宽和 320MHz 带宽下的 Multi-RU 组合。

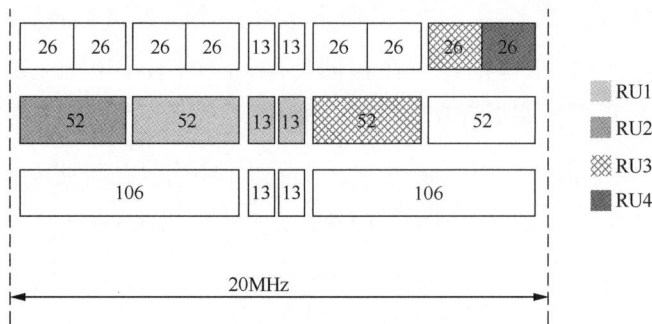

图 3-22　20MHz 带宽下的 Multi-RU 组合

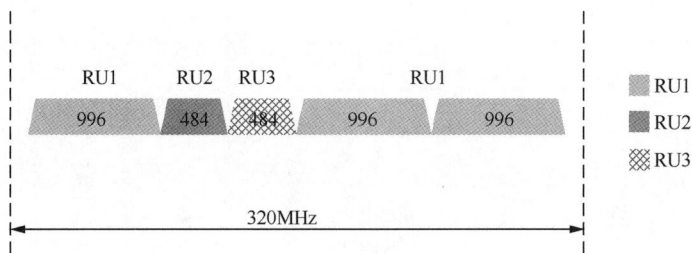

图 3-23　320MHz 带宽下的 Multi-RU 组合

　　多 AP 协作。目前在 IEEE　802.11 的协议框架内，AP 之间实际上没有太多协作关系。自动调优、智能漫游等常见的 WLAN（无线局域网）功能都属于厂商自定义的特性。AP 间协作的目的也仅是优化信道选择，调整 AP 间负载等。因此，以前的 Wi-Fi 技术在利用时间、频率和空间资源的灵活性方面受到了很大限制。为了改善这一点，在 Wi-Fi 7 中扩展了其支持通过有线或无线链路在 AP 间共享数据和控制信息的能力，从而提高了频谱效率，增加了峰值吞吐量并降低了时延。

根据协调复杂度的不同，多 AP 间的协调方式可被分为协调空间复用（CSR）、协调正交频分多址（C-OFDMA）、协调波束赋形（CBF）和联合传输（JXT）。多 AP 传输模式的选择基于应用场景需求。在典型的没有中心节点的多 AP 网络体系结构（如企业网）中，AP 必须与每个相邻的 AP 进行通信以完成协调，这将导致产生大量的信令开销，提升处理复杂度。因此，需要一种产生信令开销较少和处理复杂度较低的高效协调过程（包括多 AP 探测、多 AP 选择和多 AP 传输）来支持各种类型的多 AP 协调。

2. Wi-Fi 7 的应用场景

在应用场景方面，Wi-Fi 7 主要面向极高吞吐量（EHT）应用场景，提供更高的数据传输速率和更低的时延，重点应用场景主要包括以下几个。

VR／AR。一个智慧社区一般由一系列多层建筑组成，包括公寓、私立中学、卫生站等。在家工作的居民可以使用头戴式 VR 设备拓展工作空间；社区的老年居民可使用 VR 设备和嵌入式传感器进行远程面诊。在这种高密度（HD）应用场景中，Wi-Fi 7 将为其中的音视频数据提供低时延和高峰值吞吐量的数据传送。

视频通话会议和远程办公。2020 年以来，很多员工能够选择居家办公这种灵活的办公方式同样得益于 Wi-Fi 的发展。据统计，从 2020—2030 年，视频应用的使用量将以 29% 的年均复合增长率增长。该过程涉及的关键任务包括多人视频会议、屏幕共享、云数据访问备份等。Wi-Fi 7 能在 3 个频段存在强干扰的情况下，支持企业和家庭环境中的高质量视频通信，保证低时延和最小中断。

（四）短距离无线通信技术持续快速演进，性能不断提升，应用场景不断拓展

在技术演进方面，蓝牙技术越来越受重视，其拥有低功耗特性，在短距离无线通

信领域具有绝对优势，可为大量物联网应用提供高效和低功耗的连接。蓝牙技术同样适配物联网应用，蓝牙 5.3 与蓝牙 5.4 进一步在低功耗传输、定位和音频应用上进行快速更新和技术迭代。NFC（近场通信）聚焦安全金融支付，基于 ISO/JIS（国际标准化组织 / 日本工业标准）的国际标准并增加 NFC V 和无线充电标准。UWB（超宽带）聚焦安全精细测距，煤矿领域和畜牧领域是 UWB 下游的两个刚需领域。Zigbee 自组网能力强，自恢复能力强，对于井下定位、停车场车位定位、室外温湿度采集、污染采集等应用非常具有吸引力。

在应用场景方面，Wi-Fi 等 WLAN 技术在短距离覆盖范围内承载高速数据业务，且适用于终端设备高度密集的复杂环境和对吞吐量要求较高的应用场景。蓝牙等技术聚焦近距离中低速通信，主要用于音视频、控制、定位、通知等方面，目前向低功耗音频和定位功能发展。NFC、RFID（射频识别）等技术可在 10cm 范围内实现双向交互通信，满足移动支付、车联网数字车钥匙等应用需求。UWB 专注于高精度定位技术，能够填补厘米级精度定位应用的市场空白，用于矿井隧道异常行为监控、工厂智能巡检、医院生命体征监测等。

（五）5G 技术赋能传统电信业务，构建新型互动型服务通道

5G 时代，传统电信业务的内涵被不断拓展和延伸，衍生为更加融合、开放的互动型多媒体服务通道。5G 消息业务和 5G 新通话业务作为传统电信业务演进升级的代表，将成为经济、社会、民生数字化转型升级的创新引擎。

5G 消息将原有的信息传输通道升级为轻量级应用平台，通过提供更加智能化、移动化、社交化、情景化、精准化的服务，助力信息通信行业与垂直行业跨界融合。当前 5G 消息业务稳步推进，取得阶段性成效。标准研制方面，目前已有 22 个 5G 消息相关的行业 / 团体标准立项，涵盖业务功能、测试方法、支撑保障、安全合规、行业应用等各方面，标准体系框架基本形成；业务发展方面，三大运营商于 2021 年底陆续启动了 5G 消息业务试商用 / 商用，相关资费标准、运营政策、接入规范等内容均已公布，截至 2022 年 12 月，3 家运营商已累计发展用户数超 3896 万，消息下发量超过 184 亿条；应用示范方面，2021 年和 2022 年 5G 消息工作组连续两年组织"绽放杯"5G 应用征集大赛 5G 消息专题赛，共收到来自全国各地超 800 个参赛项目，涵盖政务、媒体、金融、文旅等 10 多个领域，充分展现了 5G 消息服务民生的能力。从整

体发展态势来看，5G 消息产业链初具雏形，行业应用进入实践阶段，终端支持取得突破进展，预计 2023 年业务普及率可以得到大幅提升。

5G 新通话在传统音视频业务的基础上叠加数据通道，提供一系列通话增强服务和应用创新，让通话更高效、更快捷、更具互动性。当前对 5G 新通话应用场景的探索广泛开展。在通话前，在主叫名片业务、视频彩铃等业务场景上叠加交互元素和功能，如存储、转发、查看等，以提升被叫方对于来电的信任度；在通话中，对视频通话业务进行能力增强，如语音文字互转、跨语种实时翻译、趣味通话、服务热线可视化菜单、"屏幕共享＋远程协作"等，不仅能够丰富用户的通信体验，还可以进一步实现企业"通话即服务"的目标；在通话结束后，将 5G 新通话业务与 5G 消息业务相结合，挂机之后下发定制化信息和互动菜单，实现营销服务闭环。从整体发展态势来看，5G 新通话的应用场景暂时难以引起大范围关注，且难以形成规模化应用，预计随着内置 IMS DC（多媒体子系统数据通道）协议栈测试芯片的推出，5G 新通话能力会在应用中进一步提升。

5G 消息业务和 5G 新通话业务都是运营商推出的特色创新业务，尽管面临着业务发展模式不清晰、安全保障机制有待完善等一系列挑战，但它们依靠电信级的可靠性和安全保障机制，能充分发挥运营商在用户覆盖、流量公平等方面的优势，传统电信业务同样能够在"新基建"浪潮中顺势而上，在行业数字化转型和智能化升级中发挥重要作用。

信息网络篇

导　　读

　　2022 年，信息网络持续保持高质量发展态势，在经济社会发展中的战略性、基础性和先导性地位进一步凸显。我国千兆光网建设和部署进入快速发展阶段，千兆光网网络规模和覆盖水平居全球首位。运营商开展长距离 400G 光传输试验，持续推动光网络开放解耦。IPv6 从规模部署走向"IPv6+"落地应用，"东数西算"推进数据网网络架构优化和数据中心布局优化。我国工业互联网网络基础设施建设稳定推进，创新技术逐步应用。国际互联网带宽持续增大，国际网络重要性日益提升。

　　2022 年，信息网络发展聚焦三大热点。一是**算力网络**加快布局，创新探索逐步深入。政府层面加强引导，产学研用合力推动算力网络发展。运营商打造高品质网络运力底座，积极推动云网融合、算网融合，探索部署算网调度平台，开展技术研发和前期试点。二是**千兆光网应用**逐步深入赋能千行百业，应用水平稳步提升。在新型信息消费方面，千兆光网助力消费升级；面向垂直行业，千兆光网深度赋能行业数字化转型，工业场景融合应用不断涌现；在推动优质公共资源共享、提升社会公共服务能力等方面，千兆光网逐步发挥重要作用。三是**网络自智**取得行业共识，智能化水平稳步提升。运营商纷纷建立网络智能能力发展路标，全面推进应用、平台、标准，网络智能发展进入快车道，网络智能化水平稳步提升。

　　展望未来，信息网络迈向高速全光，底座能力不断升级；IPv6 演进技术不断创新，将带动 IP 网络业务和管理能力的进一步提升；网络架构持续优化，算力支撑能力将稳步增强。未来网络技术创新活跃，多维技术将推动网络持续演进升级。

本篇作者：

党梅梅　苏嘉　程强　杨波　李少晖　徐云斌　王一雯　高巍　张杰　李芳　汤瑞

朱鹏飞　张恒升　余文艳　李曼

一、2022 年信息网络领域发展综述

2022 年，我国信息网络持续保持高质量发展态势，千兆光网网络规模和覆盖水平居全球首位，IPv6 从规模部署走向"IPv6+"落地应用，"东数西算"推进数据网网络架构优化和数据中心布局优化，工业互联网网络基础设施建设稳步推进，国际互联网带宽持续增大，在经济社会发展中的战略性、基础性和先导性地位进一步凸显。

（一）千兆光网建设和部署进入快速发展阶段

在国家政策的大力推动及通信全行业的共同努力下，我国千兆光网建设和部署进入快速发展阶段。

网络能力方面，千兆光网实现全面覆盖。截至 2022 年 11 月，我国光纤到户（FTTH）用户数达到 5.57 亿，光纤接入端口在全部宽带接入端口中的占比超过 95%，如图 4-1 所示。光纤到户宽带接入已覆盖城乡大多数家庭，我国所有的地级市全面建成光纤网络全覆盖的"光网城市"。当前，我国以 10G PON（无源光网络）技术方式实现了千兆光网接入能力，已覆盖家庭超过了 5 亿户，10G PON 端口数达到 1416 万个，已实现"市市通千兆"，千兆光网规模和覆盖水平全球第一。

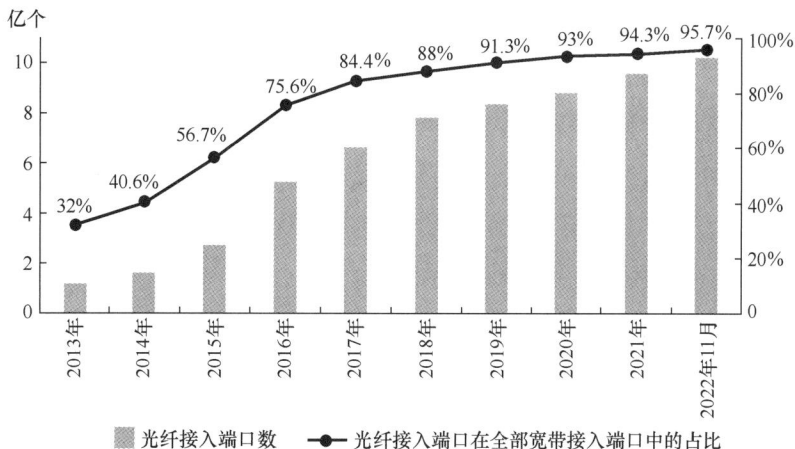

图 4-1 我国光纤接入端口数及其在全部宽带接入端口中的占比发展状况

（数据来源：工业和信息化部）

用户发展水平方面，我国高速率宽带接入用户数持续增长。截至 2022 年 11 月，

我国光纤宽带接入用户在全部宽带接入用户中的占比达到 94.8%，居世界前列。100M 以上宽带接入用户渗透率（100M 以上宽带接入用户在全部宽带接入用户中的占比）达到 93.9%，500M 以上宽带接入用户数达到 1.51 亿，1000M 以上宽带接入用户数达到 8707 万，比上年末净增 5251 万户，已占总用户数的 14.8%，如图 4-2 所示。

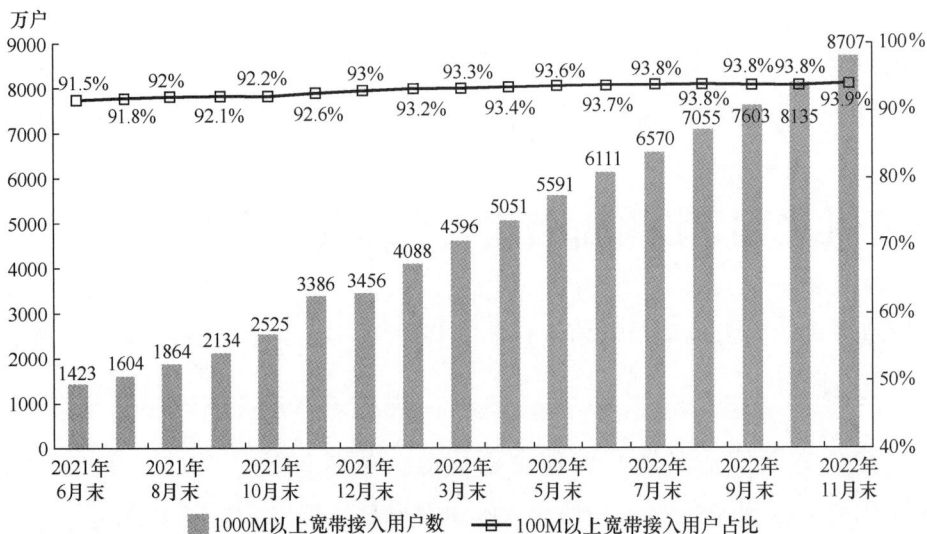

图 4-2　我国高速率宽带接入用户数发展情况

（数据来源：工业和信息化部）

宽带网络速率方面，固定宽带网络速率持续快速提升。 2021 年第三季度，全国平均固定宽带签约接入速率已超过 300Mbit/s，在全球达到领先水平。宽带发展联盟的监测数据显示，2022 年第三季度，我国固定宽带用户的体验下载速率已接近 70Mbit/s，较"宽带中国"战略发布实施前的 2013 年末，提升了 18 倍。

电信普遍服务工作持续推进，行政村通光纤比例超过 99.9%，部分行政村实现千兆光网通达。 随着我国电信普遍服务工作的持续深入，我国广大农村地区的光纤宽带网络覆盖水平大幅提升。截至 2022 年第三季度，全国农村宽带接入用户总数达 1.73 亿，全国行政村通光纤比例接近 100%。到 2021 年底，我国行政村已全面实现"村村通宽带"。

（二）运营商开展长距离 400Gbit/s 光传输试验，持续推动光网络开放解耦

单波速率持续提升，运营商 400Gbit/s 现网试点基本完成。 骨干网传输速率正

从 100Gbit/s、200Gbit/s 向 400Gbit/s 的更高速率升级，运营商联合厂商已进行多次现网测试，验证 400Gbit/s 商用可行性。基于扩展 C 波段支持 120 波 100Gbit/s 或者 80 波 200Gbit/s 的波分复用（WDM）系统已经在现网应用。2022 年 8 月，中国电信在完成上海—广州现网 400G PM-16QAM，1900km 传输实验的基础上，进一步完成了 400GE IP 长途链路的试点，2022 年 9 月，中国移动开展宁波—贵阳现网 400G QPSK，3000km 极限传输试验。全光组网成为业界共识，基于单通路 100Gbit/s 及以上速率的可重构光分插复用器（ROADM）节点结构的全光组网规模持续扩大，当前的节点互联维度以 20 维为主。面向 400Gbit/s 及更高速率光传输需求，具有更低的非线性效应和更低的损耗系数的 G.654.E 光纤进入规模化部署阶段，2022 年，国内三大运营商部署超过 1 万皮长公里 G.654.E 光纤。

DCI（数据中心互联）推动光网络开放解耦和创新应用。光网络开放解耦的本质诉求是对设备的传送平面、管控平面进行解耦并可能进行设备硬件分解，以支持新型传送需求的快速迭代，进一步提升设备的可编程能力和灵活性。光网络开放解耦的典型特征如下，一是将传送平面物理接口标准化，实现硬件分解；二是将管控模型和管控接口标准化，实现网络能力的开发和可编程。为了灵活构建数据中心互联网络，全球众多互联网企业都自建了大量光网络，光网络开放解耦架构如图 4-3 所示。由于应用场景简单，光网络设备仅需要完成业务接入和转发，无须交换和组网。

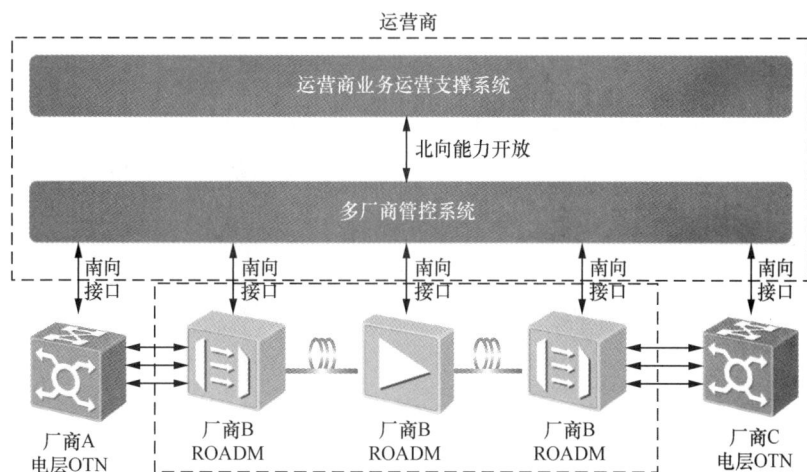

图 4-3　光网络开放解耦架构

——互联网企业积极推进网络开放并率先实现规模化商用。阿里巴巴公司自研了一套内部控制和管理套件——传输软件定义网络（TSDN），以管理其城域开放 DCI 光网络。腾讯公司已经完成从光层到电层和控制器的开放光网络平台（TOOP）的搭建，构建了全面自研的 100G 服务器接入、200G 汇聚、400G 数据中心互联的网络体系。

——运营商积极开展光网络开放解耦实践。中国电信于 2022 年引入了定制化设备，实现灵活组网、光电解耦（支持异厂商光层设备与电层设备组网）等关键特性，目前已实现现网试点部署，正在推动全国规模化应用。中国移动面向 DCI 光网络需求，提出了具备低成本、大带宽、支线路合一、没有电交叉能力的 DCI-OTN 设备，在功能上实现极致简化，实现异厂商光层设备和电层设备的解耦，目前还处于技术验证测试阶段。中国联通在城域网引入了模块化波分设备，支持开放组网，于 2022 年完成首次规模集采。

（三）"东数西算"推进数据网网络架构优化，数据网适云化、智能化不断提升

运营商骨干网充分直连，服务"东数西算"，打造"低时延圈"。近年来，运营商骨干网络架构持续演进，省际直连关系不断丰富，同时为支撑国家"东数西算"工程建设，重点在算力枢纽区域间增设核心节点和直连链路，实现算力枢纽区域内骨干节点间全互联组网。中国电信完成蒙贵园区、四大重点区域间及四大区域内部的扁平化组网，形成以数据中心为核心的多层次时延圈，目标是到 2025 年实现除新疆维吾尔自治区、西藏自治区外，在全国 90% 的地区省会间提供不大于 20ms 的传送网时延，京津冀、长三角、粤港澳和川渝陕"四圈"重点区域之间的传送网时延在 15ms 以内，全面支持"东数西算"工程的低时延要求。中国移动围绕算力枢纽区域增设云专网骨干核心、接入节点、直连链路，实现东西部算力枢纽区域间全互联组网、算力枢纽区域内骨干节点间全互联组网。中国联通针对算力核心节点，推进算力核心与用户重点区域的扁平化连接架构，重点优化算力资源网络质量，打造低时延高质量算力网络，于 2022 年底建成全光算力网络，连接"东数西算" 8 个算力枢纽节点，以及 24 个中国联通自有大型数据中心，带宽提升 3 ～ 4 倍。

运营商加快推进新型城域网建设。随着 5G、云计算等技术发展，城域网的业务需求呈现多样化、差异化的特点，传统城域网难以满足业务承载需求，各网络运营商纷纷开始试点建设智能化、云网融合的新型城域网，实现以本地和边缘数据中心为核心

的云化、扁平化组网，并实现灵活智能的业务编排调度。中国电信已在广东、江苏等
5 省开展新型城域网改造试点，2023 年目标覆盖 100 个以上重要城市，实现 TOP20 城
市全覆盖。中国联通已在北京、雄安完成智能城域网部署，将陆续完成 40 个地市城域
网 SRv6（基于 IPv6 转发平面的段路由）升级改造，全面部署 VPN（虚拟专用网络）+
QoS 软切片，并根据业务需求部署 FlexE（灵活以太网）硬切片。新型城域网网络架
构如图 4-4 所示。

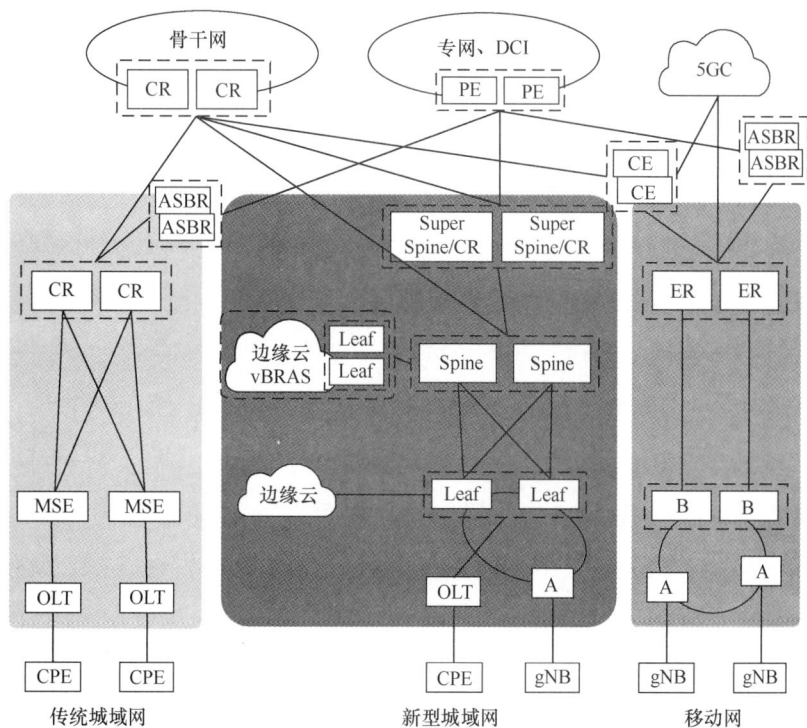

图 4-4　新型城域网网络架构

**国家级互联网骨干直联点和新型互联网交换中心建设稳步推进，网络互联互通能
力持续提升。**2022 年，我国互联网持续优化互联互通架构，全方位、多层次、立体化
的互联互通体系得到进一步的完善。一方面，在兰州、合肥、长沙、昆明、长春批复
增设 5 个国家级互联网骨干直联点，我国获批设立的国家级互联网骨干直联点达到 25
个，已开通运行 21 个，骨干网间带宽达到 39Tbit/s，带宽年均复合增长率接近 50%。
另一方面，新型互联网交换中心试点稳步推进，杭州、深圳、中卫、上海 4 个新型互
联网交换中心全部投入运营，已有 258 家头部互联网企业、IDC 企业、制造业企业等
接入新型互联网交换中心，接入带宽约为 16.74Tbit/s，峰值流量达到 3.39Tbit/s。

（四）IPv6 从规模部署走向"IPv6+"落地应用

自 2017 年中共中央办公厅、国务院办公厅印发《推进互联网协议第六版（IPv6）规模部署行动计划》以来，经过各地区、各部门的努力，我国 IPv6 规模部署工作取得了跨越式进展。IPv6 基本实现云、管、端、用各关键环节的全面贯通，初步达成 IPv6 网络规模、用户规模、流量规模全球领先的阶段性目标。

网络基础设施 IPv6 能力已经全面就绪。我国骨干网、城域网和 4G、5G 网络全面完成 IPv6 升级改造，IPv6 网络基础设施规模全球领先，截至 2022 年 11 月，支持 IPv6 的网络自治系统达到 4810 个，占比超过 74%。IPv6 网内、网间骨干网性能已经和 IPv4 趋同，其中部分链路 IPv6 性能优于 IPv4 性能。IPv6 网络流量占比实现大幅增长，城域网 IPv6 网络流量占全网总流量的 13.13%；移动网 IPv6 流量占全网总流量的 46.92%。我国已分配 IPv6 地址用户数达到 17.28 亿，其中移动网络已分配 IPv6 地址的用户数为 13.59 亿，固定宽带接入网络已分配 IPv6 地址的用户数为 3.69 亿[1]。

应用基础设施具备覆盖全国的 IPv6 服务能力。三大基础电信企业已完成全部 1097 个超大型、大型、中小型数据中心的 IPv6 改造；对 12 家主流内容分发网络（CDN）提供商进行监测，数据显示 95.63% 的节点已经可以提供 IPv6 服务；国内 11 家主流公有云服务商已对自身排名前 20 的云服务进行了 IPv6 改造，对这些云服务商的 56 个可用域进行监测，数据显示 50% 以上的云主机服务的 IPv6 访问质量已经优于 IPv4，IPv6 网络性能优势初步显现。

终端设备 IPv6 支持能力实现突破。移动终端方面，厂商加快了产品的迭代升级速度，自 2019 年起，市场上所有新申请进网的移动终端已默认支持 IPv4/IPv6 双栈。智能家庭网关方面，基础电信企业为新增宽带用户配属的智能家庭网关已全部支持 IPv6，并完成所有可升级家庭网关的 IPv6 升级。截至 2022 年 11 月，已为我国在网的 95.51% 路由型家庭网关分配 IPv6 地址，与 2021 年同期相比，增长了 18 个百分点。但目前家庭无线路由设备的 IPv6 开启率较低，已经成为固网 IPv6 流量提升的主要阻碍。

应用创新活力持续释放。截至 2022 年 11 月，我国 IPv6 活跃用户数达 7.17 亿，占我国全部网民数的 68.24%，IPv6 应用活跃度显著提升。在互联网服务方面，政府、中央企业充分发挥示范和引领作用，积极推进 IPv6 深化改造，中央重点新闻门户网站及

---

[1]　数据来源：国家 IPv6 发展监测平台。

应用已全部支持 IPv6 访问，95% 以上国务院组成部门门户网站、各省级地方政府门户网站，以及 100% 中央重点新闻门户网站及应用、75% 中央管理企业门户网站已支持 IPv6 访问 [2]。

以 SRv6 为代表的"IPv6+"应用正在加速落地。 全球 SRv6 商用部署项目数超过 140 个，我国 SRv6 应用处于国际领先地位。国内垂直行业与"IPv6+"等创新技术的融合应用水平稳步提升，在教育、制造、金融等行业领域涌现大量创新案例，在 2022 年北京冬季奥运会上，中国联通基于 SRv6、网络切片和随流检测等"IPv6+"技术建设基础网络，连接北京市与张家口市两地的 3 个赛区共 80 多个场馆；广东省利用"IPv6+"技术实现政务外网"一网多平面"隔离；中国建设银行充分利用"IPv6+"技术优势，打造从数据中心到营业网点的金融应用感知网络。

正在快速推进国际、国内 IPv6/IPv6 演进技术标准化。 在 IETF（因特网工程任务组）IPv6 标准化、IPv6 演进技术标准化方向上，以华为、中国电信、中国移动、中国联通、清华大学等为代表的中国企业和学术机构的贡献率逐步提升，尤其是在应用感知、随路检测等新技术方向，我国企业贡献率较高。国内标准制定方面，2022 年，全国通信标准化技术委员会（TC485）IPv6 标准工作组有 40 项 IPv6 国家标准项目通过了国家标准化管理委员会的立项公示，覆盖创新技术、安全、监测、行业应用、终端 5 个领域，初步构建了我国 IPv6 国家标准体系。

（五）数据中心布局逐步优化，CDN 与边缘计算加快融合

数据中心向大型化、绿色化、智能化发展，全国 DC 布局逐步优化。 全国一体化大数据中心算力枢纽节点建设方案步入深入实施阶段，2022 年初至 2022 年 8 月，8 个国家算力枢纽节点的新开工数据中心项目达 60 余个，新建数据中心规模超 110 万标准机架，全国数据中心布局逐步优化，大型化、绿色化、智能化的特点更加凸显。大型规模数据中心机架数量占比逐年提升，超过 80%，如图 4-5 所示。智算中心建设速度加快，在新基建、"东数西算"政策带动下，2021—2022 年各地加速建设智算中心，目前全国已建和在建的智算中心超过 20 个。头部企业积极应用节能减排技术取得成效，例如，百度云计算（阳泉）中心年均 PUE（电能利用效率）达到 1.08，秦淮数据

---

[2] 数据来源：国家 IPv6 发展监测平台。

集团环首都·太行山能源信息技术产业基地年均 PUE 达到 1.15[3]，远低于 2021 全国年均 PUE 1.49[4]，绿色水平达到全球领先水平。数据中心布局逐步优化，中国电信明确将数据中心东西部比例由当前的 7∶3 调整至 6∶4。

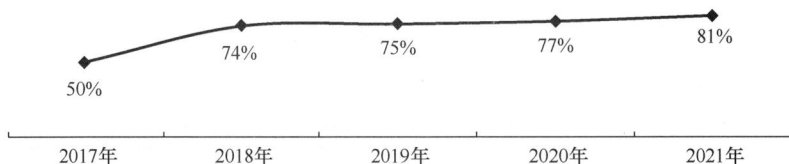

图 4-5　大型规模以上数据中心机架数量占比

发挥自身优势，各类企业推动内容分发与边缘计算融合。CDN 专业服务商推动 CDN 业务向边缘计算升级，2022 年 8 月，网宿科技股份有限公司发布新一代 CDN Pro 平台，提升 CDN 节点的本地化计算能力，部署边缘节点超过 2800 个。云服务商围绕 CDN 拓展边缘计算场景，例如，阿里云针对不同 CDN 加速服务场景，提供 CDN 加速、全站加速、安全加速、P2P 加速、运营商边缘加速等多种服务，部署边缘节点超过 2800 个。运营商加强边缘计算架构优化和 CDN 调度，例如，中国移动通过流量调度机制，利用分布式边缘节点，将源站内容智能分发至最靠近用户的全局最优节点，部署边缘节点超过 1500 个。

域名解析设施持续发展。域名根镜像布局持续优化，2021 年我国新批复引入 7 个根镜像服务器，填补了海南、辽宁、重庆、湖南等省份的空白。权威解析服务节点走向海外，截至 2022 年 4 月，阿里云、帝恩思、帝思普服务解析的域名总量分别排名全球第 3 名、第 4 名、第 16 名[5]。域名数量稳步增加，截至 2022 年 6 月，我国域名总数为 3380 万个，比上年同期增加 7.9%，其中".cn"域名在中国域名总数中的占比为 52.8%，".com"域名在中国域名总数中的占比为 29.9%，". 中国"域名在中国域名总数中的占比为 0.6%，新通用顶级域名在中国域名总数中的占比为 13.6%。

（六）工业互联网网络基础设施建设稳步推进，创新技术逐步应用

工业互联网网络基础设施逐步成熟，行业应用加快落地。在企业外网方面，工

---

[3]　数据来源：中国信息通信研究院发布的《数据中心白皮书（2022 年）》。
[4]　数据来源：数据中心绿色能源技术联盟（DCRE）。
[5]　数据来源：DailyChanges，数据由中国信息通信研究院整理。

业互联网高质量外网是面向高性能、高可靠性、高灵活性、高安全性的工业应用需求建设的，与公众互联网隔离（物理隔离或逻辑隔离），提供可靠 QoS 保证的网络。运营商积极开展高质量外网建设，目前已覆盖全国 300 多个地市。以中国联通高质量外网 CUII（中国联通工业互联网）为例，已在全国和海外建设 400 多个 POP，预接入 77 个国内外主流云商资源池，149 个自有数据中心，通过"一点连接、多云接入"实现行业企业的高质量上网、上云服务。**在园区网络方面**，工业园区是产业集聚发展的载体，是推动大中小企业加快数字化转型的重要抓手。2022 年工业和信息化部组织开展的工业互联网一体化进园区"百城千园行"专题活动提出："网络进园区。组织基础电信企业为园区提供灵活、可靠、安全、定制化网络服务，提升外网服务能力，完善园区 5G 网络覆盖。推动园区利用 5G、TSN 等新兴技术和适用技术，升级改造园区网络和企业内网。"**在行业应用方面**，截至 2022 年 11 月底，全国"5G+工业互联网"项目超过 4000 个，覆盖 41 个国民经济大类，在电子设备制造、装备制造、钢铁、采矿等重点行业已形成一定规模应用，如图 4-6 所示。

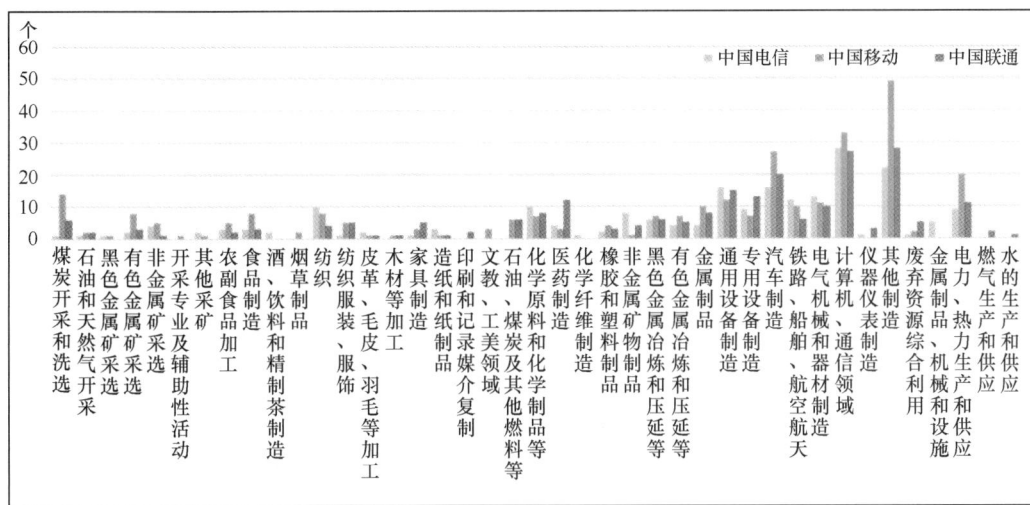

图 4-6 "5G+工业互联网"项目行业分布

工业互联网网络标准体系日益完善，技术创新逐步深入。2022 年 10 月，中国信息通信研究院牵头的工业互联网网络领域首个国家标准 GB/T 42021—2022《工业互联网 总体网络架构》发布，与我国主导制定的首个工业互联网国际标准 ITU-T Y.2623《工业互联网网络技术要求与架构（基于分组数据网演进）》相呼应，实现国际、国内网络架构协同推进。截至 2022 年底，围绕 TSN、工业 SDN、信息模型、"5G+工业互联网"等网络技术，已协同开展 80 余项国家、行业、团体标准研制。TSN、5G URLLC（低时延高可靠传输）、边缘计算等创新技术正逐步向工业生产核心环节应用部署。2021

年底，中国信息通信研究院、中国移动、诺基亚、华为等共同建设"5G+TSN"联合测试床，探索面向工业自动化的端到端确定性网络，2022 年完成 5G over TSN 前传网络验证测试。长城精工联合华为、中国联通等开展 5G 产线级应用探索，打造基于 5G URLLC 的汽车柔性试制线。

（七）全球国际互联网带宽持续增大，国际通信网络重要性凸显

全球国际互联网带宽增大势头持续高昂。新一轮科技革命和产业变革深入发展，为世界各国带来发展新机遇，全球跨国互联网访问和应用场景更为丰富，促进国际互联网带宽持续大跨步增大。2022 年全球国际互联网带宽为 218.29Tbit/s，增幅较 2021 年提高 45Tbit/s，如图 4-7 所示。世界各区域国际互联网带宽增速保持高位，均在 25%～45%。其中，亚洲、欧洲的网络内聚态势更明显，其内部国际互联网带宽增幅均为洲际互联网带宽增幅的 2 倍左右；而其他区域的网络外延趋势更明显，其洲际互联网带宽增幅均明显高于内部国际互联网带宽增幅，如图 4-8 所示。

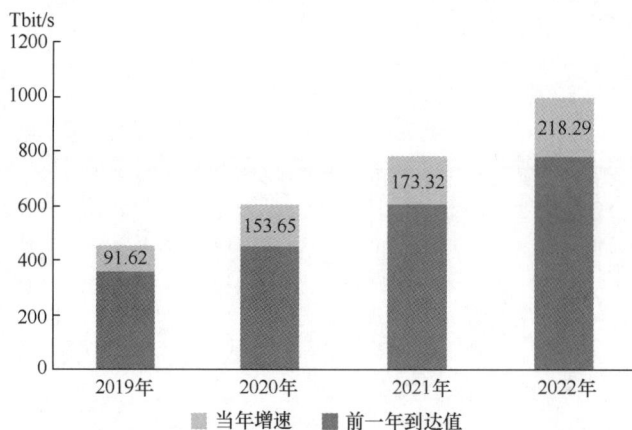

图 4-7　2019—2022 年全球国际互联网带宽及增幅

（数据来源：TeleGeography）

我国持续推进国际通信网络布局优化。工业和信息化部在 2022 年先后批复同意沈阳、柳州、厦门、雄安建设国际互联网数据专用通道，指导地方进一步提升国际通信性能和 QoS。同时，我国企业在国家部委的指导下强化"一带一路"方向的国际通信海缆布局，提升亚洲内部及亚欧、亚非方向的网络连通能力。其中，东南亚方向的 SEA-H2X、ALC 海缆项目进入实施阶段，我国民营企业首条自建亚欧、亚非方向的海缆 PEACE 已经实现巴基斯坦—马赛段全线投产、新加坡段启动规划。在优化国际通

信网络布局的同时，我国同步加强国际通信海缆保护工作。2022 年 9 月 14 日—20 日，工业和信息化部在沿海省份首次开展通信海缆保护政策宣传周活动，营造"全民护缆"氛围，筑牢通信海上防线。

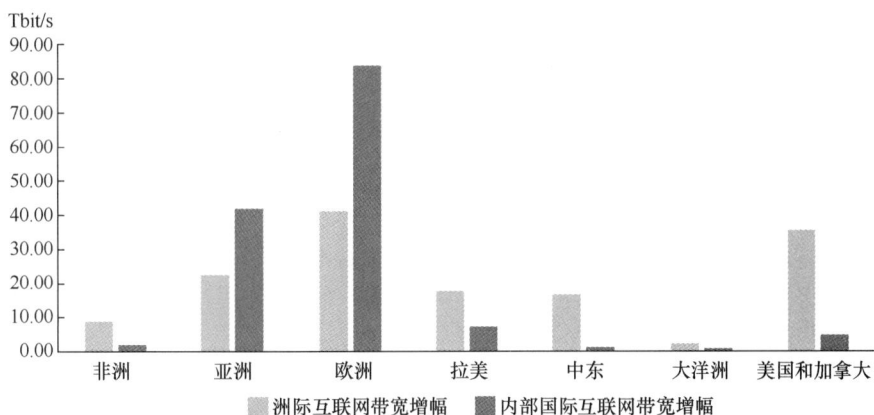

图 4-8　2022 年各区域洲际和内部国际互联网带宽增幅对比

（数据来源：TeleGeography）

二、2022 年信息网络领域热点分析

2022 年，信息网络领域发展聚焦三大热点，一是算力网络加快布局，创新探索走向深入；二是千兆光网应用逐步深入赋能千行百业，应用水平稳步提升；三是网络自智取得行业共识，智能化水平稳步提升。

（一）算力网络加快布局，创新探索走向深入

1. 政府加强引导，政产学研用合力推动算力网络发展

当前云边端泛在算力需求日益旺盛，在国家创新驱动发展战略的指引之下，我国政产学研用多方发力，加快推进算力布局，推进网络、算力、能源等多要素协同联动，打造支撑数字经济发展的新型基础设施。

政府密集出台算力网络发展引导政策。围绕"东数西算"、云网融合，各部委出台相关引导政策，2022 年工业和信息化部、国家发展和改革委员会联合印发《关于促进云网融合　加快中小城市信息基础设施建设的通知》（以下简称"通知"），明确提出要增强中小城市网络基础设施承载和服务能力，推进国家应用基础设施优化布局，建立多层次、体系化的算力供给体系。以国家政策为指引，甘肃、宁夏、贵州、山东、江苏等省份结合地方特色，出台相关政策，支持一体化算力网络、一体化算力体系等建设，推动算力统筹和智能调度，全面集成云、网、边算力资源。

电信运营商稳步推进算网战略布局。2019—2022 年三大基础电信运营商在 ITU（国际电信联盟）、BBF（宽带论坛）、IETF、CCSA 等国内外标准化组织提出算力网络、计算优先网络等多项标准草案。三大基础电信运营商出台算力网络发展战略与规划布局，明确算力网络目标框架体系及发展路径，例如中国电信提出核心、省、边缘和端 4 级架构的 AI 算力网络。结合"东数西算"工程和网络智能化发展愿景，三大基础电信运营商先后发布相关白皮书，中国电信发布《云网融合 2030 技术白皮书》等，中国移动发布《算力网络技术白皮书》《移动云向算力网络演进白皮书》等，中国联通发布《中国联通算力网络白皮书》等。

产业各方积极推动算力网络应用。围绕算力网络发展，产业上、中、下游企业结合自身的产业位置，纷纷开展探索。产业上游企业以算力网络底层硬件基础设施为切入点，夯实算力网络基础设施，包括硬件设备商、软件供应商、基础电信企业等；产业中游企业牢牢把握算力网络服务供给侧的平台及关键技术，包括基础电信企业、交换中心、第三方数据中心和云计算厂商等；产业下游企业以用户为中心，持续挖掘算力网络应用场景，包括互联网企业、工业企业、政府、金融、电力等政企单位，算力网络产业图谱如图4-9所示。

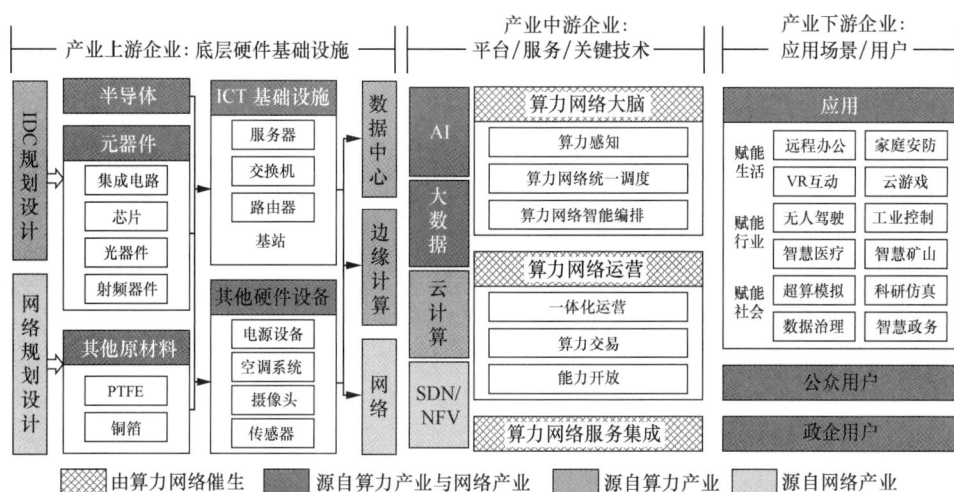

图 4-9　算力网络产业图谱

2. 运营商积极推动云网 / 算力网络融合，多方面探索创新

为适应算力发展新需求，运营商优化通信网络组网，探索部署算力网络调度平台，积极打造算力生态，开展技术研发和前期试点。

在网络优化方面，一是通过广域组网，逐步取消超级核心、骨干核心等网络层级，围绕重点大数据中心和城域网直接跨省上联他省骨干节点，一跳直达、降低转发时延开销；二是在专网和新城域网先行部署 SDN、SRv6、切片等确定性网络技术，打造时间确定、资源确定、路径确定网络，如中国电信的新型城域网、中国移动的云专网和中国联通的智能城域网。

在云网 / 算力网络融合方面，中国电信"云网融合"战略，从云网协同到云网融合再到云网一体，整合集团、省两级资源，构建多云汇接平台，打造混合多云能力，多云汇接网络方案如图4-10所示。中国移动"算力网络"战略，实现算力泛在、算力网络共生、智能编排及一体化服务。中国联通 CUBE-Net3.0，实现一网多云和算力网络一体化。

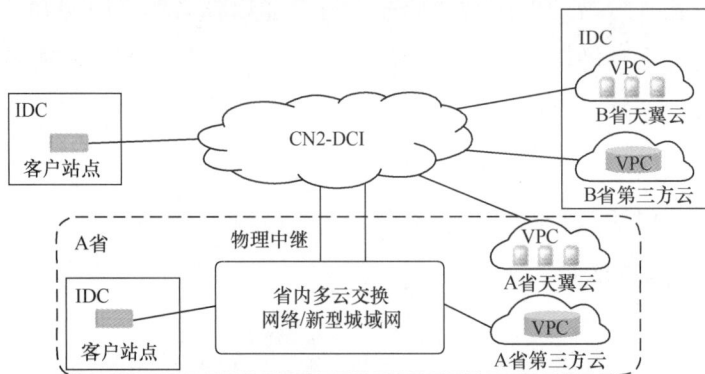

图 4-10　多云汇接网络方案

在算力网络一体化编排方面，运营商积极研发相关产品，提升算力网络一体化编排、智能调度能力，用户可通过算力网络一体化平台弹性申请算力，如图 4-11 所示。如中国电信推出算力网络一体化编排调度平台，中国移动发布"算网服务 1.0"，中国联通则提出基于 SRv6 的可编程服务理念，实现一网连多云和一键网调云。

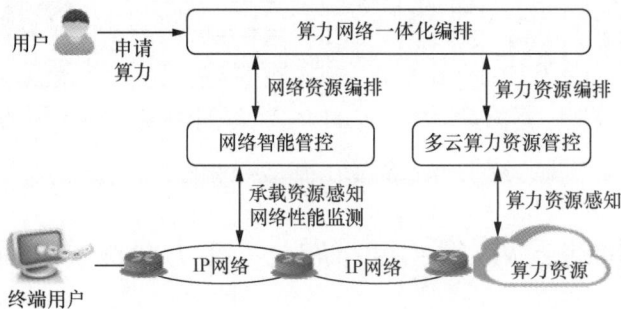

图 4-11　算力网络一体化编排

3. 适应算力发展新需求，业界积极打造高品质网络运力底座

算力时代业务需求增长强劲，对网络运力提出新需求。一是多层级跨域算力调度需求，推动网络运力架构革新，网络运力不仅要支撑实现国家八大区域算力节点之间、各层级算力节点之间的同级或多级低碳化算力调度，还要实现云计算的中心云节点、区域云节点和千行百业的边缘计算节点之间的多层级、广覆盖的算力资源调度，此外，云网边端的各类设备形态和技术多样，接入网络方式各异，端到端异构网络互通组网和协同管控难度增大，网络运力架构和业务调度模式的进一步革新势在必行。二是不同典型算力应用场景的算力需求和承载需求趋向多样化，推动网络运力架构持续革新发展，如政府大数据治理和大数据类应用提出了强算力、大带宽和高可靠的承载需求；

AI 机器视觉类、AR/VR 和视频渲染类应用对带宽和时延要求较高；采用边缘算力对异构终端进行远程状态监测、性能测量和远程控制的物联网数据采集类应用虽然带宽需求较小，但是对广泛覆盖和海量连接的需求较高。多算力应用场景及接入方式下的承载需求如图 4-12 所示。三是算力应用及数据安全性高，要求提供可靠安全连接，如政务、医疗和金融数据关系国家及个人数据安全，产业互联网和物联网的数据安全涉及国家信息基础设施的安全命脉，企业核心生产数据一旦泄露，企业将面临重大损失等。算力数据的高安全性和隐私保护的需求，要求算力承载网络提供更强的网络安全防护能力，多措施强化以避免数据泄露、被篡改和丢失等风险。

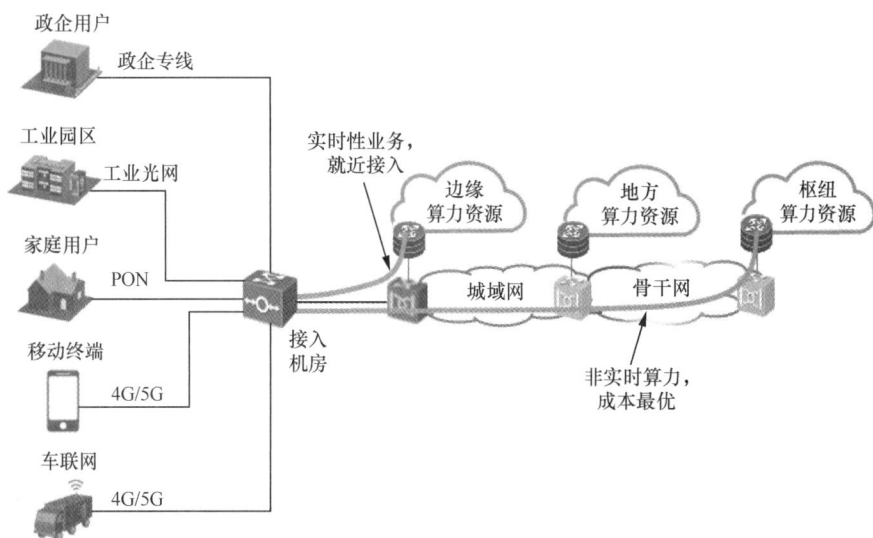

图 4-12　多算力应用场景及接入方式下的承载需求

业界逐步推出面向算力的承载网络规划。确定性、智能化、定制化、灵活扩展、"IP+光协同"和服务能力开放等已成为网络运力发展新特征，加速构建满足算力网络一体化与云网融合发展的新型网络运力，引起产业高度关注。国内运营商相继发布了面向算力网络一体化与云网融合的网络发展战略规划，中国电信提出"网是基础、云为核心、网随云动、云网一体"的云网融合战略，并推动承载网向智能城域网和全光网络 2.0 发展；中国移动提出算力感知网络（CAN）体系架构，构建基于光交叉连接（OXC）设备的新一代光电联动全光网，并推动 SD-WAN（软件定义广域网络）和高品质云专网演进；中国联通依托CUBE-Net 3.0 网络创新体系，发布了算力时代全光底座建设规划并已在 4 省市开展实践。

多维技术打造高品质网络运力底座。如图 4-13 所示，在光缆层，结合算力应用模式优化物理直达路由资源布局；在转发层，针对云网边端多技术异构网络、多智能终端接入和差异化业务承载等需求，加速网络运力核心技术的创新和升级演进，进一步强化全光传送底座、"IP+光协同"、确定性承载、多维算力资源感知和路由等能力；在管控层，推动提升算网资源协同调度、基于"AI+大数据"分析预测的智能化运维能力等。另外，基于算力应用安全关键需求，针对光缆层、转发层和管控层进一步协同提升体系化的网络安全防护能力等。

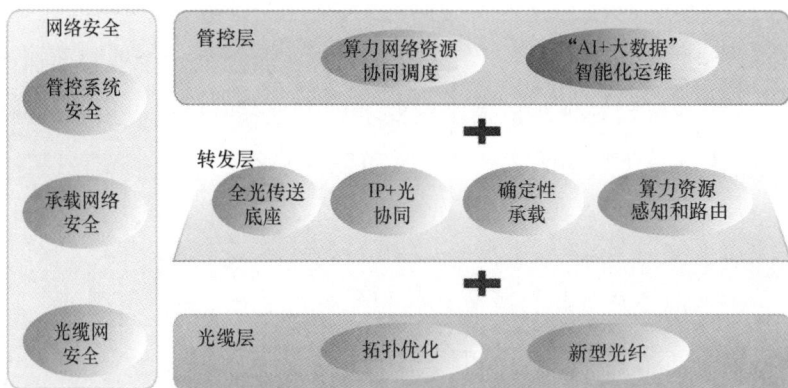

图 4-13　高品质网络运力底座

4. 算力网络在技术标准、商业模式和产业协作等方面仍面临多重挑战

算力网络的发展目标是全面接管算力和网络资源，做到各类资源全面感知和灵活调度，为用户提供一体化智能服务，当前算力网络落地应用仍面临多重挑战。

一是技术尚处于概念验证阶段。算力网络各项技术目前还处于标准制定的多方讨论阶段，涉及算力度量、算力标识和算力交易等各个环节，尚不具备落地应用条件，仍需要进一步开展技术研究和概念验证工作，形成行业共识。

二是应用场景和商业模式有待明确。算力网络目前的商业模式还不成熟，运营商、云服务商等主体的需求不一，行业应用尚待激发培育。**云服务商**沿用现有云网模式，与云服务商现行网络流量调度模式一样，各自调配其算力资源，而非将算力资源交由运营商调配，如谷歌不断壮大的云网能力，已将碳感知和调度纳入云网范畴。**运营商**期望打造"以网为中心"的算力网络模式，希望成为算力网络的中心，一方面向互联网公司/企业提供自身边缘计算算力，另一方面，成为共享算力资源汇聚地以综合调度算力资源。**其他主体**，如金融、制造等行业，出于安全考虑，这些行业的算力资源不能让他人来调配。

三是产业各方有待进一步加强协作。算力网络目前尚处于产业格局建立初期阶段，尚未建立有效的市场合作关系，产业协作方式尚不明确。产业各方在算力网络方面的努力，仅是局部探索，未能实现跨厂商、跨应用、跨地域的集成与交互，亟须基于统一开放平台实现跨域协作。

（二）千兆光网应用逐步深入赋能千行百业

1. 推进千兆光网应用创新是千兆光网的发展重点

推动千兆光网应用创新，形成"以建促用，建用并举"的良好产业发展循环是后续千兆光网发展的关键。在工业和信息化部的指导下，由中国信息通信研究院举办的首届"光华杯"千兆光网应用创新大赛面向新型信息消费、行业融合应用、社会民生服务三大专题，共征集到超过 3000 个千兆光网应用案例，辐射 54 个国民经济行业。千兆光网应用不断深入，有力支撑我国经济社会数字化转型升级。

目前千兆光网在行业内的业务应用按照解决方案成熟度和应用推广程度，可大体被分为应用探索、应用成熟、行业适配、行业普及 4 个阶段，如图 4-14 所示。在应用探索阶段，千兆光网行业应用的技术方案仍处在摸索阶段，技术应用逐步与行业适配，数字乡村、智慧养老、智慧建筑等尚处于该发展阶段；在应用成熟阶段，千兆光网行业应用的技术方案趋于成熟，在部分应用场景中取得良好效果，冶金矿山、智慧文旅、信息消费、港口交通等处于该发展阶段；在行业适配阶段，千兆光网行业应用的技术方案在行业内开始得到推广，初具规模效应，商业模式初步形成，智慧城市、金融、教育、医疗、工业制造等处于该发展阶段；在行业普及阶段，千兆光网行业应用的技术方案在行业中已得到了广泛推广，商业模式已经成熟，目前智慧家庭已发展到本阶段。

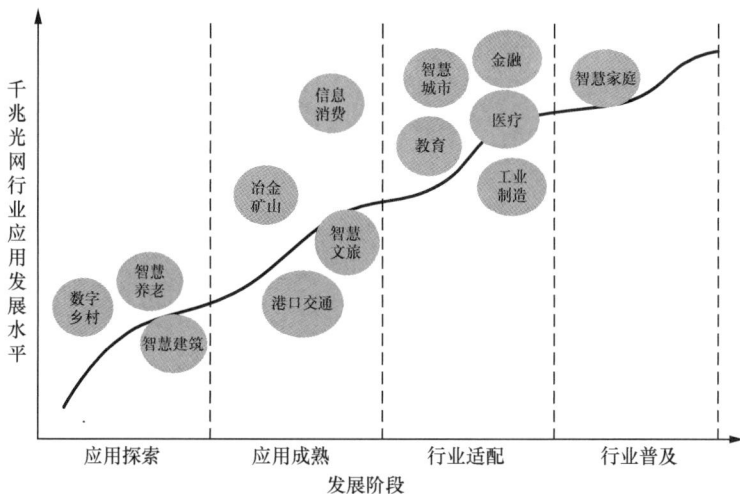

图 4-14　千兆光网应用发展阶段与典型行业发展情况

2. 千兆光网支撑智慧家庭率先落地应用，推进数字生活深入千家万户

千兆光网在信息消费方面的应用处于由网络部署向支撑多元化业务发展的阶段，在 VR/AR、云游戏等应用方面呈现加速发展态势，为支撑智慧家庭服务奠定坚实基础。

智慧家庭作为一种面向普通消费者的综合产品服务模式，融合了当前信息消费领域的多种业务应用。由于家庭客户信息服务需求的不断提升，家庭客户业务已经由通信管道经营模式，转向家庭数字化、智能化、生态化产品服务平台模式。传统的家庭客户业务仅提供以固定宽带接入为基础的家庭基本通信连接服务，包括家庭宽带业务、宽带与移动融合通信业务等，而智慧家庭在传统服务的基础上提供更全面的"人人连接""人物连接""物物连接"融合家庭物联网服务，实现场景化解决方案，包括全屋智能、家庭边缘云和应用加速等。

因此智慧家庭对网络提出三大新要求，即大带宽低时延、可保障的差异化体验、边缘算力智能化。针对智慧家庭应用场景，千兆光网采用基于 10G PON 的"光纤到房间（FTTR）+Wi-Fi 6"技术实现千兆光网覆盖家庭超 2.2 亿户，并通过网络切片与 AI 应用识别等技术为智慧家庭中的差异化服务提供不同 QoS 要求的传输管道。针对智慧家庭中的差异化应用，如超高清视频、游戏、普通上网服务、智能家居物联服务等，在 ONU（光网络单元）植入深度包检测与 AI 识别算法，实现秒级的数据采集，并与 OLT（光线路终端）的质差分析功能协同，将应用从网络流量中识别出来，通过切片技术分配最优的 Wi-Fi 通道，同时优化算法，大幅提升了 Wi-Fi 的抗干扰能力，实现业务差异化高性能承载。

3. "工业 PON+5G"协同实现行业适配，助力离散制造企业数字化转型升级

当前工业 PON 和 5G 无线通信技术迎合了传统制造企业的数字化、智能化转型需求。在离散制造企业中，"双千兆"协同部署能提供极低时延、高可靠，海量连接的网络，加速推动传统制造行业生产力水平的全面提升，实现智能制造、控制和管理。在行业固定场景下，千兆光网的高稳定性能为机床数据采集、机器视觉质检、高清安防监控等业务提供大带宽、低时延与抖动、高可靠及大并发支持的传输通道。

基于工业 PON 的千兆光网能够实现行业企业办公区、生产车间、仓储物流、生活配套设施、园区环境网络全覆盖，同时采用网络切片技术，实现办公协同、生产管理、生产控制、安防监控等全业务一张网承载，连接企业资源计划（ERP）系统、制造执

行系统（MES）、产品生命周期管理（PLM）系统、仓库管理系统（WMS）等生产流程管理类工业软件，为精准把握生产产能奠定坚实基础。"千兆光网+智能质检""千兆光网+高清安全检查""5G+智能巡检"等应用能够满足"高精度质量检测，大范围安全管理"的行业需求，同时融合机器视觉、体态识别、异常行为分析预警等 AI 技术，在安全防范、监管实施、质量检测和生产流程管理方面，实现实时监控、自动发现问题、主动预警，确保生产安全高效、人工分配得当，协助工业企业"降本增效、安全生产"。千兆光网承载智能环保系统中的视频监控、环境质量监测和生产线能耗监测数据，与 5G 网络协同采集工业园区传感数据，实时回传至本地数据中心进行分析，从而对生产流程进行合理安排，避免无序排放，实现企业绿色低碳生产。

通过"千兆光网 +5G"协同，离散制造企业实现 IT、OT 的深度融合，一网到底扁平高效，工业网络平稳换道，企业数字化转型稳步推进。

4. 千兆光网逐步应用于社会民生服务的各个方面，实现行业适配和应用探索

千兆光网在社会民生服务方面的应用阶段具有一定差异性，在数字政府、教育医疗等领域已率先实现应用场景落地并处于规模推广阶段，在农业信息化助力乡村振兴等领域正在逐步探索更多应用场景落地。

千兆光网有力推动优质教育和医疗资源普惠更多基层群众，促进公共服务均等化。在教育领域，千兆光网协同 5G 专网，结合 AI、云计算、大数据等信息技术，打破传统学校的有形边界和物理空间，构建由"1 所总部实体学校 +N 个入驻学校"的"1+N"学校共同体的创新教育模式，实现线上线下融合式教学的互动教学场景，打造智慧教育民生工程，推动优质教育资源跨区域共享。在医疗领域，基于千兆光网的全光医院网络具备多网融合能力，能够根据医院业务数据流及信息安全的要求，通过网络切片等技术构建"办公网""公共网""设备网"，为医院综合精细化管理提供灵活可控的网络接入，为远程问诊、远程手术等新型医疗服务提供高速、安全、可靠的网络承载底座。

千兆光网支撑数字政府建设，不断提升政务服务水平。2022 年 6 月《国务院关于加强数字政府建设的指导意见》提出要"全面推进政府履职和政务运行数字化转型，统筹推进各行业各领域政务应用系统集约建设、互联互通、协同联动"。千兆光网夯实

数字政府坚实底座，通过千兆虚拟专网技术，实现政务网络一网统管、一网多平面，横向覆盖所有政务部门，逐步整合部门业务专网，纵向覆盖省市县多级政务部门，从而达到标准统一、系统互通、资源整合、数据汇聚，全面提升政府履职效能。

千兆光网改变农业生产方式，着力提高农业生产和农产品流通效率。党的十九大报告提出要"实施乡村振兴战略"，乡村振兴是实现共同富裕的关键一环。当前千兆光网在乡村振兴领域逐步展开应用探索。一是新型千兆光网组网技术推动乡村宽带建设。依托新型 ODN（光分配网）方案实现山区光纤到户，为数字乡村建设提供坚实网络基础；二是千兆光网融合物联网、大数据等技术赋能农业生产现代化。千兆光网联结农作物种植传感器终端，采集当地土壤、水质、湿度、温度等环境信息，回传至数字乡村平台，在数字空间模拟农作物种植情况，赋能智慧大棚、智慧农田；三是"千兆光网 +"打造数字乡村内容生态。千兆光网支撑乡村高清直播带货、VR 旅游、乡村云广播、乡村管理平台等系列应用，拓展农产品销售渠道，推动乡村数字经济与网络文化发展，不断提升乡村数字化治理水平。

（三）网络自智成为行业共识，网络智能化水平稳步提升

1. 网络自智成为行业共识，运营商纷纷建立网络智能能力发展路标

当前，AI 技术仍在不断迭代升级与创新发展，驱动产业拓展新的发展空间，各行业的数字化、智能化转型不断提速。与人类相比，AI 在越来越多的复杂场景下可以更快速地作出更好的决策，无疑让网络智能能力建设开拓了新的视野，并为网络的发展带来了前所未有的新机遇，也为在电信网络重构与转型过程中遇到的众多困难和挑战，提供了高效的解决路径。

AI 技术的电信网络应用在很多单点场景上已经形成了突破和优势，但缺乏一个清晰的商业模式和智能化发展路线。网络的智能化之路是一个长期的过程，通过对电信网络智能化能力进行分级并制定分级方法，可以促进全行业形成对智能化网络等相关概念的统一认识和理解，为行业主管部门在制定相关策略和发展规划的阶段性目标，以及进行阶段划分时提供参考，同时为运营商、设备提供商和其他行业参与者在技术引入、产品规划等方面提供决策辅助。

在网络智能化分级体系方面，电信管理论坛（TM Forum）提出的自智网络分级

体系获得普遍认可。网络智能化等级参考美国汽车工程师学会（SAE）在2014年提出的对自动驾驶能力的分级，分为L0～L5共6级，其中L0为人工运维网络，不具备智能相关能力，L5为完全自智网络，电信网络实现跨域和全生命周期闭环的完全智能化。每个级别均从网络的感知、分析、决策、执行、意图/体验和适用性等维度的形态进行评估，如表4-1所示。

表4-1　自智网络分级

等级	L0：人工运维	L1：辅助运维	L2：部分自智	L3：条件自智	L4：高度自智	L5：完全自智
感知	人工	人工/系统	人工/系统	系统	系统	系统
分析	人工	人工	人工/系统	人工/系统	系统	系统
决策	人工	人工	人工	人工/系统	系统	系统
执行	人工	人工/系统	系统	系统	系统	系统
意图/体验	人工	人工	人工	人工	人工/系统	系统
适用性	N/A	部分场景				所有场景

从2017年起，我国运营商与主流设备厂商等都开始探索在网络规-建-维-优等全生命周期引入AI和大数据技术，纷纷制定网络智能化相关发展战略，推进标准化工作，加大对网络智能化平台建设与应用开展等工作的投入。

——中国电信将自智网络建设作为"云改数转"战略的关键部分，并设定了在"十四五"期末实现网络自智能力全面达到L4的目标。

——中国移动遵循"产业标准推进、顶层设计、数智化能力建设与应用、能力评估与分析"的闭环方法，提出了2025年自智网络等级达到L4的发展战略。

——中国联通发布《自智网络白皮书》，设定了"2023年自智网络等级达到L3，2025年达到L4"的目标。

2. 应用、平台建设、标准制定全面推进，网络智能化发展进入快车道

AI在电信行业赋能移动网络和固定网络的规-建-维-优的各个环节，在接入网、传输网和核心网等各个层级得到广泛应用。同时，在满足用户业务需求方面，AI技术促使电信行业不断优化当前的服务效果和性能，并在垂直领域打造智能化解决方案。AI在电信网络中应用的能力维度主要被分为智能配置、智能运维、智能管控、智能优化和业务应用等，如图4-15所示。

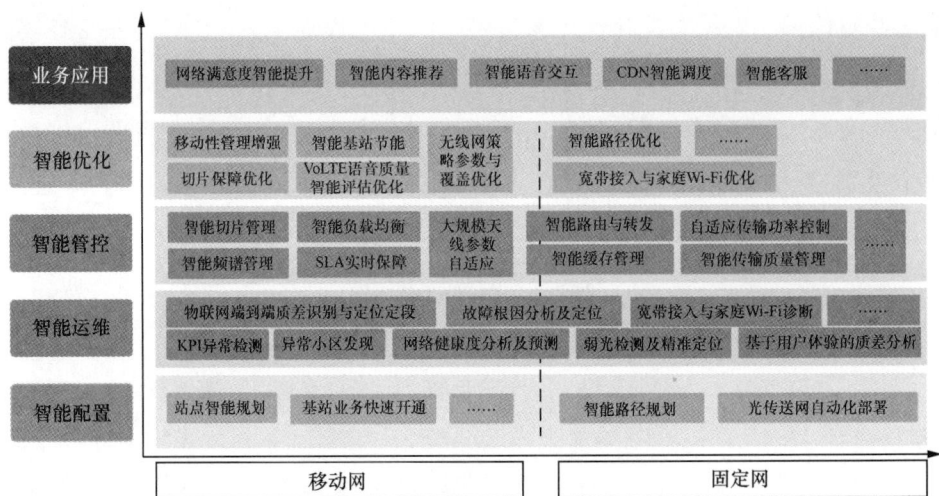

图 4-15　AI 在电信网络中应用的能力维度

目前，大量网络智能应用已经在现网规模落地，其中比较典型的应用如下。

—— 在云网故障方面：中国电信的云网隐患 AI 自动识别已经在 29 个省份部署，故障自动处理率达到 40%，重大事故业务自动恢复率为 60%，处理效率提升了 85%。

—— 在无线网大规模 MIMO（多进多出）优化方面：中国移动应用基于 AI 的 MIMO 天线优化已经在江苏、江西的 30 万个小区进行规模应用，优化 6 万个小区天线权值，综合覆盖率在 98% 以上，5G 流量提升 4% ～ 10%。

—— 在基站节能方面：中国联通研发的基于人工智能、大数据技术的 4G/5G 协同智能节能平台，在山东、上海、江苏等地推广基站智慧节能管理，降低 10% 以上的基站能耗。

在网络智能应用快速发展的同时，运营商网络智能平台等基础设施能力也在快速形成，包括中国移动的"九天"AI 平台、中国电信的"星汉"AI/ 大数据平台、中国联通的网络 AI 平台等。这些平台向各省提供通用的 AI 算力、算法模型，支撑成熟应用的快速规模化推广。

同时，网络智能相关标准体系也在逐步形成。CCSA 各技术委员会正在协同开展自智网络分级标准的开发，包括通用的自智网络技术要求和评级规则，以及面向无线、传输、IP 等不同专业的自智能力分级标准。这些标准体系的形成，将加速推动智能化网络建设的步伐。

3. 网络智能化水平稳步提升，但高等级网络智能化面临挑战

伴随着机器学习和深度学习等模型在网络中的广泛应用，目前在网络中实现的网络自智能力等级普遍在 L2～L3，面向运营商提出的 2025 年迈向 L4 的目标，还面临诸多的技术挑战，主要包括以下几个方面。

—— 分布式挑战：电信网络覆盖广阔的地域，网络具备分布式连接性，网络数据在不同地域与层域的分布式生成，网络智能化需求广泛存在。

—— 网络异质性挑战：电信网络支持亿万级网络设备的超密集泛在连接，但受到设备的空间、运行环境、功耗等各种因素的影响，网络设备和应用具备广泛的异质性。

—— 环境开放挑战：电信网络面向用户与行业提供开放的数据传输能力，环境未知变量多，环境变化快，网络面临多样化的数据泄露、安全威胁问题。

—— 高鲁棒性挑战：电信网络作为重要的信息基础设施，其系统稳定性与鲁棒性对于用户的需求满足、社会的正常运行乃至国家的信息安全等有着至关重要的影响。

上述挑战难以通过目前数据驱动的深度学习等方法解决。下一步，网络 AI 将向"数据＋知识"的双重驱动发展，融合网络数字孪生等多种智能技术，进一步推动网络可信的智能决策和端到端的意图理解。

三、2023 年信息网络领域发展展望

展望未来，我国信息网络领域将继续保持高质量发展，网络能力不断提升，网络规模继续扩大，网络应用日益丰富，将全面支撑我国数字经济发展，助力网络强国建设。

（一）信息网络迈向高速全光，底座能力不断升级

多维技术推动光传送网带宽提升。在单波速率提升方面，400G 长距离传输预计在 2024 年规模商用，800G 预计在 2025 年开启短距离传输试点应用。在频谱扩展方面，将频谱从传统 C 波段（4THz）扩展到 Super C 波段（6THz）、再扩展到 Super C+L 波段（12THz），这是提升单纤传输容量的一个重要方向，其中 C 波段扩展技术成熟，L 波段扩展成为当前技术主流发展方向，但光模块、无源器件、光放大器、算法、芯片等的技术还需要进一步突破，预计到 2024 年开启商用。长期来看，需要新的技术将光传输系统的工作波长范围进一步拓展至 S/U/O 波段甚至全波段。新型光纤是一种可满足目前与未来光传输发展趋势的新型单模光纤，成为超大容量传输的重要支撑，G.654.E 超低损耗大有效面积新型光纤通过增大模场面积降低高速信号传输的非线性效应，2023 年持续推进该新型光纤的大规模应用。空分复用（SDM）光纤、空芯光纤等新型光纤及其应用前景引起业界关注，需要产业界持续开展技术研究和应用探索。

全光底座能力不断升级。在全光组网方面，推动全光交叉在维度、规模等方面进一步扩展，当前干线及城域核心站点已经部署了 32 维全光交叉，2024 年预计骨干网络将具备规模部署单波 400G 设备和 48 维全光交叉的调度能力。随着算力资源由分布在网络上的云计算数据中心、边缘计算数据中心、AI 数据中心和高性能计算中心等计算基础设施中的异构算力资源组成。在向用户提供算力服务时，这些异构算力资源需要利用异构算力资源纳管进行统一感知、度量和调度，预计 2025 年初步完成感知协同架构、接口、协议技术标准体系研究。在融合确定性方面，将重点推动细粒度切片、多时隙编排优化、动态资源按需分配等关键技术的产业化应用，并实现 2023 年试点应用，2025 年规模商用。

开放与智能管控能力进一步提升。光网络开放解耦当前聚焦接入层设备和 DCI 场景，后续进一步解决现网运维、标准化完善等问题。在智能管控方面，聚焦网络应用开展智能化分级测评，提高自智能力等级，推动智能化技术进一步成熟落地。2023 年

将开启数据模型和采集接口标准化、数字孪生技术标准化等标准化研究工作。

50G PON 将进入现网试点阶段。目前 10G PON 技术在我国正处于规模化部署阶段，下一步将向 50G PON 网络演进。ITU-T 已发布 50G PON 的物理层和传输汇聚层标准，各企业正在陆续推出 50G PON 样机，预计今后两年 50G PON 设备将陆续完成现网技术验证和试点，并对标准进行反馈和完善，为向下一代宽带光接入网的演进做好技术准备。

FTTR 为家庭网络揭开新篇章。下一步光纤网络将进一步向用户延伸，从光纤到户向 FTTR 发展。在带宽方面，FTTR 通过在家庭内多网关之间的光纤互联，可在家庭内提供传输速率高达 10Gbit/s 的带宽组网。在网络质量方面，FTTR 利用高效多网关 Wi-Fi 协同，突破家庭 Wi-Fi 网络瓶颈，并为家庭网络管理建立统一基础平台。

（二）"IPv6+"技术不断创新，带动 IP 网络业务升级和管理能力的进一步提升

"IPv6+"技术通过以 SRv6、网络切片、iFiT（随流检测）、BIERv6（位索引显式复制）、APN6 等为代表的协议创新，实现 IP 网络路由、管理、安全等方面的能力提升，从整体上实现 IP 网络业务的升级和管理能力的提升。

在网络管理方面，传统网络管理主要基于网络设备端口的流量统计和采样，无法实现基于业务的管理，而 iFiT 等"IPv6+"技术可以通过基于真实业务流的染色，获取业务真实性能数据，并可以实现逐跳、端到端等不同维度的测量，将这些业务数据与 AI 技术相结合，可以进一步实现面向网络业务质量的智能化、精细化管理。

在路由技术方面，APN（应用感知网络）等技术可以实现网络对网络应用需求（如带宽、时延、丢包率等）的感知，并根据不同网络应用需求优化网络的路由组织，从而实现网络在区分服务、分层服务质量、网络切片、确定性网络等方面的服务能力，真正面向网络应用需求进行网络优化并保证质量。

在网络安全方面，传统互联网在设计之初并没有充分考虑网络的安全需求，造成了在 IPv4 网络中需要不断通过技术打补丁的方式补足网络的安全能力，在 IPv6 的协议设计方面，已经充分考虑了网络的安全形势，一方面庞大的 IPv6 地址空间使网络地址嗅探难度变得极大，同时 IPv6 也有充足的地址编码空间可以提升地址的有序利用和

追溯能力；另一方面 IPv6 通过内置 IPSec 协议扩展、采用 NDP（邻居发现协议）等方式，增强了网络层的数据传输、数据认证、数据完整性及机密性机制，大大提升网络安全防护能力。

（三）网络架构持续优化，算力支撑能力显著增强

骨干网与"东数西算"工程同步，持续向扁平化演进。一方面，随着"东数西算"工程各集群枢纽建设推进，也将不断优化骨干网络架构，实现其与一体化大数据中心枢纽的协同发展，按需在关键枢纽节点增设骨干网核心节点，并在集群内和各集群间增开骨干节点直达链路。另一方面，骨干网将不断向智能化、服务化的方向演进，随着 SRv6 技术的不断成熟，在骨干网部署端到端 SRv6，面向不同客户和不同业务应用提供低时延路径定制、差异化保障能力。

东西向流量显著增长，促进数据中心网络架构调整。随着"东数西算"工程的大力推进，我国数据中心建设规模将稳步扩大，且业务流量将稳步增长，数据中心之间的互通流量也将持续增加。为实现数据中心业务访问及业务互通质量的提升，满足不同业务的差异化承载需求，数据中心将向高度扁平化和深度智能化的方向发展。数据中心内部架构将向多级 CLOS 架构发展，实现流量的快速交换；同时广泛部署 SDN 技术，实现对数据中心内云和网络资源的自动管控、监控和调度；将通过骨干网 / 城域网 / 传输网等实现数据中心之间的高效互联，并基于 SDN 技术实现流量的智能调度。

城域网的算力支撑能力显著增强，2025 年新型城域网将覆盖主要城市。未来城域网将具备灵活弹性、融合承载、云化服务的特点。一是广泛采用 Spine-Leaf 架构，减少网络层级，提升网络性能和可扩展性，同时更加灵活弹性；二是推进部署 SRv6/EVPN+FlexE 等技术，实现固 / 移 / 云业务融合承载，并通过端到端逻辑隔离，提供差异化服务；三是云网 POP 数量不断增多，实现对边缘云的全覆盖，同时城域网云化水平不断提升，vBRAS（虚拟宽带远程接入服务器）网元将实现对宽带用户的集约管控。新型城域网架构如图 4-16 所示。

首批交换中心将实现算力集中高效交互，赋能"东数西算"工程。交换中心作为中立的资源汇聚枢纽，可实现跨主体的数据交互，与"东数西算"工程加快枢纽内、枢纽间网络互联互通的发展思路不谋而合。根据交换中心的功能特点，枢纽内可疏导

同一集群、不同集群间基础运营商、互联网企业、第三方数据中心、超算中心/智算中心等跨主体的算力互联互通，同时可实现枢纽间的算力互联互通（如图 4-17 所示），为"东数西算"工程打通数据流动通路，实现枢纽间的高效互联。

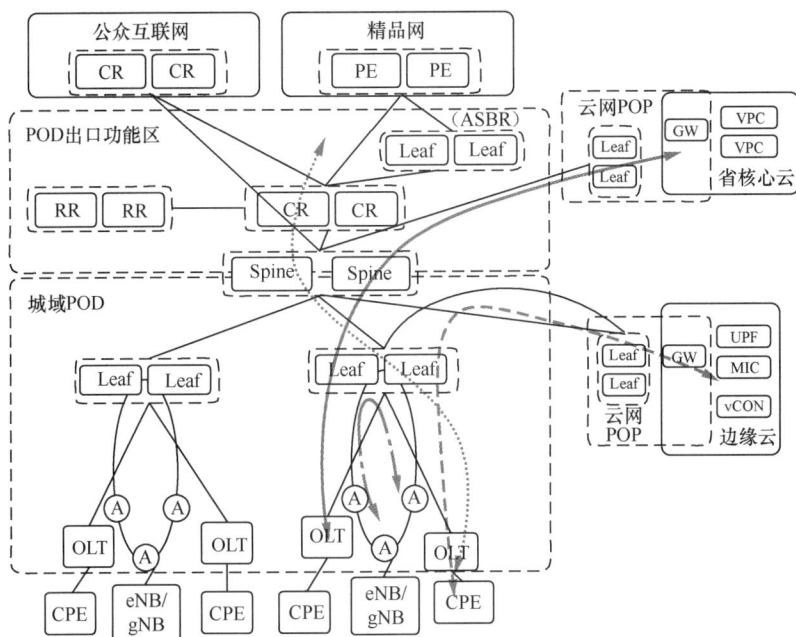

图 4-16　新型城域网架构

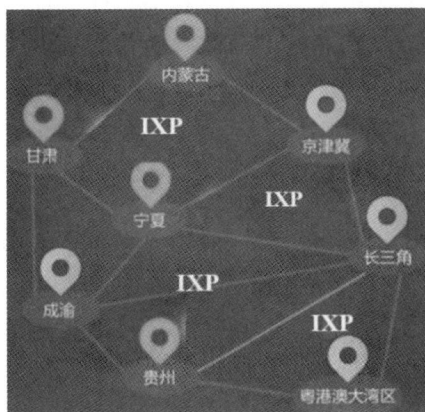

图 4-17　交换中心实现枢纽间算力互联互通

（四）未来网络技术创新活跃，推动网络持续演进升级

针对未来网络愿景，国内外开展相关研究，提出多种创新方案。

网络 2030：ITU 于 2018 年成立的 Network 2030 焦点组（FG-NET-2030），致力于研究 2030 年及以后的网络能力，制定面向未来的愿景、需求、先进的网络架构及其演进、新颖的用例和评估方法等。目标为支持未来如全息通信等新颖的前瞻性场景，满足在紧急情况下可以快速地响应新兴市场和垂直领域的高精度通信需求。

网络 5.0：网络 5.0 的设计理念是由互联网"以应用为中心"向互联网"以网络为中心"发展，保持互联网的可扩展性，保持业务网与承载网解耦，增加资源关联和控制适配。网络 5.0 具备网络主导下的内生可信和安全能力、网络资源的内生感知和管控能力、网络内生的确定性（包括网络性能的确定性、路由确定性、时延确定性和用户体验确定性等）、广义可扩展性、泛在移动性和高速、大带宽能力等，网络的内生能力可以通过管理接口或控制信令向应用层提供能力或反馈响应信息。

多模态网络：多模态网络采用网络技术体系与支撑环境分离的思想，将现有或未来的各种网络技术体系以模态的形式，在全维可定义的网络支撑环境上动态加载和运行。多模态网络基于全维可定义的开放式网络架构，支持多模态寻址与路由、网络智慧化管控和网络内生安全构造等。

CNOS：我国自主研发的全球首个大网级网络操作系统（CNOS）支持全局状态实时采集、业务按需服务、资源智能调度三大功能，已服务于国家重大科技基础设施建设项目——未来网络试验设施（CENI）。CNOS 具有全维度场景、强兼容性、高性能的特点。

云边协同、云网融合、算网融合等推动网络不断创新升级。高速传输方面，骨干网传输速率从 100Gbit/s 向 400Gbit/s 演进，单波长传输速率向 800Gbit/s/1Tbit/s+ 升级。构建定制化网络并实现端到端业务保障，网络"确定性"成为重要目标，确定性技术体系包含层 1 到层 3 技术，实现端到端时延确定性、带宽确定性、丢包确定性和高可靠性等。内生网络体系架构近年成为关注焦点，传统的基于边界的"外挂式"安全防护模式逐渐向"内外一体"的防御模式转变，典型内生安全技术包括零信任、拟态防御、可信计算等。自智网络作为行业公认的推进网络自动化、智能化系统性方法，其核心理念已经在产业界达成共识。总体看来，在网络体系技术创新与演进方面，云网融合 / 算网融合、高速传输、泛在连接、确定性网络、智能化、安全可信引领未来发展的重要发展方向，推动网络体系的创新演进和突破发展。

先进计算篇

导　读

2022 年全球先进计算技术产业加快融合创新。计算、通信、传感、显示四大基础技术产业稳步升级、协同创新，主要细分领域的新技术、新应用探索取得突破性进展。发展规模方面，终端设备等传统领域市场规模明显下降，新兴领域市场出现大幅波动，市场压力加大，行业整体迈入新一轮结构性调整周期。算力水平方面，算力结构持续优化，智能计算设施快速升级，驱动算力总规模高速增长。技术演进方面，多技术协同升级不断深化，多芯片协同、软硬件融合、系统架构创新为升级主要思路。企业布局方面，科技巨头加速由单项技术优势向全能力体系优势转变，推动产业竞争模式变化和产业格局重构。与此同时，各国不断加大对产业核心环节的投入，自主化、多元化成为长期发展趋势。

2022 年先进计算相关领域三大热点引发产业界广泛关注。一是全球芯片短缺情况得到缓解，下游需求由全面缺芯转向结构性分化。其中，消费电子市场需求萎缩，上游芯片面临过剩危机；汽车芯片依然供不应求，引发车企跨界"造芯"热潮。预计供需关系调整将持续缓解"缺芯"压力，2023 年半导体行业规模增速进一步走低。二是 RISC-V 成为计算硬件开放化的重要探索路径。当前，RISC-V 可满足中低端算力需求，具有更高性能的扩展功能处于研发阶段。与此同时，RISC-V 不断缩小与 ARM 的性能差距，全球渗透率快速提升，并在定制化的细分领域实现应用落地。三是元宇宙新业态萌芽初现，业界对元宇宙概念的认知日趋落地，元宇宙终端或将由以信息处理为中心向以"适人体验"为中心的方向演进，3D 化与交互性成为元宇宙信息形态的新特征，元宇宙虚实融合的业务平台有望重新定义"虚拟""现实"，但目前元宇宙技术产业尚未成型、投资趋于理性，整体仍处于萌芽阶段。

展望未来 3 年的发展情况，受需求变化、政策布局等影响，全球先进计算相关领域的成长性存在较大差异，传统消费终端趋稳，新型消费终端成长显著。算力需求快速增长，带动先进计算技术产业不断创新，由以累加硬件资源为主的发展思路，转换为面向应用的系统级优化和创新的发展思路。存储、通信、传感、显示、软件等基础技术产业持续演进，支撑先进计算创新融合、协同发展。对非冯·诺依曼架构等新架构的探索仍将继续，并积极推动应用突破，存算一体商用、光计算商业化加速，量子计算沿 NISQ（含噪声中等规模量子）不断深化，为先进计算行业跃升孕育新动能。

本篇作者：

黄伟　周兰　陈曦　王扬　邸绍岩　黄璜　王骏成　王琼　赵泽雨　张博　岳楠　史曼

一、2022 年先进计算领域发展综述

（一）市场进入结构性调整阶段

　　整体来看，传统领域市场规模明显下降，新兴领域市场出现大幅波动，整体市场压力加大，市场迈入新一轮结构性调整周期。2022 年全球经济下行压力依然较大，为全球 ICT 产业发展带来一定挑战。**一是消费类终端市场延续下滑态势。**伴随着 5G 商用带来的换机热潮逐步消退，以及消费类终端创新有限的影响，智能手机、PC 和平板电脑两大类主力产品出货量减少，2022 年全球市场规模分别为 4600 亿美元、2615 亿美元，同比下滑 4% 和 7.1%。以 VR/AR 为代表的新型智能终端因在用户体验、应用场景等方面未形成明显突破，2022 年全球市场规模仅为 36 亿美元，同比下滑 12.8%。**二是网络通信设备呈现平稳发展态势。**移动通信设备市场规模增速略有下滑，2022 年全球总体市场规模为 480 亿美元，同比下降 3.4%。5G 拉动作用依然显著，2022 年 5G 设备全球市场规模达到 322 亿美元，同比增长 9.6%。光通信设备与数据通信设备市场规模增速有所提升，2022 年全球市场规模分别为 173 亿美元和 140 亿美元，同比增速达到 4.6% 和 6.4%，与 2021 年相比，分别增加了 0.8 和 1.6 个百分点。**三是数字化转型驱动云设备市场规模保持高速增长态势。**数字化、智能化需求依然旺盛，2022 年，在全球计算设备算力总规模中，基础算力、智能算力规模分别为 450EFLOPS（1EFLOPS 等于每秒一百艾次的浮点计算）和 460EFLOPS，同比增长 22% 和 100%。算力需求的高速增长推动着云设备市场规模的进一步扩大，2022 年全球服务器市场规模达到 1117 亿美元，同比增长 17%。**四是软件产业市场规模保持高速增长态势。**基础软件市场规模增长显著，2022 年全球市场规模达到 3874 亿美元，同比增长为 8.6%。应用软件市场规模增势略有放缓，2022 年全球市场规模达到 2912 亿美元，同比增长为 7.2%，与 2021 年相比，降低了 2 个百分点。**五是半导体产业市场规模增速有所放缓。**2022 年全球缺芯问题有所缓解，市场逐步回归理性，规模增速相较 2021 年略有放缓，2022 年全球半导体市场规模达到 5801 亿美元，同比增长 4.4%，远低于 2021 年 25% 的增速水平；其中，存储器市场规模基本持平，2022 年全球规模为 1555 亿美元，同比增幅仅为 1%。下游芯片产品的潜在需求对上游半导体材料和设备的带动作用依然显著，且发达国家对先进工艺政策布局力度的加大也极大地推动了半导体材料和半导体

设备市场规模的增长，2022 年同比增幅分别达到 7.6% 和 14.6%。2022 年全球计算相关产业规模如图 5-1 所示。

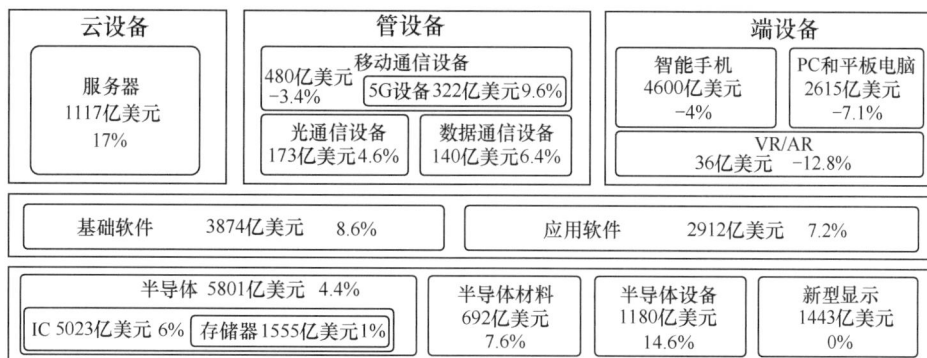

云设备	管设备	端设备
服务器 1117亿美元 17%	移动通信设备 480亿美元 −3.4%　5G设备322亿美元9.6%	智能手机 4600亿美元 −4%　PC和平板电脑 2615亿美元 −7.1%
	光通信设备 173亿美元4.6%　数据通信设备 140亿美元6.4%	VR/AR 36亿美元　−12.8%

基础软件　3874亿美元　8.6%	应用软件　2912亿美元　7.2%

半导体 5801亿美元　4.4%	半导体材料 692亿美元 7.6%	半导体设备 1180亿美元 14.6%	新型显示 1443亿美元 0%
IC 5023亿美元 6%　存储器1555亿美元1%			

图 5-1　2022 年全球计算相关产业规模

（数据来源：Gartner，IC Insights，SEMI，WSTS，Omdia，Statista，Counterpoint，中国信息通信研究院）

（二）四大基础技术产业加快融合创新

在以计算、通信、传感和显示为代表的四大基础技术产业稳步升级、协同创新的同时，积极探索新技术、新应用的突破。

计算方面，延续计算体系化创新。摩尔定律依然有效，三星、台积电采用 3nm 先进制程工艺进行芯片量产，2nm 及以下节点先进工艺研发竞相开展。存储技术快速演进，SK 海力士推出 238 层堆栈 NAND Flash 产品，内存芯片向 10nm 制程工艺极限逼近。系统性能再次提升，美国橡树岭国家实验室的 Frontier 系统以 1.102EFLOPS 的运算速度，排名全球超级计算机 TOP500 榜单榜首。把握发展的前沿方向，不断寻找新突破，IBM 发布最新量子计算芯片，含 433 个量子比特；英伟达发布统一计算平台 QODA（量子优化设备架构），加速 AI、HPC（高性能计算）、金融和健康等领域的量子计算研究。

通信方面，云管端计算硬件同步升级。云侧方面，5G 核心网持续向云原生演进，异构计算芯片加速融合应用。英伟达、英特尔等厂商推出 DPU（数据处理器），可在 5G 云端加速处理安全、网络和存储工作负载。管侧方面，硅光技术、AI 技术加速在 5G 基础设施中的应用。硅光技术推动光传输速率进一步提升，思科等厂商通过收购硅光器件厂商实现快速布局；AI 技术促进 5G 系统技术演进升级，高通通过 AI 技术进一步增强 5G 系统的性能，网络拓扑持续优化，实现智能、节能、绿色的网络。端侧方面，AI 基带芯片、RedCap 物联网芯片技术加速落地，高通发布集成 AI 核的 5G 基带芯片 X70，联发科等厂商推出的 5G 芯片已完成 5G RedCap 技术验证。

传感方面，新应用、新架构、新材料推动传感创新。一方面，汽车电子、智能制造、消费电子和医疗电子等新兴产业的快速发展为智能传感器带来巨大的发展契机，激光雷达已逐渐成为中高端智能驾驶汽车的重要配置之一，国内外激光雷达厂商加速产业化落地。另一方面，新材料、新原理、新技术推动传感器性能的不断提升，传感器工艺与标准 CMOS（互补金属氧化物半导体）工艺加快融合，传感器向微型化、多功能化及智能化发展，国内外高校加速研发石墨烯传感器、量子传感器等新型传感器，康奈尔大学开发出石墨烯微型霍尔传感器，麻省理工学院开发出能够检测任意频率的量子传感器。

显示方面，OLED（有机发光二极管）升级步伐加快，量子点实现突破。一是全球先进 OLED 产线加快商业化落地。三星显示和 LG 显示相继宣布逐步退出 LCD（液晶显示器）市场，放弃 LCD 业务，积极筹备 8.5 代 OLED 产线商业化。二是全球 Micro LED（微型发光二极管）和量子点技术产品不断涌现。三星显示、LG 显示、康佳等推出模块化、可拼接的 Mini LED/Micro LED 产品；全球首款量子点 Micro LED 芯片实现量产，凭借量子点所具有的材料色域广、色彩稳定且一致性好等优势，显示效果更佳。三是我国显示技术与产能优势不断释放。以京东方、维信诺、和辉光电、华星光电、天马等为代表的国内面板企业加快 OLED 高端化、规模化发展，CINNO Research 调查数据显示，2022 年第三季度，国产智能手机 OLED 面板市场份额已经占据全球市场的 30%，高刷新率、折叠屏、像素排列等技术加快创新。

（三）智能计算驱动算力规模高速增长

算力规模保持高速、稳定的增长态势。在以万物感知、万物互联、万物智能为特征的数字经济时代背景下，全球算力规模继续呈现高速增长态势。中国信息通信研究院根据计算设备出货量口径统计数据进行测算，2022 年全球计算设备算力总规模[1]达到 920 EFLOPS，我国计算设备算力总规模为 310 EFLOPS，增速超过 50%，高于全球同期水平，如图 5-2 所示。结合华为 GIV（全球产业展望）预测，2030 年人类将迎来

---

[1] 算力规模统计针对计算设备算力，统一换算为 FP32（单精度浮点数），包括基础算力、智能算力和超算算力，其中基础算力基于近 6 年服务器总出货量进行测算，智能算力基于近 6 年 AI 服务器总出货量进行测算，超算算力基于 TOP500 超级计算机的计算能力进行测算。

YB 数据时代，全球算力规模达到 56ZFLOPS，平均年增速达到 65%。

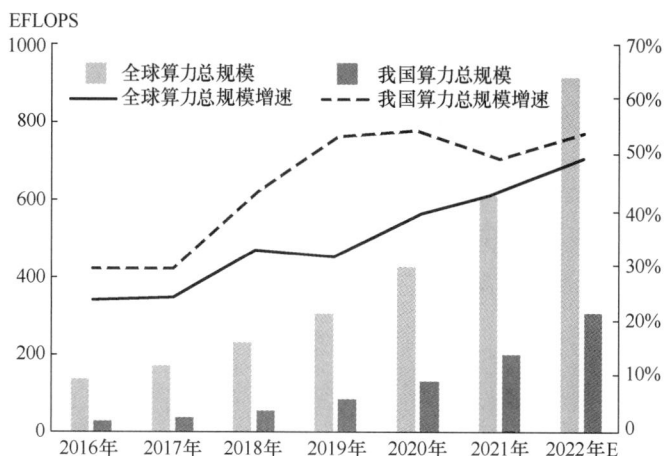

图 5-2　全球、我国计算设备算力总规模发展情况

算力组成结构持续演化，智能算力规模增速最快。全球基础算力规模、智能算力规模、超算算力规模在全球计算设备算力总规模中的占比分别为 49%、49% 和 2%，过去 5 年的平均增速分别为 21%、132%、42%。我国基础算力规模、智能算力规模、超算算力规模在我国计算设备算力总规模中的占比分别为 39%、60% 和 1%，过去 5 年的平均增速分别为 25%、133%、22%。与基础算力规模和超算算力规模相比，智能算力规模增长迅速，成为算力规模快速增长的主要驱动力。当前海量复杂数据处理需求与单一算力供给之间存在矛盾，在全球急剧扩增的数据中，80% 以上的数据都是非结构化数据（文本、图片、语音、视频等），随着摩尔定律和登纳德缩放定律放缓，以 CPU 为代表的芯片年性能提升不超过 15%，难以满足处理视频、图片等非结构化数据的需求，亟须多样化的智能算力。

（四）多技术协同升级不断深化

2022 年先进计算体系仍处于多技术协同升级的状态中，多芯片协同、软硬件融合、系统架构创新为升级主要思路。

硬件方面，一是计算芯片算力持续升级，根据 2022 年英特尔、超威半导体、英伟达等多家巨头企业的新品发布情况来看，单芯片晶体管数量已突破 1000 亿，CPU 单核、多核并行性能进一步提升十几到几十个百分点，GPU（图形处理器）在不同的负载应用下也可实现计算速率数倍到数百倍的升级。专用计算芯片创新活跃，且算力增速更快，目前自动驾驶芯片单芯片算力已突破 2000TOPS（1TOPS 代表每秒可进行一万亿次操作）。**二是**摩尔定律仍在延续，先进工艺升级步伐未停。台积电推出的 4nm 芯片与 5nm 芯片相比，性能提升 14%、晶圆密度提升 6%。EUV（极紫外）光刻技术的深化应用也极大地助力了工艺升级，ASML 发布的数据显示，截至 2022 年，EUV 光刻机已累计出货百台，并开始在 7nm 以下制程工艺及高端 DRAM 制程工艺中实现规模化应用。**三是** 2.5D/3D 封装等高端封装应用日益深化，平面 2.5D 和垂直 3D 封装实现单芯片融合应用，先进封装提高了芯片密度及内部互通速度，也有助于进一步提升芯片性能，如在以 3D WoW（晶圆对晶圆）堆叠封装后，芯片性能提升了 40%。**四是** Chiplet（芯粒）普及加速，可大幅提高大型芯片良品率，并有助于降低设计的复杂度、设计和制造的成本，目前已成为超威半导体产品创新、英特尔 IDM 2.0 战略、台积电后摩尔定律演进的重点。2022 年，Chiplet 在高算力芯片中得到快速应用，CPU、GPU、AI ASIC（专用集成电路）等均开始采取 Chiplet 模式构建，如超威半导体新一代 5nm Zen4 架构 CPU 和 RDNA3 架构 GPU 都将以 Chiplet 模式整合实现 5nm 及 6nm 等多制程芯粒，苹果于 2022 年推出的 M1 Ultra 芯片，由 16 个高性能核心和 4 个高能效核心组成，通过 UltraFusion 封装架构，两枚 M1 Max 芯粒实现高速互联，其中 UltraFusion 封装架构利用硅中介层来连接多枚芯片，可同时传输超过 10 000 个信号，实现 2.5Tbit/s 的低延迟处理器互联带宽。**五是**互联持续高速化、跨平台化演进，近年来 CPU、GPU、DPU（数据处理单元）等多芯片端间的高速互联快速发展，英特尔推出的 CXL、英伟达主导的 NVLink 等在性能提升、延迟降低和定制化配置等方面加快迭代升级。

软件方面，聚焦在跨架构、多平台的协同统一能力建设，实现跨架构、多平台的支持和资源调度。英特尔、英伟达等企业均正推进对多样芯片异构加速库、编译器、工具链等异构软件的生态布局。英伟达依托高并行的 CUDA（计算机统一设备体系结构）及成熟生态，加速 ARM 处理器、DPU 等产业生态资源整合。英特尔打造全新的异构框架 oneAPI，旨在提供一个适用于各类计算架构的统一编程模型和 API（应用程序接口），实现跨 CPU、GPU、FPGA（现场可编程门阵列）等全栈异构能力建设。但总体看，实现跨体系间统一编程语言和工具链，难度较高。

系统方面，受益于硬件及软硬耦合，系统算力加快升级。2022 年全球超级计算机正式进入 E 级时代，在 2022 年 6 月全球超级计算机 TOP500 榜单中，以双精度浮点数（FP64）计算能力为衡量标准，美国超级计算机 Frontier 以 1.102 EFLOPS，位居第一。在 AI 技术的推动下，智能计算系统发展迅速，正在迈入 10E 级时代，以半精度浮点数（FP16）计算能力为衡量标准，谷歌单集群每秒浮点运算次数峰值达到 9 EFLOPS，阿里云的张北智算中心每秒浮点运算次数则达到 12 EFLOPS，可将训练自动驾驶模型所需要的时间由 7 天缩短至 1h 以内，速度提高了近 170 倍。

（五）以多元算力供给为特征的重构仍在持续

受多元融合创新态势的影响，巨头加速由单向技术优势向生态体系优势转变。从需求的角度来看，万物智能时代极大地加快了应用多元化创新的步伐，对算力的需求也在不断增加。IDC 预测，到 2025 年全球每年新增数据量接近 180ZB，年均增长速度达到 39%。我国数据量从 2018 年的 7.6ZB 增至 2025 年的 48.6ZB，占全球数据量的比重也将从 23.4% 发展到 27.8%，年均增速比全球快 3%。应用创新所带来的海量数据需求对先进计算供给提出了 3 方面的更高要求。一是规模化，未来 10 年，通用算力增长量在数十倍的量级，AI 算力增长量在数百倍的量级。二是细分化，由传统的算力性能、成本、功耗等，拓展至时延、可靠性、安全性、部署便捷性等多方面。三是差异化，对算力供给的要求更多元，如目前 AI 训练、推理等不同场景，以及不同 AI 模型对算力精度等有不同的要求。在此背景下，实现算力多元供给成为一致选择，对参与生态竞争的企业的能力要求更加全面。目前英伟达（NVIDIA）、英特尔（Intel）、超威半导体（AMD）均已形成覆盖 "CPU+GPU+xPU" 多元芯片及面向应用的统一异构软件生态方案，试图构建完整的产业闭环、构筑生态壁垒，抢占生态主导权。但优势扩散路径和生态主导预期存在差异，英特尔努力维系全体系优势，英伟达更侧重于应用的软硬件融合生态，超威半导体目前以硬件能力为重点。ARM 基于嵌入式和移动端芯片生态优势，持续向服务器等 x86 架构固有优势领域渗透。对于后进入者而言，多元化的硬件体系已成为参与生态竞争的标准配置，统一的软件平台成为生态竞争的核心点，未来发展趋势是集成软硬件的完整计算解决方案的竞争，行业门槛进一步提升，对企业综合实力要求更高、挑战更大。2022 年各主要企业的重点技术 / 产品如图 5-3 所示。

应用	代表企业	intel	AMD	NVIDIA	ARM
	主要领域	高性能计算、人工智能			
计算软件	AI能力平台	Geti计算机视觉平台		NeMo大型语言模型	
	异构计算平台	oneAPI2022	Radeon开放计算平台	CUDA+DOCA	
计算硬件	CPU	至强D系列CPU	Zen4 CPU	Grace CPU	Neoverse V2/E2
	GPU	Xe GPU	RDNA3 GPU	Hopper CPU	Immortalis-G715
	xPU	ASIC IPU/FPGA IPU Habana、IPU	Pensando DPU Instinct MI300 APU	BlueField-4 DPU	
	互连	CXL 2.0	CXL 2.0、PCIE 5.0	NVLink-C2C	CMN-700 mesh互连
代工制造		Intel 4/7nm/EUV	tsmc TSMC 4nm		

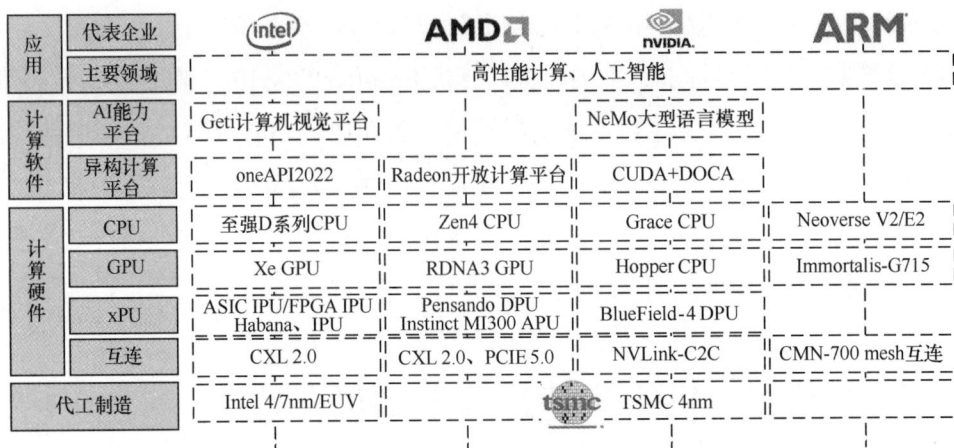

图 5-3　2022 年各主要企业的重点技术 / 产品

（六）自主化、多元化成为产业演进长期趋势

在大国博弈叠加新冠疫情冲击的影响下，各国纷纷加大对先进计算产业核心环节的自主化能力建设，全球化产业链供应链格局加速重构。

国际博弈加剧，产业环境日益复杂。一方面，发达国家通过战略投入及合作等多种形式，加快提升先进工艺等产业核心环节的"领先性"，并推动其"本土化"。2022年2月，欧盟委员会推出《欧洲芯片法案》草案，计划投入超过450亿欧元（1欧元≈7.6元人民币）的公共和私有资金，提振欧洲芯片制造业。2022年3月，加拿大政府宣布了"半导体挑战号召"，提供1.5亿加元（1加元≈5.1元人民币）支持半导体开发，另有9000万加元用于资助加拿大光子制造中心（CPFC）。2022年7月，韩国出台《半导体超级强国战略》，引导企业在2026年前完成340万亿韩元（约1.768万亿元人民币）的半导体投资，以加强韩国供应链建设。2022年8月，美国通过《2022年芯片与科学法案》，计划设置约527亿美元（1美元≈6.9元人民币）的资金用于支持本国半导体制造工厂的建设与扩张。2022年12月，日本通过了2022财年第二次补充预算案，其中计划投入约1.3万亿日元（1日元≈0.05元人民币）的资金用于构建日本半导体供应链。另一方面，以美国为首的西方国家将先进工艺、关键芯片等相关技术作为重要高科技竞争手段，严重扰乱了现有创新秩序和产业发展模式。2022年2月，美国对俄罗斯实施经济制裁，日本、韩国随即跟进，禁止对俄罗斯输出半导体等产品。2022年9月，美国限制向我国供给高性能GPU。2022年10月，美国商务部工业与安全局在半导体制造和先进计算等领域升级对我国的出口管制措施。

加快供应链多元化调整，产业格局不断变化。越南、印度等国家积极推进整机制造带动产业链集聚发展的政策，当地不断完善以智能手机、笔记本电脑、平板电脑为主的电子产业链。在此背景下，中国企业也纷纷"走出去"在越南、印度、泰国建厂，小米、歌尔股份、立讯精密、蓝思科技等企业陆续在当地建厂。此外，在经济效率保证与风险规避的双重作用下，跨国公司加快供应链多元化调整，进一步加速全球供应链向分散化方向发展。苹果公司2021年全球供应链工厂数量大幅增加131家，新增工厂主要分布于美国、韩国等国家，以及东南亚等地区。

二、2022 年先进计算领域热点分析

（一）芯片需求结构性分化，车企跨界"造芯"热潮持续

1. 供需缺口逐步收窄，从全面缺芯转向结构性紧缺

当前全球芯片短缺情况得到缓解趋势，全面缺芯的局面转变为结构性紧缺。 Susquehanna Financial Group 数据显示，全球芯片平均交付周期在 2022 年 5 月达到 27.1 周的峰值，6 月开始停止增长转为下降，下半年月度芯片交付周期持续缩短，12 月的月度芯片交付周期创 2017 年以来的最大月降幅，较 5 月的峰值缩短 3 周。2017—2022 年全球芯片平均交付周期如图 5-4 所示。Omdia 统计，全球半导体行业收入在连续增长 8 个季度后，于 2022 年第二季度环比下降 1.9%，2022 年第三季度环比降幅扩大至 7%。随着各下游领域供需关系发生变化，芯片需求呈现结构性分化。一方面，智能手机、PC 等消费电子芯片需求快速萎缩。Gartner 数据显示，2022 年全球 PC 半导体收入下降 5.4%；IDC 数据显示，2022 年第三季度智能手机半导体收入同比增速放缓至 9.8%，远低于 2021 年第三季度的 30.1%。消费电子市场的低迷将影响上游零部件企业的营收，导致全产业链增长乏力，低迷格局短期内或难以扭转。另一方面，汽车、工业控制、数据中心等领域的芯片需求仍然强劲。全球云基础设施投资将持续高速增长，Gartner 数据显示，2022 年全球数据中心芯片市场仍有 20% 的增长。汽车电动化推动单车芯片需求持续增长，预计全球汽车芯片市场未来 3 年仍将保持两位数的增速；工业控制芯片领域的需求持续强劲，IC Insights 数据显示，2022 年全球工业控制 MCU（微控制器）和逻辑芯片市场增速分别达到 26% 和 52%。因此，不同于消费电子芯片面临的需求紧缩问题，对功率器件芯片、电源管理芯片、车规级 IGBT（绝缘栅双极型晶体管）芯片、MCU 芯片等成熟制程芯片的需求仍将保持高速增长态势。

2. 消费电子市场需求下滑，上游芯片面临过剩危机

2022 年消费电子市场需求全面下滑，上游芯片企业面临砍单降价潮。 截至 2022 年第三季度，智能手机、PC 的出货量分别连续下滑 5 个季度和 3 个季度，同比增速

降至近年来最低点（分别为 −9.7% 和 −15%）。消费电子市场需求下滑主要原因如下。一是宏观经济低迷，新冠疫情后全球供需结构性错配、原材料和中间品价格快速上涨、供应链短缺导致全球通货膨胀快速走高，居民消费能力下降。国际货币基金组织（IMF）预估，2022 年全球通货膨胀率将从 2021 年的 4.7% 升至 8.8%。二是新冠疫情反复，2022 年我国新冠疫情形势影响消费者对手机等非生活必需品的消费意愿，加剧市场需求量下滑。三是消费电子终端换机周期延长。产品性能过剩、颠覆性创新乏力等因素导致手机、PC 等消费电子终端换机周期延长。Counterpoint 统计数据显示，2022 年智能手机用户的平均换机周期长达 43 个月，达到历史最高水平。消费电子终端市场低迷导致消费电子芯片市场快速走弱，IC Insights 数据显示，2022 年逻辑芯片的市场规模增速由 2021 年的 39.8% 降至 4.4%，DRAM 芯片和闪存芯片的市场规模不增反降，在 2022 年分别降低 8.9% 和 13.3%，如图 5-5 所示。在前期缺芯恐慌潮中对芯片过度采购囤货的终端厂商面临较大的去库存压力，主要芯片企业面临砍单降价潮。英特尔在 2022 年第二季度将 Alder Lake CPU 价格下调 10%；高通已减少其旗舰 SoC（单片系统）骁龙 8 系列订单约 15%；意法半导体、英飞凌、德州仪器等 2022 年第三季度的消费级 MCU 报价均下滑两成左右。2021—2023 年主要类型消费电子芯片市场规模增速如图 5-5 所示。

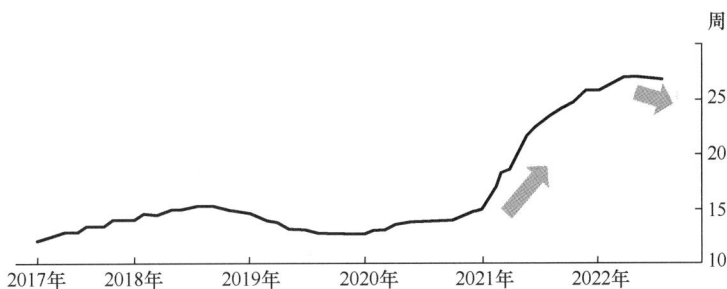

图 5-4　2017—2022 年全球芯片平均交付周期
（数据来源：Susquehanna Financial Group，中国信息通信研究院）

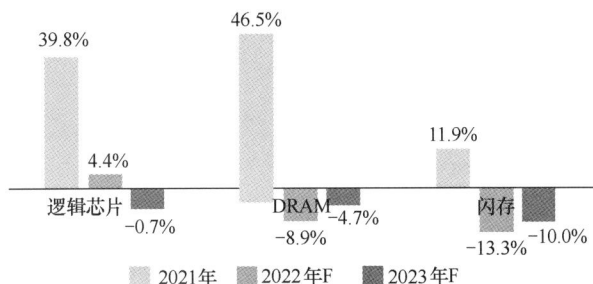

图 5-5　2021—2023 年主要类型消费电子芯片市场规模增速
（数据来源：IC Insights、中国信息通信研究院）

3. 汽车芯片依然供不应求，引发车企跨界"造芯"热潮

2022 年汽车芯片紧缺形势依然严峻，产能扩张滞后于需求增长规模。Auto Forecast Solutions 数据显示，截至 2022 年 10 月底，由于汽车芯片短缺，全球汽车市场累计减产约 390.5 万辆汽车。一是汽车芯片需求快速增长，汽车电动化及智能化趋势带动主控芯片、功率芯片、通信与接口芯片等各类汽车芯片的需求快速增长。中国汽车工业协会数据显示，中国传统燃油汽车的芯片使用数量由 2012 年的每辆车使用 438 块提升至 2022 年的每辆车使用 934 块，新能源汽车单车芯片使用量由 2012 年的 567 块提升至 2022 年的 1459 块，预计未来更高级的智能汽车对芯片的需求量将有望提升至每辆车 3000 块，如图 5-6 所示。二是车规级芯片对安全性和稳定性的要求高，多为成熟制程芯片，主要使用 8 英寸晶圆生产，扩产难、生产周期长。因成熟制程生产线覆盖下游应用面窄、利润率低，晶圆厂扩产意愿相对较弱。先进制程生产线使用的 12 英寸晶圆与 8 英寸晶圆相比，面积提升约 2.23 倍，在芯片良品率相同的情况下，产出芯片量提升 2 倍以上，具有更高的成本效益。同时，不少设备商停止生产 8 英寸晶圆加工设备，导致 8 英寸晶圆厂产能扩充难度提升，而新建晶圆厂从建厂到量产需要 3 年左右的时间，新建生产线无法快速满足当前的晶圆产能缺口。

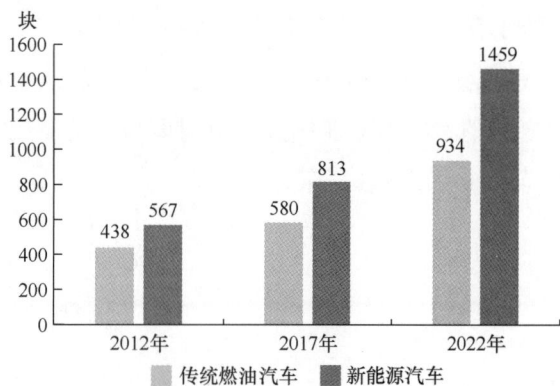

图 5-6　我国单辆汽车的芯片使用量

（数据来源：中国汽车工业协会、中国信息通信研究院）

部分关键芯片交付周期拉长，车企加快跨界"造芯"步伐。以最为短缺的 IGBT 芯片、MCU 芯片等汽车芯片为例，电子元器件分销商富昌电子统计，2022 年第三季度汽车 IGBT 芯片的交付周期最长已在 50 周以上，MCU 芯片的交付周期普遍高达 45 周左右，电源管理芯片供应较为紧张，交付周期在 40 周左右。芯片短缺驱动汽车供应链关系重构，面对严峻的汽车芯片供应形势，2022 年国内各大车企通过自研或深度合作的方式布局芯片赛道，保障芯片供应长期安全稳定。长沙比亚迪半导体有限公司 8 英寸汽车芯片生产线顺利完成安装，开始进行生产调试；中国第一汽车集团有限公司战略投资了芯擎科技、地平线等企业，在车用芯片领域开展合作；上海汽车集团股份有限公司联合地平线研发车载算力芯片；吉利汽车与华润微电子合作研发功率模块、MEMS（微机电系统）传感器等产品，以及面板级封装等技术。

4. 芯片市场供需关系将逐步缓解，行业进入新一轮下行周期

随着芯片市场供需关系调整，芯片供应压力将得到一定程度的缓解。Gartner 预测，随着半导体供需剪刀差逐步缩小，全球半导体产能利用率将于 2023 年显著下降，从 2022 年第三季度的 90.3% 下降至 2022 年第四季度的 86.5%，进而在 2023 年第四季度降至 80%。全球半导体市场营收也将随着消费电子市场的持续低迷而下降。作为芯片需求量极大的领域，2023 年全球消费电子市场将难以大幅回暖，对上游芯片需求的下降叠加过去两年晶圆厂新建产能的持续释放，2023 年全球消费电子芯片过剩危机将更为凸显。同时，随着消费电子芯片需求的降低，晶圆厂能够将部分产能调整为制造需求量快速增长的汽车芯片，汽车芯片短缺情况将在 2023 年逐步得到缓解。但汽车芯片市场规模总体占比较小，对半导体行业市场收入整体增长的带动作用有限。IC Insights 预计，2023 年全球半导体市场营收为 6042 亿美元，相比 2022 年降低 5%。

回顾过去，全球半导体行业每 10 年经历一轮大的创新周期，每 4 ~ 5 年经历一轮小周期调整，**当前全球半导体行业处于新一轮的调整周期。**在过去的 30 年由互联网浪潮、个人计算机、智能手机接连驱动引领行业发展，目前进入新一轮由汽车电子、智能硬件等引领的创新周期，预计 2023 年半导体行业进一步走低后开始反弹，开启下一个增长周期。全球半导体市场规模增速历史变化如图 5-7 所示。

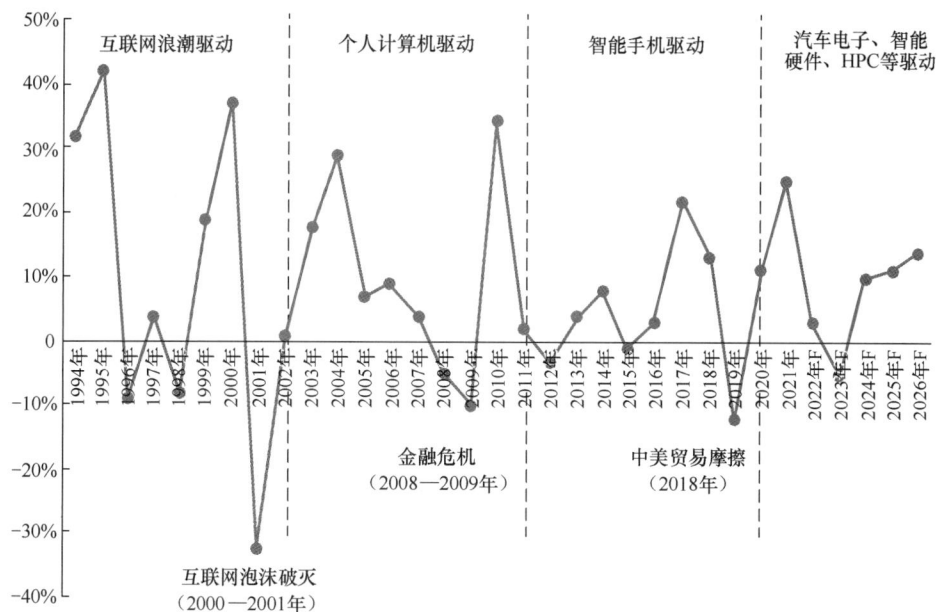

图 5-7　全球半导体市场规模增速历史变化

（数据来源：IC Insights、中国信息通信研究院）

（二）开源指令集 RISC-V 生态构建加速，规模化应用初见端倪

1. RISC-V 成为计算硬件开放化的重要探索

指令集是连接软件生态和硬件生态的桥梁，是一套指导计算系统可执行的基础操作指令合集，同时也是硬件与软件交互的规范标准。从信息产业的发展历程来看，美国通过直接或间接掌控两大指令集架构体系，打造了最为完备的产业生态体系，占据现代信息技术产业发展的战略制高点，并将他国企业牢牢锁定在价值链底端。万物智联时代对指令集发展提出了新的要求，RISC-V 应运而生，并与既有的指令集架构体系形成竞争态势，有望成为未来产业控制力的重要支点，如图 5-8 所示。

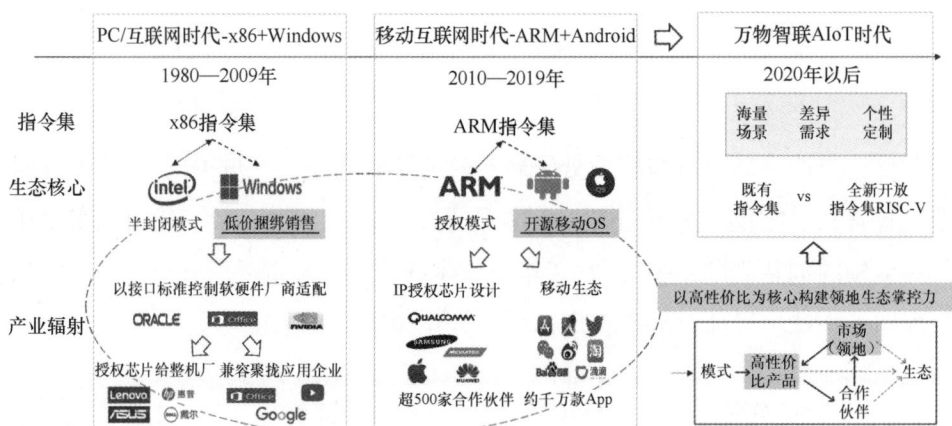

图 5-8　RISC-V 有望成为未来产业控制力的重要支点

RISC-V 是计算硬件开放化的重要探索。 从发展历程看，现有体系桎梏、开放生态需求和原有技术积累三大要素奠定了 RISC-V 的发展基础，促成 RISC-V 成为开放硬件创新领域的重大探索。2011 年开放开源指令集 RISC-V 诞生，它是首个由非营利组织运营的指令集生态，传递"全球共治、企业自主"的开放生态理念，成为计算硬件开放化的重要探索。

RISC-V 已经形成应用定制、开源共享的创新模式。 从 RISC-V 的创新模式看，主要体现在两个方面，**一是技术开放**，RISC-V 架构简洁、支持第三方扩展，其最大特征和优势在于面向应用提供模块化配置和自定义属性，且大部分可复用，即能保证芯片的独特性和面向应用的专业定制性。企业可以依托开源、开放的渠道获取大部分的设计电路，并以模块化的思路快速开发一款芯片，降低开发门槛和开发成本，形成了高

性价比这一核心竞争优势。**二是生态开放**，RISC-V 是第一个支持商业化拓展的开源指令集，共建共享等特性为产业生态的构建提供了新路径，解决了以往指令集及相应生态由单一企业 / 国家控制的问题。不同指令集商业模式对比如图 5-9 所示。

		x86	ARM	RISC-V
	商业模式	封闭ISA+封闭设计	可授权ISA+可授权设计	开源ISA+封闭/可授权/开放设计
	主导者	(intel) 单一企业/国家控制	ARM 单一企业/国家控制	RISC-V基金会（2000+主体）不受单一企业/国家控制
	参与企业	AMD 兆芯	QUALCOMM HUAWEI MEDIATEK	nVIDIA QUALCOMM Google SiFive HUAWEI C·SKY
技术特性	架构类别	CISC（复杂指令集）	RISC（精简指令集）	
	简洁性	3600+	3400+	基础200+条，扩展超千条
	模块化	不支持	不支持	支持**模块化**指令集
	扩展性	不可扩展	不可扩展	支持**第三方扩展**
	开发成本	高	高	无授权/免费/少量
	生态	成熟度较高		仍处于**发展初期，生态不完整**
	使用领域	PC、服务器等高性能场景	由嵌入式、智能终端向高性能领域渗透	物联网、AIoT等领域先行

图 5-9　不同指令集商业模式对比

2. RISC-V 当前可满足中低端控制类场景算力需求

RISC-V 产业链仍处于发展初期。从产业推进看，与同为精简指令集的 ARM 相比，目前 RISC-V 整体进展还处于初期阶段，在参与企业数量、代表龙头企业规模、专利布局、芯片年出货量、产业配套成熟度等方面与 ARM 相比仍存在较大差距，生态体系完备度不够，核心技术和产品能力也有一定差距，距离产业成熟还需要一段时间。国内外 RISC-V 产业链发展与 ARM 相比如图 5-10 所示。

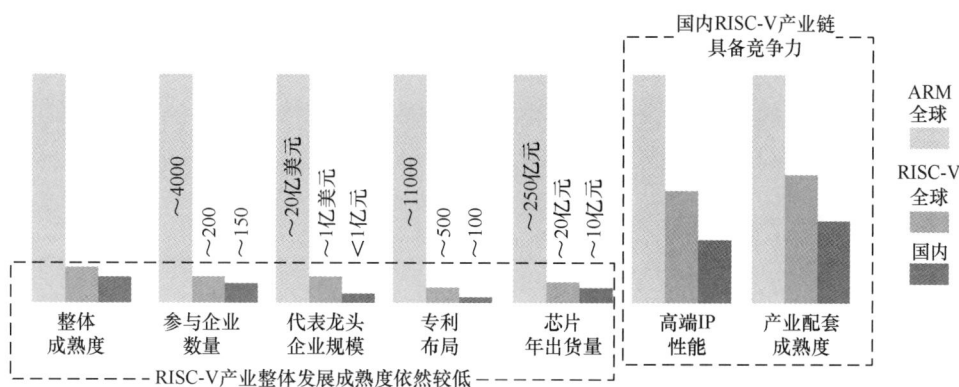

图 5-10　国内外 RISC-V 产业链发展与 ARM 对比

RISC-V 当前可满足中低端控制类场景算力需求。理论上，RISC-V 可支持从嵌入式到高性能等全方位的处理器产品，但从技术进展来看，目前 RISC-V 仅能基本满足 MCU、SoC（单片系统）非核心功能模块的开发，具有更高性能的扩展功能的功能模块仍处于研发或原型阶段。**指令集方面**，目前 RISC-V 已经形成 32 位、64 位和 128 位的基础指令集及 10 余种扩展指令集，涵盖了向量计算、位操作等多种扩展指令，功能进一步丰富，与 ARM 等传统指令集之间的差距愈发减小。**硬件方面**，物联网 SoC 芯片，16 位、32 位通用 MCU 芯片等中等算力芯片已推出部分成熟产品，用于简单的端侧计算和控制，在 AI SoC 芯片、高性能处理器芯片等领域也有部分原型，产品系列逐渐成熟。**软件方面**，目前诸如 RTOS（实时操作系统）、引导程序等固件已广泛应用于 RISC-V 产品，未来 Linux、GCC（编译器套件）、LLVM（底层虚拟机）、AI 训练框架等基础软件也将陆续完成向 RISC-V 平台的移植工作，RISC-V 生态将愈加完备。

当前可量产的 RISC-V IP 主要集中于性能较低的 MCU 领域。RISC-V IP 按照性能由低到高可被分为 MCU 级、AP（应用处理器）级和高性能（桌面/服务器）级，其中绝大多数可量产的 RISC-V IP 均为 MCU 级，目前全球约有上百种，AP 级和高性能级可量产的 RISC-V IP 数量较少，预计未来 2 年 AP 级可量产的 RISC-V IP 产品数量将大幅提升。当前 SiFive、晶心科技、阿里巴巴平头哥半导体、芯来科技等均致力于商用 RISC-V IP 的研发，同时中国科学院计算所、美国加利福尼亚大学伯克利分校等机构在开源 IP 领域发布了香山、BOOM、Rocket 等成熟 RISC-V IP 产品。AP 级 RISC-V IP 产品与 ARM 的处理器核 IP 产品性能对比如图 5-11 所示。

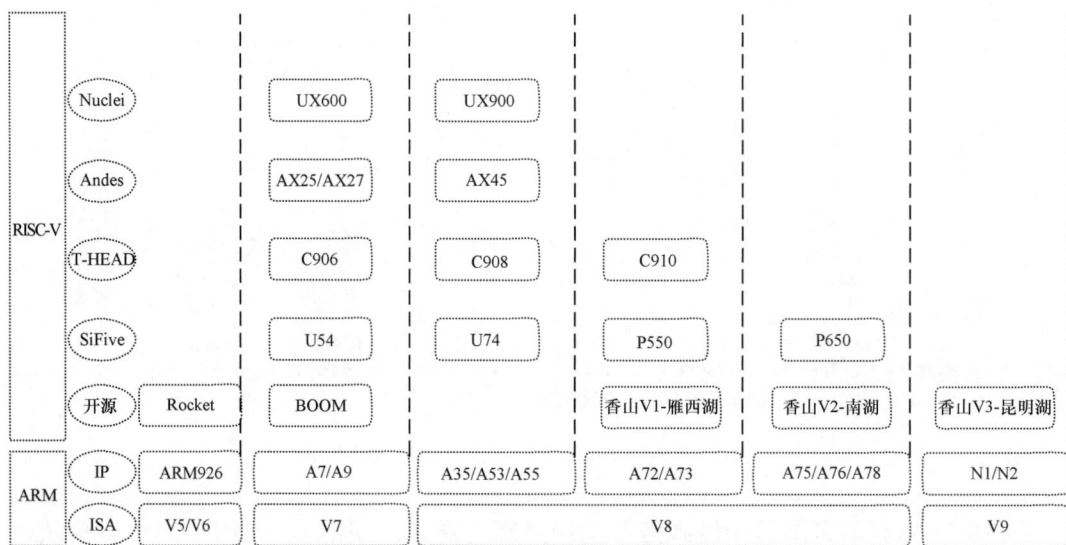

RISC-V	Nuclei		UX600	UX900			
	Andes		AX25/AX27	AX45			
	T-HEAD		C906	C908	C910		
	SiFive		U54	U74	P550	P650	
	开源	Rocket	BOOM		香山V1-雁西湖	香山V2-南湖	香山V3-昆明湖
ARM	IP	ARM926	A7/A9	A35/A53/A55	A72/A73	A75/A76/A78	N1/N2
	ISA	V5/V6	V7	V8			V9

图 5-11 AP 级 RISC-V IP 产品与 ARM 的处理器核 IP 产品性能对比

3. RISC-V 芯片全球渗透率快速提升

全球开放指令集生态已经初步成型。RISC-V 国际基金会负责 RISC-V 的全球生态建设和推广，目前已构建以指令集研发为核心，覆盖软硬件系统、开发工具链、应用服务等相对完整的体系，持续推进 RISC-V 技术产业发展和生态繁荣，目前全球已经有 70 余国家的 3100 多家单位参与 RISC-V 国际基金会建设。

全球 RISC-V IP 领域进入快速发展期。当前，RISC-V IP 的渗透率正在逐年提升，市场分析机构 Counterpoint 预测，到 2025 年，RISC-V IP 在物联网、工业控制、自动驾驶等应用场景的渗透率将分别达到 28%、12% 和 10%，成为继 x86、ARM 后的第三大指令集。在全球涉及 RISC-V IP 设计业务的企业中，SiFive 公司占据龙头地位，该公司由 RISC-V 的发明人于 2015 年创立，标志着 RISC-V 正式从学院走向商业化，目前基于其公司 IP 设计的芯片产品已达上百种，累计出货量在 10 亿颗以上。我国已先后涌现出阿里巴巴平头哥、芯来科技、赛昉科技等头部企业，其中芯来科技的合作伙伴有 200 余家，旗下多款 RISC-V IP 产品被兆易创新等国内芯片设计企业使用，目前其产品系列可基本实现与 ARM 中低功耗（Cortex-M）系列产品的对标；阿里巴巴平头哥半导体推出玄铁处理器 IP，其产品被广泛应用于计算视觉、数据存储、工业互联、网络通信、智能家居、生物识别、信息安全等领域，目前基于玄铁处理器架构的芯片出货量已达 20 亿颗；赛昉科技拥有完整的、经过硅验证的 RISC-V CPU IP 产品线和平台化的软硬件全栈式芯片解决方案，产品可被广泛应用于智能家电、智能监控、工业机器人、交通管理、智能物流、可穿戴设备、固态存储、网络通信、边缘计算等领域。

4. 定制化的细分领域已形成突破

RISC-V 在定制化的细分领域具有一定优势。在应用市场方面，ARM 与 x86 分别在移动端和 PC，以及服务器侧的优势地位非常突出，万物互联时代涌现的新应用场景为 RISC-V 创造市场空间。目前看，受益于应用导向、灵活配置、企业自主等特性，RISC-V 更适合在对定制化要求较高、生态相对封闭的应用场景落地，目前已在物联网、AI、汽车电子等领域实现应用。整体来看，借助端侧的规模出货，RISC-V 的发展速度不可小觑，RISC-V 国际基金会数据显示，截至 2022 年 7 月，全球 RISC-V 出货已超过百亿颗，预计到 2025 年可达到 600 亿颗。从长期看，伴随

RISC-V 技术逐步发展成熟，在超级计算机、云计算等业态丰富、定制需求旺盛的领域有望实现应用。

RISC-V 在物联网领域已具备较强竞争力。通用 MCU 领域，兆易创新、核芯互联、中微半导体、爱普特微电子等企业纷纷涉足。兆易创新推出全球首个基于 RISC-V 内核的 32 位通用 MCU 芯片产品，并宣布未来将坚持 ARM 和 RISC-V 两种指令集架构并行。爱普特微电子推出的基于 RISC-V 内核的通用 MCU 芯片产品目前出货已超过 1 亿颗，并且即将发布超过 20 个产品系列的基于 RISC-V 内核的通用 MCU 芯片产品。此外，中移芯昇、上海先楫半导体、西人马、致象尔微电子等一批初创企业先后发布相关芯片产品。在专用芯片领域，全志科技、飞思灵微电子、道生物联、泰凌微电子、纳思达等 20 余家企业在工业控制、可穿戴设备、白色家电、无线通信等领域先后发布多款芯片产品，物联网 RISC-V 芯片产品体系正在快速建立。

RISC-V 架构的核心汽车芯片产品已具备一定能力。近年来，国内外企业先后在汽车芯片领域尝试使用 RISC-V 架构。英特尔发布基于 RISC-V 内核的自动驾驶芯片 Eye Q Ultra，可用于 L4 级别自动驾驶控制。此外，美国耐能、日本瑞萨、NSITEXE 等先后发布适用于 L2 级别自动驾驶控制和牵引逆变器、连接网关和车辆运动等核心相关应用的控制芯片。我国企业在车载娱乐、车载通信等领域推出部分产品，飞思灵微电子、凌思微电子等发布车规级 MCU，适用于车身控制、动力安全、即时通信和车载娱乐等领域，其产品性能与 ARM Cortex-M7 系列相当。在自动驾驶领域，黑芝麻、景略半导体发布可用于 L2 及 L3 级别自动驾驶控制的 RISC-V 主控芯片。

基于 RISC-V 的高性能 CPU 已出现多个雏形。当前，欧洲国家、印度和我国部分研究机构已开展高性能 RISC-V 计算芯片的研发工作。欧盟发起 EPI（欧洲处理器创新）项目，采用 ARM、RISC-V 双重混合指令集架构，支持高效、可扩展、可定制的高性能计算应用。印度将 RISC-V 定为国家指令集，在政府的资助和印度理工学院的牵头下，完成了 Shakti 系列处理器的研发，该系列共包含 6 类芯片，其中 S 系列专门针对工作站和服务器，H 系列专用于高性能计算。我国科研院所和头部企业在高性能 RISC-V 处理器研发方面持续深耕，其中中国科学院计算所发布了国产开源高性能 RISC-V 处理器核心——香山。此外，赛昉科技、阿里巴巴平头哥半导体等企业均推出高性能 RISC-V IP 产品，为推动 RISC-V 向高性能应用场景的拓展奠定了良好基础。

（三）元宇宙新业态萌芽初现，生态落地尚需时日

1. 对元宇宙概念的认知日趋具象

业界对元宇宙概念的认知日趋具象。元宇宙的核心功能原理是数字网络空间与物理世界的开放互联与深度融合，其体系架构涉及技术、体验、经济与社会多维视图。**从技术维度看**，沉浸式计算与 Web3/2 成为元宇宙的两大支柱性技术；**从体验维度看**，终端入口、沉浸影音、虚拟人、虚实融合业务平台等互联网信息模型在元宇宙技术语境中被重新定义；**从经济维度看**，新型数据资产、交易身份、创作者经济、金融服务与传统互联网交易要素共同构建元宇宙虚拟经济体系；**从社会维度看**，相关数字技术应用在社会推广将影响现有社会生活、社会分工、社会传播与社会关系。元宇宙体系架构如图 5-12 所示。根据数字与物理世界的不同融合方式，元宇宙可被划分为两类发展路径，即虚拟型元宇宙、增强型元宇宙，前者由实入虚，强调虚拟世界的真实化体验；后者由虚入实，聚焦物理世界的数字化。相比传统互联网业务，元宇宙呈现出以人为中心、互联互通、沉浸体验、虚实融合、永续实时的互联网新特点，应用场景覆盖文娱休闲、会展办公、教育培训、工业生产、商贸创意等诸多生产生活领域。

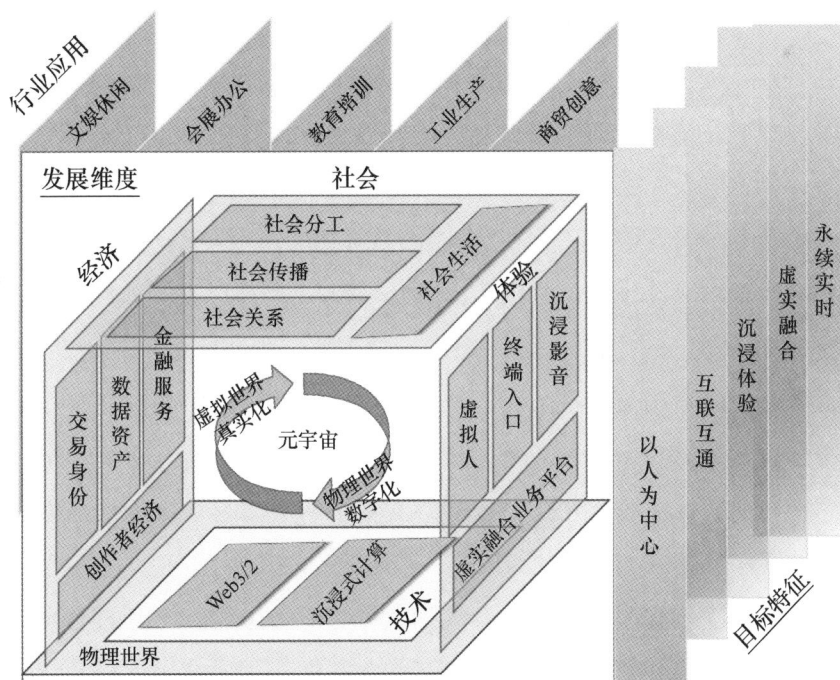

图 5-12　元宇宙体系架构

2. 元宇宙终端入口将进化为新的"数字器官"

元宇宙终端入口向以虚拟现实头戴显示器 [如 XR（扩展现实）] 为代表的适人化方向拓展。 随着终端技术在感知、计算、传输、显示等方面的发展迭代，一方面针对移动互联网大众日常业务，手机存在一定程度的性能过剩的问题；另一方面，以手机为代表的传统智能终端难以承载新型人机交互的需求。桌面计算针对信息处理，智能手机聚焦沟通互动，而在元宇宙概念下，终端入口或将是"体验式"的，"适人体验"成为终端用户的新需求与技术供给的新航道。VR 由此迎来产业发展窗口，有望成为终端整机重点、新兴领域，并撬动配套软硬件增长空间，进化成为新的"数字器官"。智能终端技术供需发展情况如图 5-13 所示。

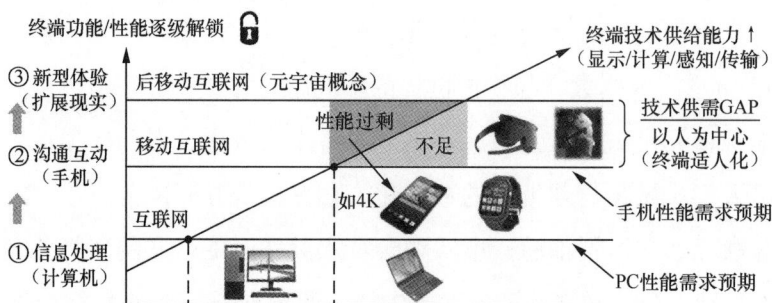

图 5-13　智能终端技术供需发展情况

XR（扩展现实）将成为重要的元宇宙终端入口。 个人计算机、XR 眼镜、脑机接口有望成为元宇宙终端入口的代表形态。手机等传统终端在虚实沉浸、自然交互、使用舒适方面存在"适人体验"的固有限制，脑机接口的准确率与效率使其距商用有较大差距。相比之下，国内外 ICT 巨头聚力抢位的 XR 终端有望成为新兴元宇宙终端入口的发展焦点。2022 年，微软、谷歌、高通、腾讯、华为、字节跳动等各大 ICT 企业大力布局 XR 整机、专用感知交互 / 图形渲染芯片、高性能近眼显示屏幕、3D 实时移动操作系统等智能终端关键环节，以期抢占后移动互联网生态主导权。脸书通过更名重塑品牌，旨在纳入 VR 发展愿景，现有约 1/5 的员工从事该领域工作。苹果公司 CEO（首席执行官）库克将 XR 终端改变游戏规则的潜力与手机相提并论，表示更高性能的 XR 眼镜有望在 10 年内取代 iPhone 需求。自 2016 年 VR 元年至今，当前产业迎来第二轮发展热潮。我国"十四五"规划，将 XR 列为数字经济的七大重点领域之一，2022 年工业和信息化部发布了《虚拟现实与行业应用融合发展行动计划（2022—2026 年）》，推动相关产业发展。2022 年全球 XR 终端出货量约为 1000 万，预计 2023

年成为起飞窗口。

3. 3D 化与交互性成为元宇宙信息形态的新特征

元宇宙新型音视频形态由超高清视频向 3D 沉浸影音方向发展。分辨率等视听质量维度的常规迭代难以带来用户体验的增量跃升，元宇宙将推动视听产业由超高清化向沉浸化的方向演进，人们不仅可以浏览文字、图片、平面视频，还能通过 3D 化、交互性的音视频内容，身临其境地完成交流互动。在元宇宙中，人们将"活"在互联网里，人人交互、探索世界的共同体验发生在数字世界中。元宇宙沉浸式业态的构建与开放，有赖于已成熟的弱交互、2D 互联网向强交互、3D 应用生态演进。

业界积极布局 3D 数字内容产业链，支撑元宇宙创新的 3D 产业链快速发展。元宇宙呈现出有形体的、看得见的数字世界，对 3D 数字化的要求日益提高，需要 3D 数据格式、3D 音视频采集、3D 建模、3D 渲染、超低时延 3D 传输与编解码、3D 搜索算法、3D 播放终端与操作系统等全链整体发展。3D 模型数据格式作为场景渲染的基础，标准化组织及 Autodesk、苹果、微软、英伟达、Meta、亚马逊等海外企业纷纷布局。3D 数据格式规范成为业界竞争焦点，如用于高效传输和加载 3D 资产的 glTF 2.0 规范发布；高通和 Adobe 在 3D 数字内容开发软硬件工具方面展开合作等。

元宇宙中数字内容的交互性将得到极大提升。其多维交互性主要表现为个性化内容推荐的交互精度、UGC（用户原创内容）的交互频度、多样性应用的交互广度与基于虚实融合特性的交互深度。其中，在继承抖音、美图、微信、微博等各类应用的既有交互方式外，提升交互深度将成为元宇宙发展的新机遇。2022 年业界积极提升基于图形计算与空间计算的元宇宙平台交互性，以及跨应用的互联互通程度，具有强交互性的元宇宙应用持续涌现。如微软整合 Office、Teams 等生产力工具产品，以构建企业协作办公元宇宙平台；英伟达发布 Omniverse Cloud 支持工业元宇宙；谷歌推出沉浸式实景地图；Meta 发布 Horizon Workrooms 办公产品重要更新，支持多屏互动等。

4. 元宇宙虚实融合业务平台或将重新定义"虚拟"与"现实"

元宇宙虚实融合业务平台将承载元宇宙虚拟型与增强型的两大发展形态，数字与物理世界不再是从属关系。当前的互联网公司主要提供交易平台、文娱平台等功能平台，基于不同功能类别的平台形成相应的产业生态。未来的元宇宙公司将主要提供技术平台，技术竞争将更加激烈，用户可进行独立的内容生产和对虚实融合世界的创造。

虚拟型元宇宙平台聚焦图形计算，有望实现对"虚拟世界"的重新定义。平台对既往视频与渲染能力提出新需求，同时在内容拟真度、交互自由度与时空在线数等方面优化迭代。2022 年，Meta 的 Horizon Worlds 元宇宙平台开始在欧盟国家上线运营。Horizon 平台体系包括 Horizon Worlds 和 Horizon Venues、会议应用程序 Horizon Workrooms 和 Horizon Home，用户可进行观影、健身、会议、游戏等活动，是 Meta 元宇宙计划的核心部分。

增强型元宇宙平台重点关注空间计算，有望实现对"现实世界"的重新定义。"现实"不再等同于物理世界，而是差异化、组合式、开放态、可编辑与强交互的现实，是数字与物理世界的混合体。增强型元宇宙与现实世界高度关联，包含多元数字信息叠加融合后的现实场景。空间计算技术架构主要被分为地理位置层、环境信息层、智能推送层，可充当人们个性化的"全息生活助理"，即在合适的地点、合适的时间，以合适的虚实融合呈现方式向合适的人推送合适的信息。增强型元宇宙平台或将成为下一个 10 年的战略高地，业界对此积极布局。2022 年 Meta 开放 Aria Pilot 数据集，其中包含基于 XR 的第一人称交互视频，可用于构建元宇宙 3D 空间地图。

5. 元宇宙尚处于非常早期的发展阶段，有关生态远未成熟

2022 年，元宇宙技术继续创新，持续推进对元宇宙的探索，但技术产业尚未成型、投资日益趋于理性，整体仍处于萌芽阶段。元宇宙反映了终端迭代、技术创新、内容升级、经济活跃、市场表现等协同演进的动态过程，可大致将这一过程分为萌芽、成长起飞与繁荣成熟 3 个时期。不同时期可能呈现出如下发展特征。

萌发期（2022—2025 年）：终端入口依然以智能手机等传统终端为主，全球 XR 终端出货量约为手机出货量的 1%；虚拟人等领域实现一些技术单点的线上化、数字化与虚拟化，但设计开发等能力相对分散；3D 沉浸式数字内容发展尚不成熟，制作成本与数量有限；去中心化数字资产市场规模快速增长，但存在显著的投机成分；元宇宙代表性产品的用户数不及预期。

成长起飞期（2025—2030 年）：终端呈现"适人化"的发展趋势，XR 终端与手机等传统终端相互协同成为元宇宙终端入口；虚拟人等技术具备低时延与精准化驱动能力，开发成本较低，小企业即可承担，拟真度显著提高；3D 内容数量达亿级，交互形式以虚实融合、沉浸体验为主要特征；虚拟经济规模与数字资产交易量达到一定水平，大众的数字资产配置种类逐渐丰富；娱乐、社交、工作、学习、购物等元宇宙应用场

景遍及生产生活诸多领域，活跃用户数稳定增长，同时内容审查、隐私控制等伦理法规挑战凸显。

繁荣成熟期（2030 年以后）：XR 眼镜日渐普及并成为首要的元宇宙终端入口；真实的用户与其虚拟化身呈现的视觉效果令人难以分辨、大众可承担成本；数字信息全面 3D 化，3D 内容数量达 10 亿级；虚拟经济活动交易量达一定规模；元宇宙用户渗透率达到当前移动互联网水平，元宇宙业务由概念发展为可持续产品线，投入产出关系发生显著变化。

三、2023 年先进计算领域发展展望

（一）产业规模延续结构性分化

受消费市场、数字化转型和政策影响，先进计算相关领域未来 3 年成长性存在较大差异。

一是算力需求大幅增长，预计到 2025 年，全球计算设备基础算力规模将提升至 820EFLOPS，未来 3 年年均增速为 22%，智能算力规模以超过 80% 的年均增速高速增长，2025 年智能算力规模将超过 2700EFLOPS，成为全球计算设备算力规模增长的重要驱动力。

二是传统消费终端市场规模基本趋于稳定，2025 年智能手机、PC 和平板电脑市场规模分别达到 5000 亿美元、2934 亿美元，未来 3 年平均增速分别为 2%、0.8%，增长势头趋缓。新型消费终端成长迅速，未来 3 年 VR/AR 市场规模年均增速将超过 30%，预计 2025 年市场规模可达到 80 亿美元，但与传统消费终端相比，市场规模仍相对较小，尚无法形成明显拉动效应。

三是半导体市场规模仍将保持较为高速的增长态势，2025 年全球半导体市场规模将超过 7000 亿美元，未来 3 年年均增速约为 5%，半导体设备因扩产及政策带动作用明显，未来 3 年平均增速达到 10%。

四是伴随 5G 大规模建网结束，5G 带动作用逐渐减弱。2025 年移动通信设备整体市场规模预计为 422 亿美元，未来 3 年年均增速降低至 -4.1%；5G 基站预期市场规模达到 355 亿美元，未来 3 年年均增速为 2.5%。

五是数字化进程的不断加速对云设备、软件及相关服务业带动作用显著。其中 2025 年全球服务器市场规模将达到 1500 亿美元，未来 3 年平均增速将超过 10.5%；基础软件和应用软件也在同步快速发展，2025 年全球产业规模将分别达到 5554 亿美元和 4083 亿美元，未来 3 年的平均增速为 12.8% 和 11.9%，成为除 VR/AR 等新兴领域外，未来 3 年增长速度最快的领域。全球计算相关产业规模展望如图 5-14 所示。

设备	云设备	管设备	端设备

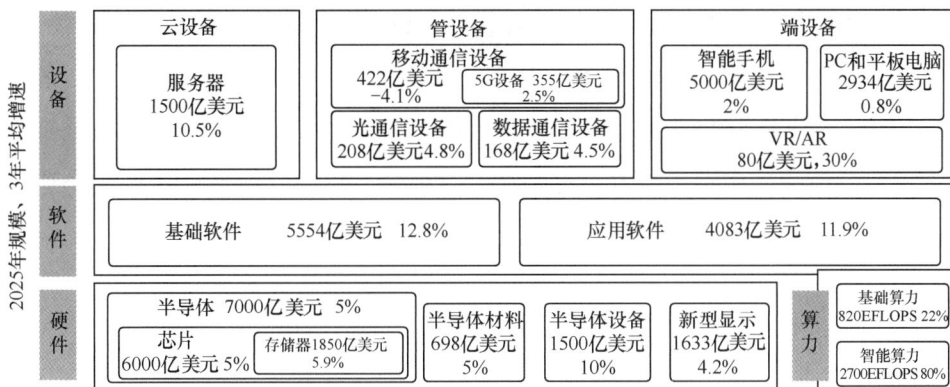

图 5-14　全球计算相关产业规模展望

（数据来源：Gartner、IC Insights、SEMI、WSTS、Omdia、Statista、Counterpoint、中国信息通信研究院）

（二）系统思维引领创新升级

在未来很长一段时间内，先进计算供给和需求间的剪刀差问题依然存在，全球数字化进程加速对算力提出更高要求，技术产品创新的重点和方向将发生转变。整体来看，原有的以累加硬件资源为主的发展思路，向面向应用的系统级优化和创新转变。未来 20 年，制造工艺升级仍将继续但增速会放缓，面向特定应用的端到端体系优化、软件与硬件、算存联等紧耦合将成为创新关键路径。

以摩尔定律为代表的传统升级模式仍将延续。 发挥新型晶体管结构、新型 EUV 光刻机和异质集成等多种技术的叠加效应，预估在摩尔定律生命周期内仍有 10 余倍的升级空间。台积电、三星等已开展 1.4nm 芯片研发，预计 2027 年实现规模量产，英特尔规划在 2024 年开启埃米制程时代。目前台积电也启动了 1nm 制程工艺先导计划，预计相应工厂将落户在新竹科技园辖下的桃园龙潭园区。在 1nm 制程工艺后，据 IMEC（微电子研究中心）研究和路线图规划，2036 年有望升级到 0.2nm 制程工艺。下一代 EUV 光刻机是 3nm 制程工艺后工艺升级的关键支撑设备，其 NA（数值孔径）标准将从现在的 0.33 提升到 0.55，可实现更高的分辨率。围栅器件的升级也是重要发展方向，三星将在 3nm 制程工艺中采用围栅器件，台积电、英特尔在 2nm/20A 制程工艺中升级围栅器件。制程工艺演进至 2nm 后，原有的多项技术难以支撑 2nm 制程工艺的实现，需要从器件结构、热效应、设备与材料等方面综合解决。

系统级创新成为实现算力升级的又一重要途径， 涉及软硬件全体系的重构重建，

面向特定应用的端到端体系优化、软件与硬件、算存联等紧耦合将成为创新关键路径。 在计算芯片算力高速增长的背景下，从单一芯片算力到系统整机算力的转化依然存在巨大鸿沟，芯片算力价值并未得到充分释放。其中，在硬件架构层面，需要突破以 CPU 为中心的体系，探索多擎分立等新型架构体系；在软件层面以跨域统一和灵活调配为重要创新方向。跨体系处理器协同成为提升计算可用性的重要手段，创新涉及硬件体系架构、软硬件融合协同两个维度的重构重建。总体而言，面向不同计算能力的多子系统分布式并行分立体系是发展的重要方向。伴随异构计算应用范围的不断扩大，异构架构从芯片内异构、节点内异构向系统级分区异构深化，不断提升计算整体表现，逐渐由过去采用同构架构，即多核、多线程 CPU 提升计算并行度的模式，转变为采用异构架构控制芯片叠加各类专用加速芯片，并通过芯片内异构、节点内异构等实现性能、功耗与成本间的最佳均衡。芯片内异构的典型代表为 SoC 芯片，以苹果 M1 芯片为例，通过集成 CPU、GPU、神经处理单元（NPU）等内核实现超越通用 CPU 的性能。节点内异构多通过 CPU 与各类加速器协同实现整体计算能力的提升，如 AI 多选用的"CPU+GPU"芯片异构、云计算多采用的"CPU+GPU+DPU"模式等。未来，系统级分区异构将成为发展趋势，CPU 与加速器处于同等地位，华为以重构软件栈、系统优化弥补硬件单点能力差距的方案正在推进中，预期 2025 年相应计算架构的性能可提升 1～3 倍、功耗降低 40%。

（三）存算一体商用、光计算商业化进程加速，量子计算在 NISQ 阶段不断深化

存算一体率先在 AIoT（人工智能物联网）领域应用，未来 5 年将取得快速增长，大算力存算一体 AI 芯片实现商用。 2022 年，基于 Nor Flash 的低功耗存算一体 SoC 芯片正式量产，标志存算一体已进入市场化阶段。目前低功耗存算一体 SoC 芯片重点布局语音唤醒、语音识别、通话降噪、声纹识别等领域，可以应用在健康监测、低精度视觉识别等终端嵌入式领域中，未来 5 年将在多领域中快速增长。除低功耗存算一体 SoC 芯片外，2022 年基于 SRAM（静态随机存储器）的大算力存算一体 AI 芯片已完成流片和验证，并成功跑通智能驾驶算法模型，未来 5 年有望在更多高算力场景中实现应用。未来，存算一体将围绕器件工艺和芯片系统两个维度进行技术突破。在器件工艺方面，预计到 2025 年基于 NVM（非易失性存储器）的高性能忆阻器将取得突破，存算一体专用集成工艺出现；到 2030 年，3D 堆叠工艺将应用于存算一体芯片设计制

造。在芯片系统方面，预计到 2025 年，协同设计工具出现；预计到 2030 年，通用存算一体 AI 芯片规模商用，存算一体计算系统出现。

硅光技术提升光计算集成度，未来 3 ~ 5 年在 AI 云端推理计算部署，自动驾驶、VR 是长期应用方向。目前光计算的发展阶段已由实验室阶段进入产业化前期阶段，并由基于大学研究成果孵化的初创公司领头发展，面向服务器 AI 推理计算应用场景的加速板卡等产品进入试点应用阶段。预计到 2025 年将支持基于经典 AI 的脉冲神经网络、启发递归算法等专用算法，并在 AI 云端推理计算场景中实现规模化应用。到 2030 年，随着技术逐渐成熟和产业生态逐渐丰富，光计算将以光电混合的模式与经典 AI 计算相融合，并主要侧重 AI 推理计算提供高速 AI 计算能力，并具有高带宽的优势。在芯片系统方面，目前光计算以"光计算核 +FPGA 混合架构"为主，FPGA 混合架构负责网络传输、池化计算等功能，到 2030 年它将与 CPU、GPU 等芯片协同组成适用更多计算模式的可重构多核模块。在制造工艺方面，目前仍以化合物半导体探测器和化合物半导体光源为主，但是随着近年来硅光技术的发展与积累，预计到 2025 年将利用硅光工艺，通过单个晶圆完成光芯片和电芯片的集成，以进一步提升光器件集成度，推进光计算核心器件向集成化、小型化、轻便化的方向发展。

超导与离子阱量子计算仍处于领先地位，规模化扩展仍面临技术挑战，NISQ 阶段应用探索持续推进。量子计算机的主流技术路线有超导、离子阱、半导体等。**超导方面**，近期超导技术路线在比特数量增加和保真度提升方面均有突破。2022 年 11 月，IBM 发布具有 433 位量子比特的 Osprey 处理器，计划 2023 年推出具有 1121 位量子比特的 Condor 处理器，并探索并行芯片扩展方案，2025 年将实现 3 处理器集成具有超过 4000 个量子比特的系统，至 2030 年将实现具有百万位量子比特的超导容错量子计算机。**离子阱方面**，这一技术路线近期主要进展是保真度提升和全连接比特数增加。2022 年 3 月，IonQ 宣布其银基离子阱量子处理器的保真度达 99.96%。2022 年 6 月，Quantinuum 的 Model-H1 离子阱量子计算机扩展到具有 20 个全连接量子比特。预计到 2025 年，离子阱量子计算机所具有的量子比特数将实现大幅增加，全连接量子比特数突破 1000 位。**光量子方面**，科研进展主要体现在光子纠缠操控实验。2022 年 8 月，德国马克斯 - 普朗克研究所报道实现 14 个光子纠缠操控新纪录。预计在 2025 年后，光量子比特数将超过 5000 位，逻辑光量子比特数将提升至 300 位。**硅基量子方面**，将围绕解决电子自旋易受电磁环境影响这一问题开展攻关，预计到 2030 年前，硅基量子处理器的量子比特数将突破 100 位。整体来看，目前量子计算应用仍处于 NISQ 阶段，量子模拟、加速优化应用案例迭代演进，未来 5 ～ 10 年"杀手级"应用将围绕 NISQ 样机可运行、加速优势和实用性展开突破。

总体来说，以存算一体、光计算、量子计算为代表的前沿计算整体处于应用试点和商业化前期阶段，预计 2025 年实现初步规模商用，2030 年出现关键应用。因此未来 5 ～ 10 年将是前沿计算领域发展的关键阶段，更多算力优势将被发掘，更多应用场景将不断下沉到更多领域。

（四）通信：5G 技术增强将驱动芯片器件的关键技术持续演进

通信技术的发展与演进对芯片器件提出了新的要求，将进一步促进先进计算新技术在云、管、端等层面与通信技术的融合与应用，推动通信系统云端芯片异构化、传输能力高速化、基带功能智能化、射频频段高频化、终端形态多样化发展，满足通信技术向更高速、更便捷、更泛在等方向发展的需求。5G R17 标准已在 2022 年正式冻结，标准演进进入 5G-A（5G Advanced）阶段，将进一步丰富移动终端形态，优化 5G 网络应用能力。同时，国际电信联盟也已在 2020 年正式启动了面向 2030 年及未来的 6G 研究工作，我国和美国、韩国等国家及欧盟纷纷组织开展了技术预研和标准化推进工作，潜在技术方案逐渐明晰，6G 通信速率演进目标较 5G 提升了 10 倍以上，将驱动先进计算等多种新技术在 6G 领域应用落地。

5G 技术增强将推动芯片器件的性能持续优化，促进向高性能、高集成、低功耗的方向演进与应用普及。短期内，随着 5G R17 标准的冻结，5G 物联网 RedCap 技术应用将推动 5G 专用物联网基带芯片的研发与产业化发展，非地面组网（NTN）技术在 5G 网络中的应用将推动卫星侧 5G 网络芯片器件的发展并促进终端侧 NTN 基带芯片和天地一体通信终端的应用普及。同时，随着 5G R18 标准的推进，无源物联网终端、XR 增强、无人机增强等技术标准的制定，未来 5G 移动终端的形态将进一步扩展，需要相应的专用基带芯片和处理器芯片作为基础支撑。而随着 5G 毫米波规模化应用的逐渐推进和毫米波射频技术的逐步成熟，片上天线和封装天线等集成天线技术的应用范围将逐步扩展，应用规模将逐渐增大，引领无线电射频器件向高度集成化发展。随着 AI 与无线空口技术的结合程度逐渐加深，AI 计算核心已被集成于终端侧 NTN 基带芯片中，用于天线调谐、波束管理和信道优化等领域，有助于提升 5G 终端的连接能力和提高平均传输速度，而随着 5G R18 标准中的 AI 与无线空口技术结合的相关标准的制定，未来 AI 芯片技术将在移动通信系统中获得更广泛的应用。为匹配无线通信技术发展带来的数据传输需求的增长，光传输技术也在向更高速率的方向发展，对光电器件性能提出了更高要求，与分立式光电器件相比，硅光集成技术已被证明在光传输速率为 400Gbit/s 及以上光通信中具备优势，随着未来光传输系统向 400Gbit/s 和更高的光传输速率演进，硅光集成器件将实现大规模普及。同时，随着 5G 核心网向云原生化发展，而 FPGA、DPU 等异构计算加速核心能用于提升云计算系统速率，解决"存储墙"问题，提高数据处理能力，预计也将在云化的电信核心网中得到广泛应用。

未来 6G 在新频谱、内生智慧、星地一体化等方面的发展需求将推动芯片器件新技术的工程化、产业化。随着产业界对 6G 潜在技术方案的讨论逐渐深入，太赫兹、可见光等新频谱资源将可能被采用，智能超表面等新设备将成为无线空口链接的关键环节，存算一体、空天地一体化等技术将被用于提高网络服务能力，云 XR、全息通信等新通信模式将构筑新的应用场景。在计划于 2030 年对 6G 进行商用的背景下，这些新技术的应用落地将在远期带来芯片器件新技术的工程化浪潮，满足更高频段的无线资源利用需求和更丰富的移动通信应用需求。

（五）存储：全面 3D 化成为未来趋势

3D NAND Flash 堆叠技术水平和存储密度得到持续提升。2022 年，三星发布第八代 V-NAND 产品，该产品采用 3D 缩放技术，在减少表面积并降低高度的同时，进一步避免了单元间的干扰，大幅提升了产品存储密度。与此同时，三星采用最新的 NAND 闪存标准 Toggle DDR 5.0 接口，使其输入和输出（I/O）速度相比上一代提升了 1.2 倍，满足 PCIe 4.0 和 PCIe 5.0 的性能要求。SK 海力士、铠侠等国际龙头厂商也先后发布路线图，计划于 2023 年发布 200 层以上的 3D NAND Flash 产品，预计到 2025 年后，将利用多层硅片堆叠等方式实现 500 层以上的 3D NAND Flash 结构。**存储密度方面**，当前，每单元可存储 3 比特的 TLC（三层单元）技术已得到广泛应用，成为目前的技术主流，三星等企业正致力于研发每单元可存储 4 比特的 QLC（四层单元）技术，预计在 2030 年左右，每单元可存储 6 比特的 HLC 将得到应用，3D NAND Flash 存储器的存储密度将得到进一步提升。全球主流 3D NAND Flash 厂商产品堆叠层数如

表 5-1 所示。

表 5-1　全球主流 3D NAND Flash 厂商产品堆叠层数

SK 海力士		铠侠		三星	
产品代	堆叠层数	产品代	堆叠层数	产品代	堆叠层数
V3	48	BiCS 2	48	V3	48
V4	72	BiCS 3	64	V4	64
V5	96	BiCS 4	96	V5	96
V6	128	BiCS 5	112	V6	128
V7	176	BiCS 6	162	V7	176
2023 年	238	BiCS 7	212	V8	232
—	—	—	—	V9（2023 年）	300+
2025 年	500+	—	—	V10（2024 年）	—
2030 年	800+	—	—	V11（2025 年）	500+

DRAM 线宽进一步缩小，未来 3D 堆叠将成为大趋势。 随着 DRAM 尺寸微缩的持续深化，其制程工艺已经进入 10nm 的第 4 代 1α 阶段，为进一步缩小其线宽，各大厂商分别引入 EUV 光刻技术。三星率先引入 EUV 光刻技术，并在其上一代 1z 制程工艺中得到应用，在其最新的 1α 制程工艺中，进一步加入多个 EUV 层，与上一代技术相比，其图案精度、性能和产量均得到较大程度的提升。SK 海力士则于 2022 年完成了第一条用于生产 DRAM 芯片的配备了 EUV 光刻机的产线，并在其 1α 制程工艺节点实现应用，未来，还将 EUV 光刻机进一步拓展至可以在更先进的 1β 和 1γ 制程工艺节点应用。然而，EUV 技术的引入并不能完全解决 DRAM 进一步微缩的瓶颈问题，DRAM 的 3D 化成为主流探索方向，通过将 DRAM 中的电容结构由垂直改为堆叠的水平结构，将使得 DRAM 内存单元面积减少 30% 以上，目前三星、SK 海力士等厂商均在积极研发，预计 5 年后有望实现量产。

（六）传感："AI+ 感知"融合成为主流

全球传感器市场增速超过 9%，汽车电子（含自动驾驶）和军事国防市场规模增速超 10%。 2022 年全球传感器市场规模约为 148 亿美元，至 2030 年全球传感器市场规模将达到 288 亿美元左右。其中消费电子市场规模将达到 159.3 亿美元，占比约 55%；汽车电子（含自动驾驶）和军事国防市场规模将分别达到 54.6 亿美元和 17.3 亿美元，年均增长率达 10%；工业制造和医疗领域市场规模增速放缓，市场规模将分别达到 40.4 亿美元和 10.1 亿美元，年均增速分别为 7% 和 4%，低于传感器领域的平均增速。2022 年和 2030 年全球传感器市场分布如图 5-15 所示。

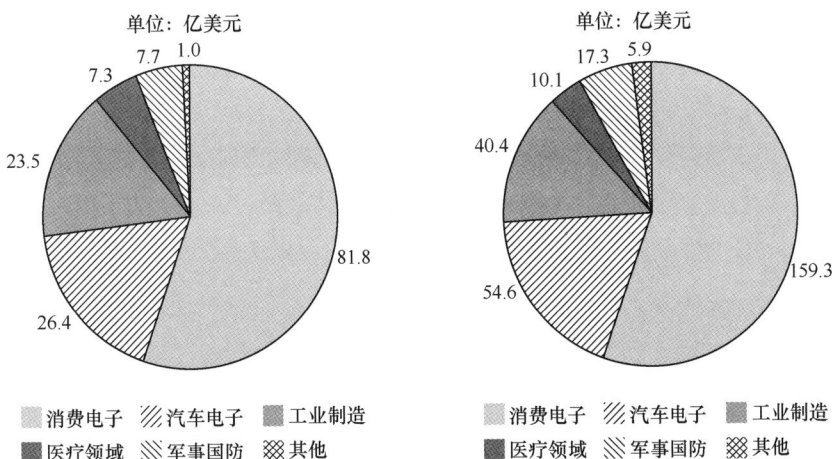

图 5-15　2022 年（左图）和 2030 年（右图）全球传感器市场分布

随着 AI 算力的增长，融合感知模式成为未来传感技术产业的主要发展趋势。车载传感器的集成化、模块化、网联化发展趋势凸显，"图像＋激光雷达"成为主流。利用"图像＋激光雷达"的组合可以获得具有深度的图像信息，以提高安全冗余度。通过分析图像数据可以高精度地获得目标的轮廓、纹理和颜色分布等信息，激光雷达可以昼夜连续工作，还可以提供高分辨率和长距离的 3D 数据。随着车载边缘算力提升，基于边缘 AI 算力的混合式融合感知架构取得广泛应用。进入等级为 L4/L5 的自动驾驶阶段，随着车路协同和 V2X 的演进，"B5G/6G＋AI"将成为自动驾驶感知的标配。工业传感器向智能化、小型化、多融合方向发展，伴随工业转型升级和高端化发展，高精度舵机、谐波减速机等精密组件取得规模化应用，并随着边缘 AI 算力的提升，"图像＋高精度距离"、姿态多感知融合技术已逐渐应用在数字车床、高精度加工、质检、智慧仓储等多种工业场景中。军事国防领域作为感知融合技术等前沿技术的重要应用领地，雷达感知技术、图像感知技术、距离感知技术、多光谱感知技术、卫星遥感技术等感知技术深度融合，并结合 AI 技术已具备对全场景进行智能决策的能力。

超低功耗、人体植入、量子高精度传感等新型传感技术向多领域应用下沉。消费电子传感器主要应用在智能手机、智能可穿戴设备、家电、娱乐等领域，单个智能终端所搭载的传感器数量越来越多，折叠屏、柔性屏的使用推进传感器向柔性化、小型化方向发展，其中以智能手环、智能手表为代表的智能可穿戴设备将在现有心律传感器、血氧传感器等传感器的基础上增加血糖传感器、脑电传感器、肌电传感器等多种传感器，由边缘智能融合形成完整的人体数据。医疗领域传感器由传统的表面式感知向人体可植入、超低功耗方向发展，相应传感器产品需要具备高生物相容性、人体组织友好、超低功耗、长寿命的特性，细胞 3D 打印、生物仿真等前沿技术将与传感器技术深度融合。此外，脑机接口、量子高精度测量等新型感知技术将由军事领域应用向医疗、船舶导航、精确授时等领域应用扩展。

（七）新型显示：多技术路径并行发展、技术持续迭代

作为信息技术的重要组成和信息链的终端人机界面，显示技术升级与迭代依赖显示材料、工艺、设备的共同进步。整体来看，新型显示呈现多技术路径并存的发展趋势。LCD、OLED 等已实现成熟市场的技术迭代或规模上量，mini/Micro LED、印刷 OLED、3D 显示技术等有望成为下一代显示技术，但在量产成本上仍面临挑战。

一是 Mini LED 背光技术助力 LCD 性能提升。Mini LED 背光技术通过采用密集排布的芯片阵列实现分区控光，使 LCD 在较小的混光距离获得更好的亮度均匀性，有效解决传统 LED 背光板像素间漏光带来的光晕效应和背光不均等问题。继 2021 年苹果首次将 Mini LED 背光技术用于 iPad Pro 后，2022 年 Mini LED 背光技术迎来商业化成熟期，后续将逐渐成为高端液晶电视标配，并呈现背光芯片微缩化发展趋势。

二是 OLED 在智能手机领域的渗透率持续提升。凭借其更轻薄、可弯曲、对比度高的特性，2022 年 OLED 已占据超过 45% 的手机市场份额，预计 2025 年占据的手机市场份额将达到 60%。IT/TV 等大尺寸 OLED 将接力智能手机成为 OLED 市场增长新驱动力，三星、LG、京东方等各品牌厂商竞逐第 8 代 OLED 产线。同时，量子点 OLED 和印刷 OLED 成为 OLED 的发展趋势，前者通过量子点技术提高光能效率，从而提升色域和亮度，后者采用的印刷技术与蒸镀工艺相比，材料利用率高，制造工序简化，大幅减少碳排放，实现绿色化。

三是未来显示行业的发展趋势是多技术路径涌现。Micro LED 将实现场景的泛在化，三色 RGB 法、转光材料法等全彩化技术路径将进一步优化；柔性显示将从当前的

物理 / 结构柔性向材料柔性转变；同时探索基于全息原理和光场原理的 3D 显示，真正实现显示的适人化和 3D 化。

（八）软件：驱动软硬服务无感切换，提供适人体验

目前万物互联的发展态势将逐步弱化以 PC 和智能手机为核心的发展格局，电视、汽车、可穿戴设备、智能家居等多类智能终端的技术水平持续提升，并向多端、多算力深度协同方向演进。2030 年数字世界形态初现，呈现智能终端适人化、服务虚实融合、数字身份多垂直平台水平流动等发展特点。在这样的发展态势下，操作系统与数据库能力将协同深化，面向软硬件服务提供夯实的底层支撑。

操作系统采用全量组件原子化架构，基于软硬件需求实现灵活插拔，多类操作系统将进一步协同。能力方面，多核操作系统的负载均衡调度、cache 命中率、内核热补丁、多级内存管理等技术能力将持续提升，并加快实现精准选核、任务的瞬态迁移、数据的局部性保障、新架构下的并发和协同等，此外面向万物互联的需求，系统还将灵活适应各类终端对功能、可靠性、成本、体积、功耗等的严格要求。**架构方面，**微内核技术将推动全栈原子化解耦，通过"统一内核（最小核心能力集）+ 多样系统软件服务集"方式，实现内核灵活组合、服务按需构建，有效适应不同设备的资源能力和业务需求。在统一内核方面，微内核对 CPU、存储器、总线、各种 I/O（输入 / 输出）设备等硬件资源，以及进程、文件、内存等软件资源的最小核心能力集进行抽象归并，以构建统一内核；在服务集方面，有 UI 框架、用户程序框架、图形、安全等基本能力集，事件通知、电话、DFX 等基础服务，电视、物联网等增强服务，以及位置服务、生物特征识别、各类终端的专有硬件等硬件服务等多种类型。当前谷歌的 kataOS、Fuchsia OS、华为 HarmonyOS 等均是微内核操作系统发展的主要力量。**类型方面，**一方面为适应多端、多算力深度协同趋势，PC 操作系统、移动终端操作系统和云操作系统将加快性能提升，推动多端间能力的统一与适配，逐步实现端间无感切换；另一方面，企业面向量子计算探索发展新型操作系统，提供量子资源调度、量子程序编译、多后端支持等服务，如英国的 Deltaflow.OS、奥地利的 ParityOS、我国的"本源司南"量子操作系统。

数据库分布式技术持续优化，与硬件能力协同，加速提升对多类海量数据的处理质量与效率。架构方面，存储和计算持续分离，并向去中心化发展，未来数据库将深

度结合云原生与分布式技术特点，推动计算、内存和存储三者的解耦、分层池化，实现查询级、事务级、算子级等更细粒度的弹性按需计算，从而帮助用户实现最大限度资源池化、弹性变配、超高并发等能力。**数据管理方面**，随着数据结构越来越灵活多样，多模态数据库将由目前的以关系为中心逐步转为以对象为中心，聚焦非结构化数据的语义建模，强调数据与操作的可封装性、多重分类和动态分类，使得多模数据库能够进行跨部门、跨业务的数据统一存储与管理，实现多业务数据融合，支撑多样化的应用服务。**智能自治方面**，现阶段 AI 技术难以对数据库进行整体感知，能力优化仍主要聚焦在局部范围，并且存在鲁棒性差、模型大、耗时长、灵活性差等问题，随着 AI 技术与数据库的深度融合，一方面向全面实现自感知、自决策、自恢复、自优化的方向演进，另一方面通过实现库内 AI 训练，降低 AI 使用门槛。**安全可信方面**，在上云趋势下企业聚焦各阶段加强安全隐私保护，如在数据传输阶段使用安全传输协议 SSL/TLS、在数据持久化存储阶段使用透明存储加密，在返回结果阶段使用数据脱敏策略等，但各技术手段相对独立、不成体系，且对运行或者运维状态下的数据缺少有效的安全保护，提供覆盖数据全生命周期的安全保护将成为未来发展重点，全密态数据处理、安全多方计算等技术成为企业探索重点。

大数据与人工智能篇

导　　读

2022 年，"云数智算"技术创新持续推进，应用深度、广度不断拓展，开启"内外兼修"赋能实体经济"提质增效"的新发展阶段。AI 技术及产业稳步发展，快速推进 AI 在关键领域的应用与赋能；数据技术架构加速成熟，在数字化转型需求下牵引数据应用不断深化；云计算进入了以云原生为代表的新阶段，正在加速数字化升级；"东数西算"工程全面启动，数据中心进入高质量发展新阶段。

2022 年，我国数据基础制度日渐清晰，数据要素市场建设不断提速。《中共中央国务院关于构建数据基础制度更好发挥数据要素作用的意见》出台，数据要素流通规则体系日趋明晰，不断探索公共数据授权运营，数据供给能力不断增强，数据场内交易新方向不断涌现，其中代表性的隐私计算产品正加速成熟，有力地支撑了数据安全可信流通。

2022 年，人工智能生成内容（AIGC）异军突起，成为 AI 现象级应用。在预训练大模型技术的加持下，AI 技术呈现从感知、认知向创造延伸的重要发展趋势，有望满足日益增长的数字内容需求，助力提升社会生产力，掀起了 AI 技术应用创新的又一次高潮。

2022 年，Web3.0 热潮涌动，不断探索区块链发展新模式。Web3.0 为因应平台化的数字经济挑战提供了新方案，开辟了区块链发展新方向，成为产学研布局新热点，具有广阔的发展前景，也带来了新的风险隐患。

展望 2023 及未来 5 年，大数据与 AI 技术还将加速迭代，与千行百业的数字化变革相得益彰，形成不断放大倍增的良性循环。生成式 AI 技术在大模型、大算力的支持下，不仅会激发 AIGC 的繁荣发展，也有望带来互联网应用模式的革新；政策和市场需求推动数据要素化进程提速，面向数据资产的新一代数据技术体系将逐渐成形；云计算和数据中心作为全社会数字化的底座，也将蕴含新的变化，算网一体、云数融合、软硬件协同的新一代云计算架构呼之欲出,算力感知、编排、路由、交易等技术创新,将带动算网设施一体化、管理全局化、机制灵活化和交易规范化。

本篇作者:

魏凯　王蕴韬　董昊　丁欣卉　吕艾临　王卓　吴因金　马飞　苏越　赵伟博　周丹颖
王少鹏　邱奔　颜媚　呼娜英

一、2022 年大数据与人工智能领域发展综述

（一）人工智能技术产业稳步发展，在关键领域的应用与赋能快速推进

在需求和供给的双重驱动下，人工智能技术产业和行业应用的融合进一步深化。技术产业方面，新技术、新产品层出不穷，加速推动人工智能成为水、电一样触手可及的普惠资源，并促进人工智能在各行各业的价值释放；行业应用方面，人工智能从试点应用走向规模化应用，反向驱动人工智能技术产业的迭代升级。技术产业和行业应用形成双向互促的良性循环。

人工智能技术底座持续夯实，大模型和生成式 AI 模型等前沿技术加速推进智能化发展。大模型技术产业共同发力，加速行业渗透。 2021 年起，国内外科技巨头和科研机构加大研究投入，大模型进入爆发期，国外方面，DALL-E、Switch Transformer、MT-NLG、Gopher 等大模型不断涌现；国内方面，M6、盘古、文心、紫东太初等大模型密集推出。随着大模型逐渐走向落地应用，大模型的发展重心也逐渐从"可用"的基础大模型向"好用"的行业大模型迁移，加速向互联网、电信、金融等行业渗透。**生成式 AI 模型进入发展快车道，降低内容创作成本。** 2022 年，由 OpenAI、Stability AI 发布的 DALL-E 2、ChatGPT、Stable Diffusion 等生成式 AI 模型受到广泛关注。以生成算法、大模型、多模态等技术为重要支撑，生成式 AI 模型在文本生成、图片生成、代码生成等应用场景取得重大突破，或为互联网、娱乐、影视等领域的内容创作带来巨大变革。

人工智能赋能产业不断深化，致力于在传统行业和前沿领域实现更大范围、更深层次的突破。金融领域， AI 持续赋能核心业务环节，全面覆盖身份识别、风控、营销、客服、合规、运营等业务，并取得显著成效，数智化能力不断升级。**医疗领域，**"AI+ 医疗器械"成为应用热点，截至 2022 年底，我国已有 65 款人工智能医疗器械产品获批第三类医疗器械注册证，如图 6-1 所示，预期用途包括辅助分诊与评估、定量计算、病灶检测、靶区勾画等，极大地推动了 AI 在医疗领域的应用落地进程。**科学领域，** AI 为科学研究注入新动能，增强了解决传统科学领域问题的能力，目前 AI 在生物、数学、材料、物理、化学等领域取得了诸多应用成果，对科学研究范式产生了深远的影响。例如，AlphaFold

预测了绝大多数已知蛋白质的结构，为"数字生物学"时代的到来打下了良好基础。

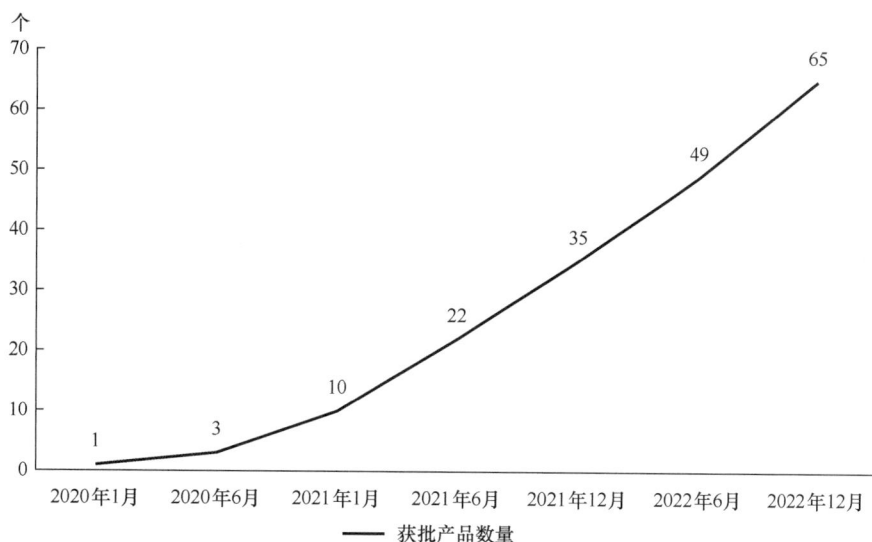

图 6-1　我国国家药品监督管理局批准注册 AI 医疗器械产品数量

（数据来源：中国信息通信研究院）

AI 产业投融资增长较为平稳，中美投融资占比保持领先地位。从投融资金额来看，受全球经济增速放缓影响，截至 2022 年 9 月底，全球 AI 领域投融资规模有所回落，但投融资总额已与 2020 年持平，如图 6-2 所示，中美投融资占比约 70%，持续保持活跃。从获投项目类型来看，成长期 AI 项目获投资金占比有所提升，2022 年前三季度 A 轮和 B 轮项目投融资数量相比 2021 年上升 4 个百分点，投融资金额上升 10 个百分点，投资偏好走向成熟。从投融资细分领域来看，智能机器人、计算机视觉、自然语言处理领域仍是投融资的关注重点，"AI+ 医疗""AI+ 交通""AI+ 金融""AI+ 零售""AI+ 制造"仍是投融资集中的关键领域。

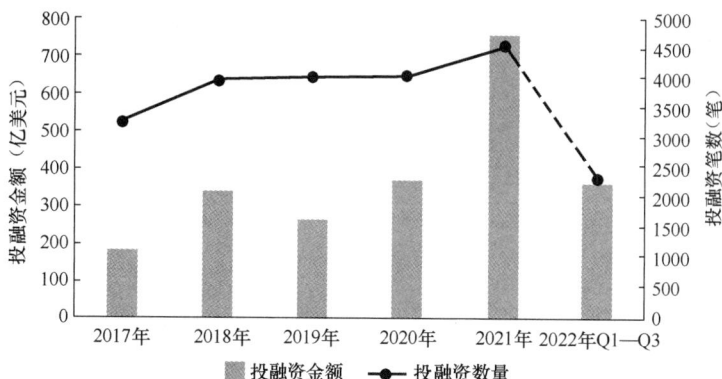

图 6-2　2017—2022 Q3 全球 AI 领域投融资规模变化

（数据来源：中国信息通信研究院，仅统计风险投资）

（二）数据技术架构加速成熟，数字化转型需求牵引数据应用不断深化

大数据产业经过多年发展，技术上已经形成了以分布式数据库、数据仓库、批处理平台、流处理平台为代表的技术框架，已能够支撑具有高并发、低延迟数据处理分析需求的极端应用场景；产业方面，各国加速了数字化转型进程，国际云数据仓库巨头 Snowflake 2022 年第三季度营收与去年同期相比上涨 67%，达到 5.5 亿美元。我国"大数据基础软件第一股"星环科技于 2022 年 10 月成功上市科创板，数据存储与计算领域的产业发展前景持续向好。

近年来，随着企业间竞争加剧，数据来源增多、体量变大，以及受到数据存储与计算架构升级等多重因素的影响，大数据发展呈现以下三大特点。

一是数据技术架构加速成熟。 经过 60 余年的发展，大数据技术架构趋于成熟，进入深度优化阶段，以云化、融合架构为代表的深度优化理念不断涌现，并逐步得到应用。数据存储与计算技术持续与云融合，进一步提升资源利用率。**数据存储与计算技术一方面**实现存储、计算、调度、安全、分析等模块的进一步解耦，各模块与容器等底层资源单元相适配，实现弹性扩缩容；**另一方面**利用无服务器技术理念，将统计、机器学习、流程处理等能力封装成函数接口，实现更细粒度的按需使用和按需付费，在提升发布效率的同时有效降低成本。批流一体、湖仓一体、HTAP（混合事务与分析处理）等融合架构不断降低运维成本。基于融合架构，统一的接口层、计算层、存储层、资源调度层实现了对海量数据的统一管理和集群服务的统一运维，大幅降低运维综合成本。利用数据中间件技术为计算层与异构存储层搭建桥梁，提升整体运行效率，进一步加速一体化数据融合平台建设。为满足不同类型数据存储的需求，多种异构存储引擎同时存在，计算层和异构存储层之间的连通复杂度越来越高，数据中间件技术应运而生，其通过内置兼容接口和加速技术，助力计算层与异构存储层高速互联。

二是数字化转型需求下牵引数据应用持续深化。 数据应用领域，随着数据源增多、模型精细度提高、数据应用技术工具优化，不断提高数据应用能力，数据应用正快速从感知、诊断型的辅助决策向增强决策、自动决策延伸，据统计，2022 年已有约 30% 的企业实现了营销场景自动决策能力。在数据治理领域，组织架构持续优化，近年来，在政策支持下，各领域企业的数据管理意识和能力不断增强，越来越多的企业成立统

一数据管理归口部门，形成了决策、管理、执行的数据管理三层架构体系，并设置了专门的数据管理岗位，建立了数据部门、技术部门和业务部门协同机制，当前金融行业、电信行业、能源行业均开展了相关实践。在数据安全领域，随着相关法律不断出台，数据要素的潜在价值愈加受到重视，监管合规和资产保护成为数据安全治理的两大驱动力，隐私数据保护、数据防泄露、算法安全等各类技术解决方案受到了业内的广泛关注。

三是大数据产业投融资规模总体呈现上升趋势。我国大数据产业经过多年高速发展，不断取得重要突破，呈现良好发展态势，2021 年大数据相关企业获投总金额超过 800 亿元，创历史新高。部分细分领域，独角兽企业陆续涌现，2022 年 5 月营销科技企业神策数据完成 2 亿美元 D 轮融资，2021 年 11 月开源云原生数据编排软件开发商 Alluxio 完成近 5000 万美元 C 轮融资，大数据产业发展前景广受认可。近年大数据领域投融资金额变化情况如图 6-3 所示。

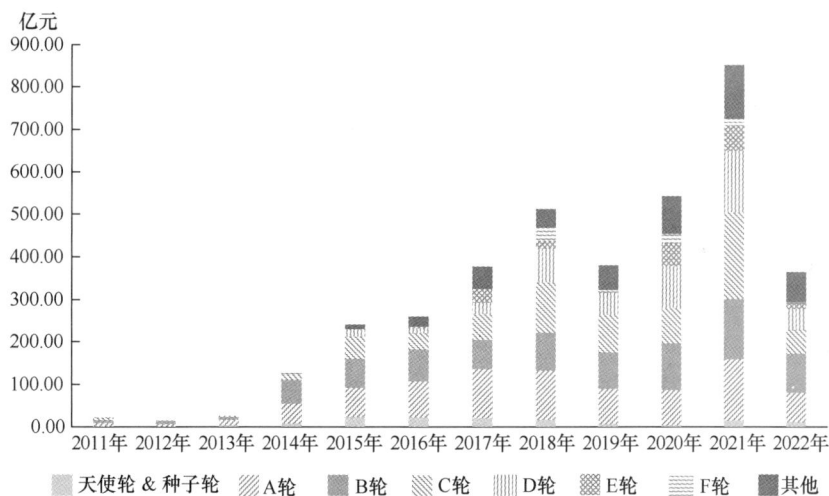

图 6-3　近年大数据领域投融资金额变化情况

（三）云计算全面进入 2.0 阶段，云原生应用加速数字化转型升级

从技术发展角度来看，云原生充分促进技术融合。底层技术方面，云原生核心技术经过多年实践已进入成熟发展期。2013 年容器技术开启了云原生元年，2017 年 Kubernetes 成为容器编排与调度领域的事实标准，2018 年服务网格指引微服务治理进

入新阶段，2021 年无服务器技术实现规模化落地。根据中国信息通信研究院调查数据，截至 2022 年底，近半数用户已将容器技术用于核心生产环境，超 80% 的用户已采纳微服务架构。**跨域技术方面**，云原生与大数据、人工智能、区块链技术正处于快速融合发展阶段。云原生提供了用云的标准化路径，云原生底层技术的进步有助于构建高效、便捷、可靠的云上实践，为云原生在复杂场景下的应用奠定坚实基础。云原生已逐步成为大数据、区块链、人工智能等领域的新技术底座，各领域云原生开源项目持续涌现，加速创新发展。关键领域云原生开源项目如图 6-4 所示。

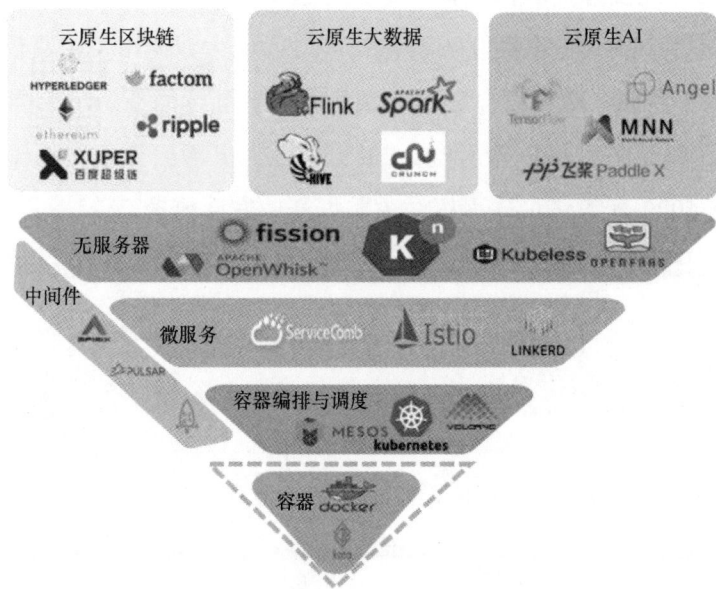

图 6-4　关键领域云原生开源项目

从落地实践角度来看，云原生在重点行业的推广效果显著。 2021 年在《中华人民共和国国民经济和社会发展第十四个五年规划和 2035 年远景目标纲要》中明确提出要培育壮大 AI、云计算等新兴数字产业，实施"上云用数赋智"行动。当前垂直行业企业累计上云数量超 380 万家，云原生技术作为用云的关键技术手段，在垂直行业应用效果良好，互联网行业、软件和信息服务业、金融行业、电信行业对云原生技术的采纳程度与企业 IT 投入程度均处于前列。重点行业云原生技术采纳程度与投入程度如图 6-5 所示。云原生在垂直行业的推广有力发挥了数字技术的带动效用，充分激发实体经济活力。目前在金融行业，中国工商银行云平台容器数量已突破 28 万个，中国农业银行应用容器化率超 80%，中国建设银行云平台对外提供多项云原生解决方案赋能中小银行。在电信行业，三大运营商除了对内部业务进行云原生化改造，分别建设移动云、天翼云、联通云，以提供丰富的云原生服务，积极抢占云市场份额。

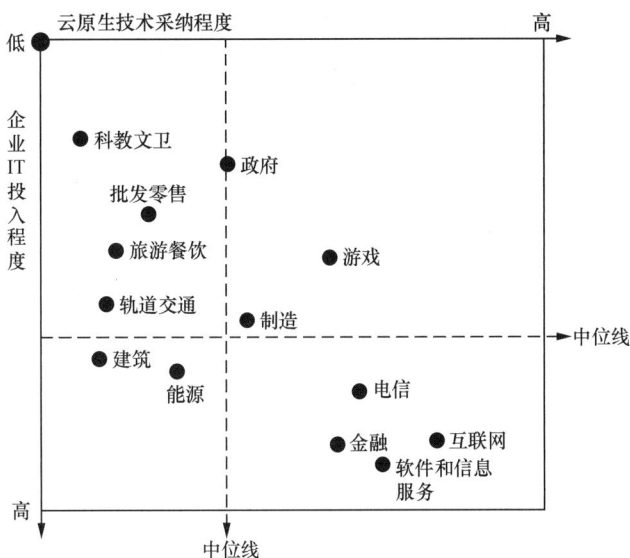

图 6-5　重点行业云原生技术采纳程度与投入程度

从产业支撑角度来看，云原生加速产业数字化转型升级。数字化浪潮席卷各行各业，企业必须在新一轮的洗牌中牢牢把握时代机遇，深刻践行数字化转型战略，将数字技术作为企业数字化转型的基石，逐步成为企业存活的决定性因素。云计算是数字化时代的新型基础设施，在云原生理念的引领下，对云技术的运用正在从"资源导向"转变为"应用导向"。应用是业务的直观表现形式，以云原生为核心的应用现代化是数字化转型的落地抓手，Forrester 预测实现应用现代化的企业将获得 128% 的投资回报率。云原生体现了产业发展思路的全新转变，能够带动生产模式、生产工具、供给方式的全面变革，进一步提高生产质量与生产效率，加速产业的数字化转型升级。

（四）"东数西算"工程全面启动，数据中心进入高质量发展新阶段

算力基础设施是承载人工智能、大数据、区块链等信息技术应用的底座，也是推动产业数字化转型的基础。近年来，我国不断强化数据中心建设政策引导，数据中心产业发展成效初显，但与此同时，也逐渐暴露了数据中心布局不均衡，算力供需结构不匹配等问题。

"东数西算"工程的全面启动为数据中心算力基础设施的发展揭开新篇章，推动我国数据中心进入高质量发展新阶段。2022 年 2 月，国家发展和改革委员会、工业和信

息化部等 4 部委宣布"东数西算"工程全面启动。"东数西算"工程通过设立八大国家枢纽节点和十大数据中心集群，引导我国数据中心均衡布局、协同一体发展，其中东部及成渝国家枢纽节点网络环境较好，用户规模较大，可重点处理工业互联网、金融证券等对网络实时性要求较高的业务；贵州、内蒙古、甘肃及宁夏国家枢纽节点资源充沛，气候适宜，适合发展绿色数据中心，可重点处理后台加工、离线分析、存储备份等非实时性业务。除此之外，"东数西算"工程对数据中心的绿色低碳发展、网络服务质量、安全保障能力等均提出了相应要求，引导数据中心高质量发展。

目前，"东数西算"工程正在持续推进，国家枢纽节点强化算力产业布局，为"东数西算"工程实施提供了重要支撑。在政策方面，芜湖、韶关等地的地方政府积极编制产业规划、实施方案等政策文件，从政策、资金、人才、招商等维度开展集群建设。在项目建设方面，各国家枢纽节点积极推动产业园区和示范工程建设，基础电信运营企业、互联网企业、第三方数据中心服务商等加快数据中心建设。其中，韶关数据中心集群强化政策制度保障，重视且积极开展招商引资工作，正在加快建设数据中心，积极引进上下游配套产业，完善产业生态。芜湖地方政府推动芜湖数据中心集群高质量建设，引导芜湖数据中心集群签约投建多个算力项目，如推动中国电信全国一体化算力网络长三角国家枢纽节点芜湖数据中心集群建设运营；依托珑腾数据打造围绕无人驾驶、人工智能、云计算的高新算力服务产业园区；依托安恒信息投资建设"数盾"产线长三角总部基地，保障算力服务可靠安全等。在"东数西算"工程实施过程中，中国信息通信研究院云计算与大数据研究所数据中心团队深度参与，支撑国家发展和改革委员会、工业和信息化部等部委，以及地方政府的政策制定，并与产业界携手推进园区规划建设、工程监测、标准测试等工作，为"东数西算"工程的落地实施提供了重要支撑。

二、2022 年大数据与人工智能领域热点分析

（一）数据基础制度日渐清晰，数据要素市场建设不断提速

1. "数据二十条"出台，数据要素流通规则体系日趋明晰

我国自 2019 年中国共产党第十九届中央委员会第四次全体会议首次将数据增列为生产要素以来，中央发布多项政策文件，围绕数据要素发展进行谋篇布局（如图 6-6 所示），并将关注点聚焦于数据要素市场建设。2020 年印发的《中共中央 国务院关于构建更加完善的要素市场化配置体制机制的意见》首次提出培育数据要素市场。2021 年国务院办公厅公布的《要素市场化配置综合改革试点总体方案》进一步以"探索建立数据要素流通规则"为主题，进行数据要素市场化配置改革的布局，聚焦数据采集、开放、流通、使用、保护等全生命周期的制度建设。《"十四五"数字经济发展规划》对于数据要素市场发展的布局，集中体现在壮大数据要素市场规模、开展数据要素市场培育试点工程等方面。此外，由于数据汇聚能带来价值倍增，具有规模效应，容易出现"赢者通吃"的自然垄断现象。2022 年 4 月，中共中央、国务院加快建设全国统一大市场，数据要素市场作为其中一部分，也需要打破地域间、市场间的壁垒，加强数据要素的协同。

2022 年 12 月，《中共中央 国务院关于构建数据基础制度更好发挥数据要素作用的意见》提出构建数据基础制度体系，促进数据合规高效流通使用，建立保障权益、合规使用的数据产权制度，建立合规高效、场内外结合的数据要素流通和交易制度，建立体现效率、促进公平的数据要素收益分配制度，建立安全可控、弹性包容的数据要素治理制度。国家的顶层设计逐步对数据要素各环节提出更细致的发展目标和要求，为推动数据在更大范围内有序流动和合理集聚、进一步促进数据价值转化应用指明了方向。

此外，北京、上海、广东、浙江、江苏、贵州、山东等有条件的地区通过政策文件的制定与落地，探索数据要素市场建设与产业发展，主要聚焦于明确管理职责与分工、明确数据利用路径、明确数据交易要求、探索数据产权制度、明确违规处罚标准等方面。**一是明确机制建立，细化流程规划。**例如，《上海市数据条例》明确了各类

数据交易主体及相关流程，完善了数据财产权益保护、突发事件数据处理制度等亮点制度，并完善了公共数据治理与共享开放的机制。《江苏省数字经济促进条例》明确指出，县级以上地方人民政府将数字经济发展纳入国民经济和社会发展规划，并在《关于全面提升江苏数字经济发展水平的指导意见》中提出包括建立健全数据要素市场体系在内的七大重点任务，通过机制和流程的完善打好数据要素市场建设的基础。**二是探索多元机制，推进数据流通**。例如，广东省政府办公厅印发《广东省首席数据官制度试点工作方案》，在广州市试点推行政府首席数据官制度，从组织架构、工作抓手、职能职责等方面完善工作体系，盘活公共数据资源，并在 2022 年年底前在全省全面推广。以此为基础，广州市进一步基于《广州市海珠区数据经纪人试点工作方案》，在 2022 年 5 月推出首批"数据经纪人"名单。**三是完善监管链条，落实监管措施**。例如，《天津市数据交易管理暂行办法》设置"监督管理"专章，并明确提出"互联网信息主管部门会同公安、密码管理等部门，检查数据交易服务机构履行数据安全责任、落实安全管理制度和保护技术措施等方面的情况。"推动实现数据交易全链路的可控监管。

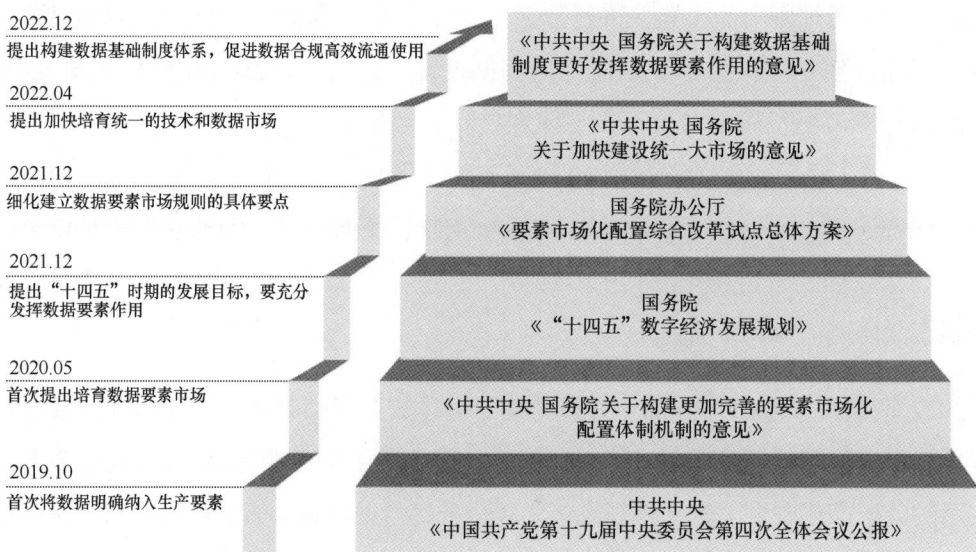

2022.12
提出构建数据基础制度体系，促进数据合规高效流通使用

《中共中央 国务院关于构建数据基础制度更好发挥数据要素作用的意见》

2022.04
提出加快培育统一的技术和数据市场

《中共中央 国务院关于加快建设统一大市场的意见》

2021.12
细化建立数据要素市场规则的具体要点

国务院办公厅《要素市场化配置综合改革试点总体方案》

2021.12
提出"十四五"时期的发展目标，要充分发挥数据要素作用

国务院《"十四五"数字经济发展规划》

2020.05
首次提出培育数据要素市场

《中共中央 国务院关于构建更加完善的要素市场化配置体制机制的意见》

2019.10
首次将数据明确纳入生产要素

中共中央《中国共产党第十九届中央委员会第四次全体会议公报》

图 6-6 中共中央、国务院发布多项政策文件围绕数据要素发展进行谋篇布局
（数据来源：中国信息通信研究院）

2. 积极探索公共数据授权运营机制，数据供给能力不断增强

公共数据资源价值高、体量大，对数字经济发展有重要意义，是数据要素市场建设的重要着力点。国内公共数据开放已经陆续推进多年，但仍面临一些困难和瓶颈。一是规则不统一，在国家层面未出台统一规范，各地规定、流程、机制不一；二是数

据供给不充分，统计数据多，业务数据少，数据格式不统一，吸引力不足；三是工作机制不顺畅、数据提供部门难获益、怕泄密担责，且非其法定义务，缺乏监督。

2022 年以来，各地继续推进公共数据的开放和利用。一方面，管理规则逐步完善，广东省、江苏省、浙江省、江西省等地陆续发布有针对性的公共数据管理办法或条例；另一方面，运营体系加快建立，上海市、苏州省、福建省等地成立实体，探索专业化运营新模式。

与此同时，公共数据授权运营机制成为提高公共数据配置效率的探索新热点。针对公共数据持有机构没能力开放、没动力开放的问题，我国各地开始探索按照法定程序，授权特定主体在一定期限和范围内以市场化的方式运营公共数据。公共数据授权运营与公共数据开放之间具有一定的协同关系。公共数据开放的范围和质量影响着公共数据授权运营的资源基础，而公共数据授权运营获得的经济效益可以激励运营方改善公共数据质量和提升公共数据效用，有利于进一步激发市场活力，深化对公共数据的挖掘利用，加速公共数据价值释放。例如，北京市经济和信息化局授权北京金融控股集团下属的北京金融大数据有限公司，建设北京市金融公共数据专区，对全市公共数据进行托管运营，搭建政府和社会之间的数据桥梁。目前，该专区已汇聚金融机构开展信贷业务所"亟需、特需"的工商、司法、税务、社保、公积金、不动产等多维数据 25 亿余条，实现按日、按周、按月稳步更新数据。通过构建完善的数据安全管理体系，北京金融控股集团依托生态优势，打造京云企业征信平台，通过引入北京市金融公共数据专区汇聚的公共数据，累计为银行、保险、担保等 44 家金融机构和 2 万多名平台用户提供服务 800 多万次。成都依托公共数据运营平台充实数据资源和专业数据服务，助力智慧城市建设，在金融业、租赁业、跨境电商行业都有相关产品或服务推出，并成功应用，目前已经支持 40 余个应用场景，依托专业数据服务助力智慧城市建设。海南打造全省统一的数据产品超市，其作为便捷高效的数据产品供需对接载体，可以提供定价服务、贡献激励、安全保障和监管服务。但与此同时，公共数据授权运营机制中的授权规则、授权流程、价格机制、收益分配机制、安全保障体系等仍待继续探索。

3. 数据交易迭代探索，场内交易涌现三大创新方向

数据交易可对接市场的多样化需求，灵活满足数据供需双方利益诉求，激发市场参与主体积极性，促进数据资源高效流动与数据价值释放，对于加快培育数据要素市

场具有重要意义，正在成为数据流通的主要形式。

传统的数据交易模式以点对点的形式进行数据交易。数据需求方和数据供给方可通过两两协商或平台对接的方式实现数据的采购与流转，具体的点对点数据交易模式多样。例如，从数据需求方的角度来看，银行信贷业务为应对风控需求，向征信机构、运营商、公共部门等机构采购用户信用评价信息等外部数据资源。又如，从数据供给方的角度来看，一些企业对金融信息、企业信用、法院判决、报告论文、AI 标注等数据进行汇聚、处理，供数据需求方购买对接。现阶段，点对点形式的数据交易规模已相当可观，大型商业银行每年的数据采购金额已超过百亿元。许多数据供给方企业在其行业领域内已推出特色化数据产品并建立特色化数据服务体系，形成了较稳定的供需关系。但是，点对点数据交易模式的规范程度和交易效率较低，难以大规模推广，且点对点数据交易模式缺乏有效监管。同时，市场中数据供需双方的信息分散，对接渠道不畅通，交易效率较低。数据充分流动是数据要素三次价值释放的基础，尤其是在建设全国统一大市场的背景下，点对点数据交易模式不利于实现大规模数据要素市场化配置。目前，全国各地以设立数据交易机构为主要抓手，鼓励集中式、规范化的"场内数据交易"。

我国自 2014 年开始探索建立类似于证券交易所形式的数据交易机构，于 2021 年又迎来新一轮建设热潮，2021 年新成立 12 家数据交易机构，2022 年继续新增 7 家数据交易机构（如图 6-7 所示），截至 2022 年底，各地已先后成立 48 家数据交易机构。总体来看，早期建设的数据交易机构绝大多数没有找到成功的商业模式，多数数据交易机构已停止运营或转变经营方向，发展情况未达预期。近两年来，随着党中央、国务院多项重要政策出台，各地新建一批数据交易机构，试图消除数据供需双方的信息差，推动形成合理的市场化价格机制和可复制的交易制度、规则。

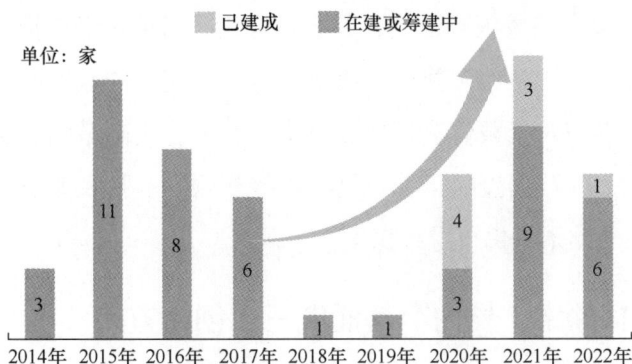

图 6-7 国内数据交易机构（中心、平台等）建设历程
（数据来源：中国信息通信研究院）

新一批数据交易机构从强化技术支撑、完善配套规则入手，探索在数据要素市场中的立足点、突破点，帮助数据要素市场建立信任机制、保障权益。**一是丰富可交易标的，发展综合交易模式。**一方面，强化公共数据资源供给，以吸引和撬动市场需求。例如，北京国际大数据交易所接入北京市金融公共数据专区、北京市政务数据资源网，对全市公共数据进行托管运营，将传统的政府场外数据交易开放转变为依托统一平台的场内数据交易。另一方面，拓展数据、算法和算力的综合交易，以满足不同类型、不同层次的交易需要。例如，贵阳大数据交易所依托"东数西算"工程的战略布局和贵州丰富的算力资源，将算力作为特色标的，承接数据加工、离线分析、存储备份等交易需求，与已有的数据产品、算法产品共同构成多元化数据交易产品体系。**二是吸引多元丰富"数商"，完善配套服务体系。**传统交易市场的配套服务体系通常涉及撮合、托管、经纪、结算、评估、担保等多种角色，仅靠数据交易机构自身很难承担数据交易中的全部服务角色。新一批数据交易机构与第三方服务机构充分合作，聚焦各自的专业优势，提高服务效率和质量。例如，上海数据交易所率先提出"数商"概念，签约100余家数据交易服务商，委托其开展合规咨询、质量评估、资产评估、技术支持等业务。北京国际大数据交易所在2021年11月举办9家数字经济中介服务商的集体入驻仪式，2022年7月又签约新一批"数商"，形成集服务商、运营商、经纪商等于一体的"数商"体系。**三是通过技术和规则创新，强化数据权益保障。**一方面，应用隐私计算、区块链及智能合约等新兴技术，搭建"数据可用不可见"的数据可信流通平台。例如，北京国际大数据交易所和深圳数据交易所将隐私计算技术作为突破口，在强化数据安全监管的同时，开展数据产权分置的初步实践，即数据供给方拥有数据资源持有权，数据需求方拥有数据加工使用权，数据交易所在某种程度上拥有数据产品经营权。另一方面，发布数据交易规则和交易凭证，为交易主体权责划分提供依据。例如，贵阳大数据交易所于2022年5月发布系列数据交易规则，并依规则为数据产品、数据商、第三方数据服务中介机构等提供登记凭证，以此规范市场行为，探索解决市场主体互信难的问题。

4. 隐私计算技术与相关技术产品加速成熟，有力支撑数据安全可信流通

2022年，随着相关技术产品逐渐成熟，隐私计算落地应用加速推进。从2018年仅有部分互联网大厂和少数创业团队开始探索，2019年产品雏形落地开始开展大规模的技术科普和市场教育，到2020年代表性行业客户开始愿意进行POC（概念验证），再到2021年规模化的产品招标与应用开始出现。虽然国内对于隐私计算理论和技术的

研究开始较晚，商业化应用进程飞速，国内隐私计算招标项目数量变化如图 6-8 所示。截至 2022 年底，隐私计算应用进入实施阶段、开始在实际业务中投入使用的隐私计算产品比例已提升至 61%（如图 6-9 所示）。

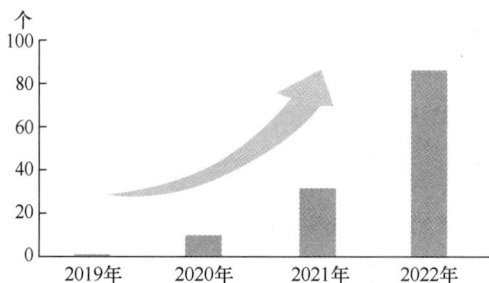

图 6-8　国内隐私计算招标项目数量变化

（数据来源：中国信息通信研究院）

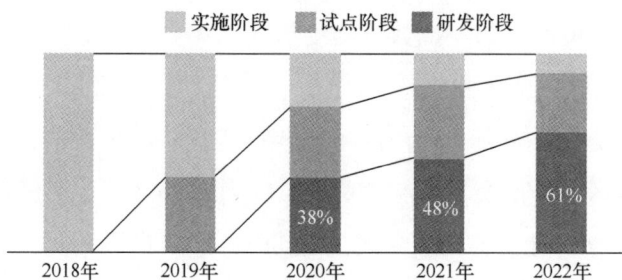

图 6-9　隐私计算产品成熟度变化态势

（数据来源：中国信息通信研究院）

目前，隐私计算技术在金融、政务、通信、医疗等行业中的应用越来越广泛，技术应用的普及范围逐步扩大。通过调研分析，隐私计算的应用主要覆盖以下两类场景。在第一类场景中，传统信息安全技术已得到普遍应用，但仍有安全隐患，隐私计算的应用进一步提升了安全性，即存量优化场景；在第二类场景中，传统信息安全技术无法满足应用需求，隐私计算则提供了解决方案，拓展了数据安全流通的应用场景，即增量创新场景。

在存量优化场景中，隐私计算技术进一步提升数据流通安全性。传统信息安全技术可以在一定程度上实现数据的安全流通和共享利用，但是在数据传输过程中存在着较大的原始数据泄露风险，在数据使用过程中存在着滥用、挪用数据风险。虽然通过加强事前风险控制设计、事后退出及审计等方式可以在一定程度上降低上述风险概率或减少损失，但是需要花费大量的沟通及监督管理成本，效果往往不尽如人意。隐私计算技术从技术层面提升数据流通安全性，实现数据的"可用不可见"，有效降低原始数据泄露风险。同时，隐私计算能够使得数据供给方实现对其每一个数据集和每一个计算任务的感知化、精细化管理，从技术层面最大化避免滥用、挪用数据风险。因此，在传统数据流通技术应用较为普遍的场景中，隐私计算技术为各合作方提供了更加有效的数据安全保障。隐私计算技术在数据联合分析、数据隐私求交、数据联合建模预测等数据利用场景中的应用，基于通信信道加密、哈希加密、算法加密和其他加密手段保证各参与方的原始数据的安全。

在增量创新场景中，隐私计算技术为用户身份（ID）保护提供实现思路。除传统数据流通应用场景之外，新兴数据流量应用场景涌现并对数据流通技术提出了新的要求。在这些应用场景中，在数据流通合作中，发起方数据集 ID 包含个人隐私数据，随着法律和监管要求的提高，发起方产生保护本方数据集 ID 的需求。在这种场景下，传统数据流通应用模式如文件交换、系统对接、接口调用等难以实现。而隐私计算通过其独有的隐匿查询、全匿踪求交等方式，新增在不暴露数据集 ID 的同时完成联合查询、联合建模等任务，扩展了传统数据流通合作保护范围，补全了数据全生命周期保护中最困难的一环，成为满足新兴数据流通应用场景需求的开拓者。

就具体领域来看，除金融风控、精准营销等经典应用场景之外，基于隐私计算技术的数据流通应用场景仍在向医疗健康、零售终端运维、海洋保护、数据运营、AI 技术研发等更多领域拓展，如图 6-10 所示。

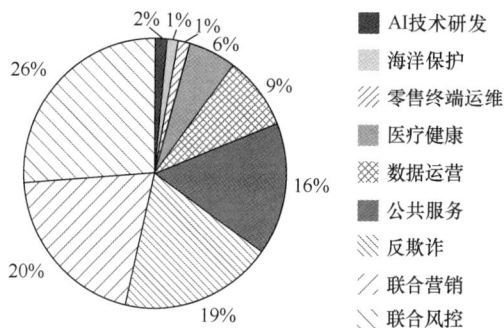

图 6-10　基于隐私计算技术的数据流通应用场景分布

（二）AIGC 促使人工智能产业迎来拐点，进一步带动生产力变革

1. AIGC 异军突起，迅速成为 AI 技术的热门发展方向

AIGC 是以 AI 为核心技术的数字内容生产方式。2022 年 8 月，在美国科罗拉多州

博览会上，一幅 AIGC 绘画作品赢得了一等奖，这一事件迅速成为舆论焦点；2022 年 11 月，OpenAI 推出的一款名为 ChatGPT 的聊天机器人软件迅速风靡全球，预示着 AI 将从以简单重复劳动为代表的体力劳动行业服务，发展到以写作、绘画等内容创作为代表的脑力劳动行业服务，AI 的应用类型从感知、认知向创造延伸。在当前数字世界和物理世界加速融合的大背景下，AIGC 正在悄然引导着一场深刻的变革，已经成为全球科技巨头积极布局的新赛道。

目前，AIGC 已经开始从崭露头角走向产业化落地，国内外企业积极布局，相关研究成果与应用产品层出不穷。谷歌、微软、Meta、OpenAI 等美国科技巨头企业及研究机构，先后推出 BERT、GPT-3 等具有里程碑意义的大模型，短短 3 年时间模型参数就从最初的 3 亿扩张到万亿规模。OpenAI、谷歌、Meta，以及英国开源人工智能企业 Stability AI 相继推出 DALL-E、Imagen、Make-A-Scene、Stable Diffusion 等文本生成图像大模型，支持将输入文本描述信息生成对应的图像，以及 ChatGPT，其文本交互能力接近于人类水平。近年来，百度、华为、京东、阿里巴巴、中国科学院自动化所、北京智源人工智能研究院等国内知名企业和科研机构，均已在 AIGC 领域投入巨大人力、算力和数据，技术研发初见成效，已经推出文心、盘古、织女、M6、紫东太初、悟道等中文大模型，其中一些大模型在国际权威的基准测试中取得领先。其中，基于 Stable Diffusion 大模型生成的图片可以媲美专业画师的作品，也大幅提高了生成图片的效率，依托消费级显卡即可实现"以文生图"；OpenAI 推出的 ChatGPT 实现了接近于人类水平的文本交互能力，在连续进行对话的基础上，回答的准确性与全面性大幅提升，同时实现代码编写等高级任务的处理，以对话的文本交互方式为基础，大大提升了用户体验。

成熟的技术与产品也掀起了大众"尝鲜"创作的热潮，全球产业界与资本界对 AIGC 的关注度持续升高。新兴好用的 AIGC 工具产品获得用户广泛关注。其中，ChatGPT 在上线两个月后月活跃用户数已破亿，Stability.ai 全渠道日活跃用户数超过 1000 万，而国内的"意间 AI 绘画"小程序在 42 天时间内注册用户量超 117 万。同时，海外一级投资的涌入侧面印证了生成式 AI 的市场潜力。多家西方初创公司获得亿美元级别融资，估值突破 10 亿美元，其中，英国开源人工智能企业 Stability AI 于 2022 年 10 月份宣布获得 1.01 亿美元融资，估值超过 10 亿美元，该公司于 2022 年 8 月面向消费者开放了基于 Stable Diffusion 大模型的 AI 创作平台 Dream Studio，短短几个月注册用户数已经超过了 150 万，创建了超过 1.7 亿张图像；美国 Jasper 公司在 2022 年 11

月获得 1.25 亿美元融资，估值达到 15 亿美元，该公司于 2021 年成立，首年营收就达到了 4000 万美元。此外，推出 ChatGPT 的 OpenAI 公司估值已经高达 290 亿美元。

ChatGPT 成为 AIGC 的里程碑式应用。ChatGPT 主要以文字形式与用户进行对话交流，与以往的聊天机器人相比，ChatGPT 的智能化水平大幅提升，具备 3 个显著特点。第 1 个特点是强交互性，通过与用户进行多轮对话，其可以对过往聊天内容进行再学习，在对话中不断改进输出文本的质量；第 2 个特点是强理解能力，能够分析用户模糊的语言，准确理解用户表达意图，辨别对话中不正确的提问，拒绝不适当的请求；第 3 个特点是强生成能力，可以按照要求，生成适用于不同场景、不同形式的文字，包括邮件、小说、论文和代码等，据报道 ChatGPT 已获得美国行医执照、通过研究生考试等。ChatGPT 是基于 GPT 系列语言大模型技术的最新成果，其研发和运营投入巨大，据估算，其训练计算量级别可能能达到"每秒十万京（ZFLOPS）"，使用微软 Azure AI 平台需要耗费数月时间才能完成该计算量，完成一次训练的成本约为 460 万美元。此外，ChatGPT 的运营成本高昂，按照百万级别用户量计算，每月运行成本约为 300 万美元。

2. AIGC 的兴起得益于深度学习范式和网络结构的迭代升级

从发展背景方面来看，AIGC 的兴起源于深度学习技术的快速突破，技术的进步驱动 AIGC 的可用性不断增强。在 AI 发展初期，虽然对 AIGC 进行了一些初步尝试，但受限于各种因素，相关算法多基于预先定义的规则或者模板，其成果还远远达不到智能创作内容。近年来，基于深度学习算法的 AIGC 技术快速迭代，学术界开始探讨深度生成模型的可能性和发展趋势，并向跨模态方向不断演进增强，AIGC 技术彻底突破了原先的模板化、公式化、小范围的局限，可以快速、灵活地生成不同模态的数据内容，其关键就在于深度学习范式和网络结构的进步。

深度神经网络在深度学习范式上的迭代推动 AIGC 快速发展。生成模型伴随深度学习方法的进步得到充分发展，形成了众多技术路线和技术应用，各条技术路线互相融合借鉴。目前主流方法有 4 类，**一是自回归模型类，擅长处理时序类任务**，代表模型包括 RNN（循环神经网络）、LSTM（长短期记忆网络）、FVBN（完全可见置信网络）和 Transformers 类预训练大模型，如 GPT-3、DALL-E2、ERNIE-ViLG 2.0 等。应用领域主要为自然语言生成、跨模态生成、语音合成、虚拟人的动作表情驱动等。新进展为由 OpenAI 推出的 GPT-3.5 模型，它充分发挥了监督指令微调和从人类反馈中强化学习（RLHF）等技术的作用，已应用于 ChatGPT。**二是变分自编码族类（VAEs），主要对先验数据分布进行建模**，代表模型包括 VAE（变分自编码器）、VQ-VAE（矢量量化变分自编码器）、MT-VAE（运动变换变分自编码器）、VAEBM（变分自编码器和能量模型的共生组合）等。应用领域主要为图像生成编辑、跨模态生成、虚拟人的动作表情驱动、计算机图形学等。**三是生成对抗网络族类（GANs）**，可以直接生成逼真的数据，省略复杂的先验表达和近似推断过程。代表模型包括 GAN（生成对抗网络）、StyleGAN、BigGAN、3D GANs 等。应用领域主要有图像生成编辑、虚拟人的动作表情驱动、计算机图形学、生成式设计等。**四是能量模型（EBM）类，即能量法模型类**，代表性的模型有扩散模型、DDPM（去噪扩散概率模型）、GLIDE、VAEBM 等模型。应用领域主要有图像视频生成、跨模态生成等。其中，由 Stability AI 发布的 Stable Diffusion 大模型，在多种下游任务中表现良好，成为攀升到 GitHub 上点赞数最快达 10 千的软件之一，更是直接引发了全球探索图像生成大模型的热潮。

深度学习模型规模上的量变引起 AIGC 技术能力的质变。实验证明，深度神经网络的学习能力和模型大小呈正相关，伴随着模型参数量的增加，相对应深度神经网络的学习能力一般会大幅提升，AIGC 技术能力已呈现由"单模"生成向"多模"融合、由"弱 AI"向"强 AI"升级的发展趋势。从早期的玻尔兹曼机、多层感知机、卷积神经网络到深度残差网络和 Transformer 大模型，网络结构进化带来了深度学习模型参数量从几万到数千亿的跃升，模型层数也从开始的个位数逐步发展到成百上千。在新型网络结构的加持下，AIGC 算法已在多模态融合下的文本生成、图像生成、视频生成方面有了极大的提高，OpenAI GPT-3、百度 ERNIE-ViLG 2.0、谷歌 Imagen Video 等优质模型与产品的模型参数规模实现了由亿级到百万亿级的数百万倍提升，已能生成高质量、具有高自由度的文本段落、生动美观的图像和具有超高清晰度的视频。

3. AIGC 有望成为助推数字生产力跃升的变革性力量

早在 10 年前，使用合成语音进行导航语音播报、使用机器撰写新闻就已经开始被逐步实现。近年来，得益于深度学习技术在大规模预训练模型和多模态方向上的不断突破，AIGC 技术开始从实验室走向落地应用，作为全球布局探索的新赛道，有望成为助推数字生产力跃升的变革性力量。

AIGC 有望满足日益增长的数字内容需求，海量需求牵引 AIGC 落地应用。随着数字经济与实体经济的融合程度不断加深，以及 Meta、微软、字节跳动等平台型巨头企业的数字化场景向元宇宙转型，人类对数字内容总量和丰富程度的整体需求不断提高。数字世界的繁荣离不开数字内容的丰富，数字内容的生产取决于想象能力、制造能力和知识水平；传统内容的生产手段受限于人类有限的制造能力，逐渐无法满足消费者对于数字内容的消费需求，供给侧产能瓶颈日益凸显。而 AIGC 可以辅助人们快速、灵活地生成数字内容，在绘画、诗歌、作曲等艺术创作领域大放异彩，既激发了广大用户进行"创作"的热情，也极大提升了数字内容供给能力。基于以上原因，AIGC 在各行业中得到了越来越广泛的应用，市场潜力逐渐显现，已经实现输入关键词生成风格化绘画、智能撰写文章与诗歌、智能编曲等任务，且完成的效率与效果大幅提升，例如 Stable Diffusion 在提高质量、提升速度和降低成本方面已有巨大进步，用户使用消费级显卡就能实现秒级的高质量、有创意的图像生成；"微软小冰"能够根据用户输入的图像或者文本，只要 2min 时间，就能创作出一首长度为 3min 的歌曲；ChatGPT 可以按照用户要求，生成适用于不同场景、不同形式的文字，包括邮件、小说、论文和代码等，据报道 ChatGPT 已获得美国行医执照、通过研究生等考试。

AIGC 正在助力提升社会生产力，推动社会进步。一方面，AIGC 能够以优于人类的制造能力和知识水平承担信息挖掘、素材调用、复刻编辑等基础性机械劳动，从技术层面实现以低边际成本、高效率的方式满足海量用户个性化需求；同时能够创新内容生产的流程和范式，为更具想象力的内容、更加多样化的传播方式提供可能性，推动内容生产向更有创造力的方向发展。另一方面，AIGC 能够通过支持数字内容与其他产业多维互动、融合渗透，从而孕育新业态、新模式，打造经济发展新增长点，为千行百业发展提供新动能，它已经开始在软件代码编写、工业设计、分子结构预测、基因编辑等科研生产领域探索应用，帮助缩短研发周期、降低试验成本，正在改变软件、工业、医疗、生物等行业的运行模式。例如，仅根据 ChatGPT 给出的提示，只花 10min 就可以创建一个网站，零基础开发生产级应用程序，由 OpenAI 推出 GPT-3.5 模型，其提供的代码生成产品 GitHub Copilot，使用人数已经超过 120 万，据估算每年节约开发人员成本可达百亿美元；MIT（麻省理工学院）开发的 Fabricaide 已能支持智能安排零件位置、分配材料、分析材料使用情况等，帮助设计师提高效率、节约材料、降低成本；AlphaFold 已经预测出 98.5% 的人类蛋白质结构，有助于深入理解一些关键生物学信息，以更好地开展药物研发；AIGC 也将推动基因编辑、合成生物等技术的进步，加速生物领域取得突破性成果。此外，2021 年以来，"元宇宙"呈现超出想象的爆发力，作为数实融合的"终极"数字载体，元宇宙将具备持续性、实时性、可创造性等特征，也将通过 AIGC 加速复刻物理世界、进行内容无限创作，从而实现自发有机生长。

4. AIGC 发展仍然面临多方面挑战，需要持续推动技术创新和监管治理常态长效

因为 AIGC 的反应迅速、知识输出生动、应用场景丰富，AIGC 在社会生产和生活的方方面面发挥着重要的作用。但与此同时，AIGC 的关键技术、应用保障和治理路径尚未完善，仍然面临多方面挑战，引发一系列亟待解决的问题，需要持续推动技术创新和监管治理常态长效。

AIGC 技术仍有较大提升空间。由于易受模型和数据质量的影响，AIGC 存在不可控及稳定性不足等问题，AIGC 的内容编辑与创作技术不够完善，AI 技术加持的内容编辑与创作技术仍然受制约。在文本生成方面，企业在自然语言理解技术上存在发展瓶颈，生成的文本往往只是简单地套用模板，导致文本结构雷同、千篇一律，而且难以真正地产出感性的、拟人的表达。在语音合成方面，语音的情感嵌入需要大规模的数据支持模型训练，并且对于建模的要求非常高，导致语音表达不够流畅、声音机械感较强等突出问题。在图片生成方面，存在智能图像的处理效果不够理想，实时动作捕捉精准度不足等问题，在应用中，由于整体图片生成质量不稳定，只能对图片内容进行部分编辑；由于视觉大模型同时完成多种视觉感知任务的能力不足，机器视觉的精准度、色彩还原度、仿真度也不能周全，需要后期进行人工标注。

在加深、拓广 AIGC 应用的同时，负面风险持续加剧。伴随着 AI 技术的不断发展和开放，AIGC 已经广泛应用于数字内容的生成生产，在影视、传媒、教育等领域已经得到了大规模应用。与此同时，AIGC 在各领域引发的负面风险持续加剧，为国家安全、社会利益、个人财产及名誉带来实质性危害，并对版权制度造成冲击。一是危害社会及国家安全。极端组织容易利用 AIGC 技术捏造国家政要言论，伪造公务人员虚假视频，从而扰乱社会秩序。2020 年 8 月，美国国会研究服务处发布报告，指出"深度伪造"已成为信息战的一部分。二是给公司、个人的名誉及财产带来损失。例如，2021 年 10 月，欺诈者利用深度伪造语音冒充客户，诈骗某国家的银行机构经理 3500 万美元。三是 AIGC 创作内容的版权归属易引发纠纷。当前，AIGC 创作内容的可版权性存在争议，如北京互联网法院和深圳南山区人民法院针对这一类型纠纷给出了完全相反的判决。此外，AIGC 依赖于海量数据的学习，摹写行为会稀释既有作品的独

创性，可能会侵犯他人合法权益。

AIGC 全球治理路径渐进明晰。当前，全球主要经济体已经掀起了针对 AIGC 的治理热潮，主要呈现细分多样化场景、实施分级分类、强化多元主体共治三大趋势。欧盟明确超大在线平台必须对深度伪造内容进行标记。2022 年 1 月，欧盟出台《数字服务法》修正案，其中明确，深度伪造内容应告知其他用户该内容的不真实性并以清晰可见的方式标记该内容；超大在线平台有责任标记任何已知的深度伪造视频、音频或其他文件。美国提出利用数字水印技术限制深度伪造视频的传播。2019 年 6 月，美国众议院提出《深度伪造责任法案》，旨在通过限制针对视频等内容的深度伪造，打击虚假信息的传播。该法案提出为合成视频标记数字水印，并由司法部部长在法案颁布的 1 年时间内发布数字水印技术规范。我国首次从法规层面明确针对互联网信息服务相关主体的义务。2022 年 11 月，我国出台《互联网信息服务深度合成管理规定》，其中明确细分应用场景并对各应用场景进行分级、分类；强调技管结合，实现技术服务源头治理；划分多元主体责任，加强技术支持方与服务提供方双维治理。《互联网信息服务深度合成管理规定》为规范深度合成技术应用提出了科学化、精细化、体系化的治理方案，有效统筹了深度合成技术应用的安全与发展。

（三）Web3.0 热潮涌动，探索区块链发展新模式

近年来，针对互联网行业发展面临的利益分配失衡、平台资源垄断、个人隐私泄露等问题，全球兴起了新一轮互联网创新探索热潮，力图通过引入区块链、密码学等技术，重构互联网发展未来图景，Web3.0 理念应运而生。总体来看，Web3.0 是以分布式技术重新解决互联网数据权属和价值表达难题的重要创新，有望从技术、产业、经济 3 方面优化互联网，进而推进生产方式、组织秩序和经济形态创新，但当前Web3.0 仍存在发展前景备受争议、技术应用不成熟、有金融衍生风险等关键问题。建议密切关注 Web3.0 发展动向，以包容且谨慎的态度推动相关技术创新与应用探索，积极、稳妥地探索我国 Web3.0 发展之路。

从 Web1.0 到 Web2.0，再到 Web3.0 的演进，反映了互联网发展理念的升级。Web1.0 以向消费者提供信息服务为理念，其典型应用是以雅虎、新浪、搜狐为代表的门户网站，主要特征是门户网站主导创作并向消费者提供服务，用户只能被动地浏览文字、图片及简单的视频内容。Web2.0 以撮合劳动者和消费者为理念，其典型应用

是以淘宝、美团、滴滴为代表的中介平台和以微信、微博、抖音为代表的内容社交平台，主要特征是平台作为中间商撮合多边市场，用户不仅是享受服务的消费者，同样可以成为提供服务的劳动者，在平台上交易劳动力、创造内容或者进行线上社交活动。Web3.0 以去信任、去中介和数字内容资产化为理念，以区块链为底层网络平台，以 AIGC 为核心生产力，以数字生产、数字消费和数字交易为主要经济形态的新一代互联网，其主要特征是利用分布式账本技术对 Web2.0 应用逻辑进行重构，利用区块链的可信协作、分布式执行、数据保护、资产转移等能力进一步整合信息流、业务流和价值流，以更加标准化的、更加智能化的智能合约来实现现有互联网应用服务。Web3.0 核心特点及关键技术如图 6-11 所示。

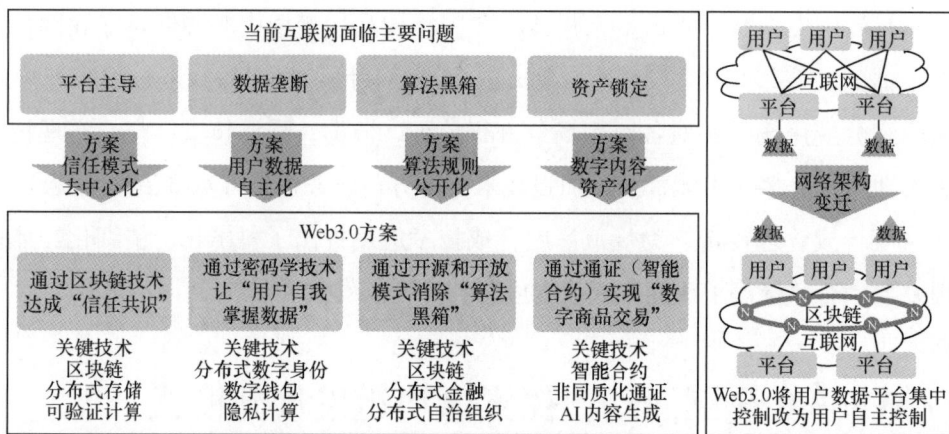

图 6-11　Web3.0 核心特点及关键技术

Web3.0 技术应用的总体架构可被分为基础设施层、组件层和应用层。基础设施层好比构筑大厦的地基，主要包括区块链、分布式存储、算力网络等。组件层类似于构建屋舍和装修所需要的通用材料，包含基于区块链平台的数字资产发行和流通、数字身份、数字钱包、分布式金融（DeFi）等组件，为数字资产交易、应用生态搭建、数据安全保护、应用互操作提供可定制的模块化解决方案，是 Web3.0 技术应用的总体架构的核心部分。应用层相当于人们在工作和生活的各类场所，构建在分布式基础设施和可组合组件之上，为满足下一代互联网新需求而不断丰富应用生态，一方面它对从 Web2.0 迁移而来的应用进行重构，如数据流通、跨境支付、供应链管理、知识产权管理等应用，另一方面，伴随 Web3.0 新理念的出现诞生了数字原生应用形态，如金融、社交、协作、游戏等应用在数字产权回归的背景下体现的新表达模式。

海外形成以以太坊为首的"一超多强"多链生态。截至 2022 年 8 月，代码管理平台 GitHub 上的 Web3.0 相关开源项目的月活跃开发者人数达 1.8 万。在基础设施层，以太坊拥有最庞大的开发者社区和用户群体。以太坊生态实际月活跃用户数达 3000 万，月活跃开源项目约为 4000 个，全职开发者人数约为 1200。以太坊生态月活跃开发者人数约为 4100，随后依次是 Polkadot（月活跃开发者约为 1400 人）、Cosmos（月活跃开发者约为 990 人）、Solana（月活跃开发者约为 860 人）、币安智能链（月活跃开发者约为 340 人）。在组件层与应用层，分布式金融是 Web3.0 优先落地方向。截至 2022 年 8 月，海外 Web3.0 生态稳定运行的分布式应用（DApp）约为 3.1 万个，月活跃用户数超过 10 的 Web3.0 组件层相关项目达 1100 个，月活跃用户数超过 100 的 Web3.0 组件层相关项目达 450 个。全球约有 9000 位月活跃开发者推动组件层和应用层的技术演进，其中约有 47.8% 的开发者主要负责研发分布式金融相关组件。Web3.0 产业生态现状及关键参与者如图 6-12 所示。

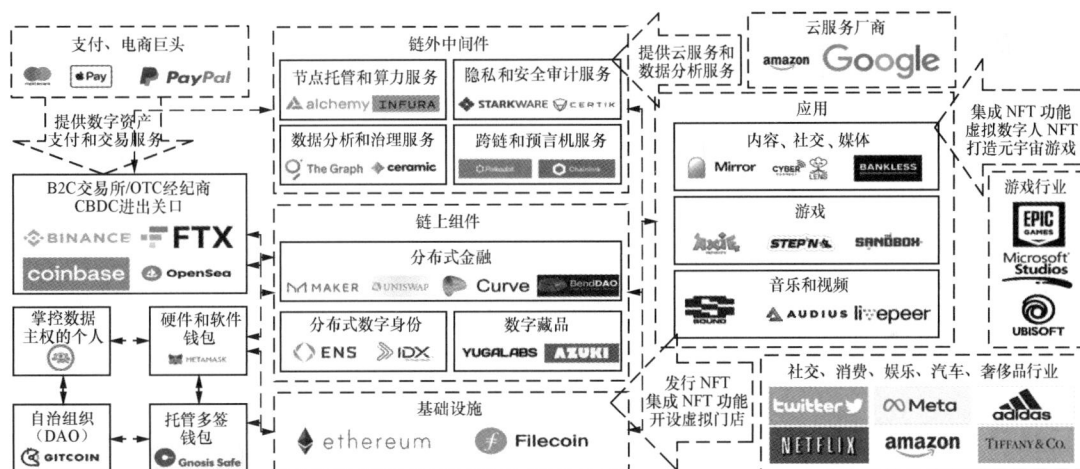

图 6-12　Web3.0 产业生态现状及关键参与者

海外 Web3.0 创业投资额度增长迅速。截至 2022 年 6 月，全球相关投融资总金额约为 1600 亿美元，投资机构主要分布在北美和欧洲，北美地区以约 733 亿美元的投资额处于全球领先地位，欧洲地区以约 275 亿美元的投资额位列第二。海外龙头企业积极布局，押注下一代互联网。一方面，社交媒体平台巨头、消费品牌竞相发力。脸书、Twitter 等社交媒体平台巨头允许用户展示数字藏品或非同质化通证（NFT）认证头像并开通数字资产打赏功能；星巴克、耐克、蒂芙尼等消费品牌发行 NFT，促进品牌营销。另一方面，电商巨头、云服务商加大投入力度。易趣、Shopify 等电商巨头允许在平台上买卖 NFT；亚马逊、谷歌云等云服务商为客户提供公链节点托管和数据分析服务。

发达经济体积极发布 Web3.0 政策，以求平衡创新和风险。Web3.0 的去中心化互联网形态为各行各业带来了重大变革，同时衍生出新的组织和产业形态，也为监管带来了重大挑战。例如，区块链技术支撑的匿名性社区，会为内容治理带来新的挑战；去中心化金融产品所蕴含的金融风险，也会考验金融管理部门的监管和防范能力。目前各国监管政策主要关注 Web3.0 生态系统中的三大风险，一是洗钱和恐怖主义融资风险，二是消费者权益保护面临的风险，三是金融稳定方面带来的潜在风险。2022 年 3 月，美国总统拜登签署行政令，希望通过制定防范风险和引导"负责任创新"的政策，确保美国在全球数字资产生态中继续发挥领导作用。2022 年 6 月，日本政府批准了《2022 年经济财政运营和改革的基本方针》，意图利用其在加密资产交易所和文娱领域积累的产业优势支持 Web3.0 发展，逆转日本在 Web2.0 时代的战略颓势。2022 年 10 月，欧盟理事会通过《加密资产监管市场提案》，为欧盟加密资产的有序发行和交易提供监管制度基础。

Web3.0 价值互联网与我国数据要素市场的发展理念殊途同归。Web3.0 和数据要素市场都着重讨论数据作为新时代的生产资料应该归属于谁，如何改善数字空间中数据要素的产权关系，数据要素如何安全地自由流通，其产生的价值应如何合理分配等问题。前者的基本对象是数字资产，后者的基本对象是数据资产。两者都尝试通过区块链技术对生产资料进行确权、使生产资料流通并形成有效市场。随着数字经济的纵深发展，以数字资产交易为主要形式的数字原生经济将成为数字经济发展的重要组成部分。短期内，Web3.0 可以实现金融资产、知识产权、数据等资产的链上确权与交易，在数字票据、跨境支付、数据交易、算力交易、能源交易等领域实现链上价值转移；从长期看，面对蓬勃发展的数字资产领域，不仅需要结合新兴数字技术，开辟新型交易场所，同时要加紧制定配套的法律法规和交易规则，才能更好地促进我国数字经济的繁荣和发展。Web3.0 价值互联网与数据要素市场的关系如图 6-13 所示。

Web3.0 的发展仍存在不确定性，相关风险不容忽视。一是业界认知不一致。虽然 Web3.0 已经赢得了不少拥护者，但当前业界对 Web3.0 的认识还远未统一，各方对其发展前景也存在较大争议。2021 年 12 月，特斯拉首席执行官马斯克在社交媒体平台上发布内容称"现阶段 Web3.0 并不是真实存在的，更像是市场营销术语"，Twitter 前首席执行官多西也抨击说"当前阶段，Web3.0 只是风投机构赚钱的概念性工具"。二是应用模式尚不成熟。虽然 Web3.0 代表了一种网络未来发展的愿景，已经得到了部分人的充分认可，但现有技术体系构建的 Web3.0 仍存在技术洼地，相关商业模式的探索也处于早期实验阶段，未来技术演进路径还不清晰，是否能够突破当前技术瓶颈，找到真正有价值的应用场景，还存在较大的不确定性。三是金融风险值得警惕。虽然Web3.0 的数字资产具有补充数字经济活力的潜力，但同时也会对金融稳定性产生影响。数字资产的可编程性容易使融资、保险、借贷等金融服务成为不法分子掠夺、牟利的工具。一方面，Web3.0 与加密资产深度绑定，市场炒作、盲目投资等乱象频生，部分风投机构、加密资产参与者、技术创新者等市场主体，积极炒作 Web 3.0 及相关概念以吸引投资，存在以 NFT 等为噱头的集资变种并开展金融炒作的倾向，意图利用市场热度误导公众。另一方面，Web3.0 的开放生态环境使得应用系统之间彼此深度依赖，其金融开放性、全民性、传染性容易引起连锁反应，衍生出巨大的金融风险。例如，2022 年稳定币 Luna 脱锚导致韩国 20 万人蒙受损失，加密资产交易所 FTX 挪用客户资金致使客户资产损失超 70 亿美元，创业项目非法集资、风投机构破产清算、金融机构资不抵债等事件持续发酵，这些都昭示着当前海外 Web3.0 生态蕴含的金融风险隐患不容忽视。

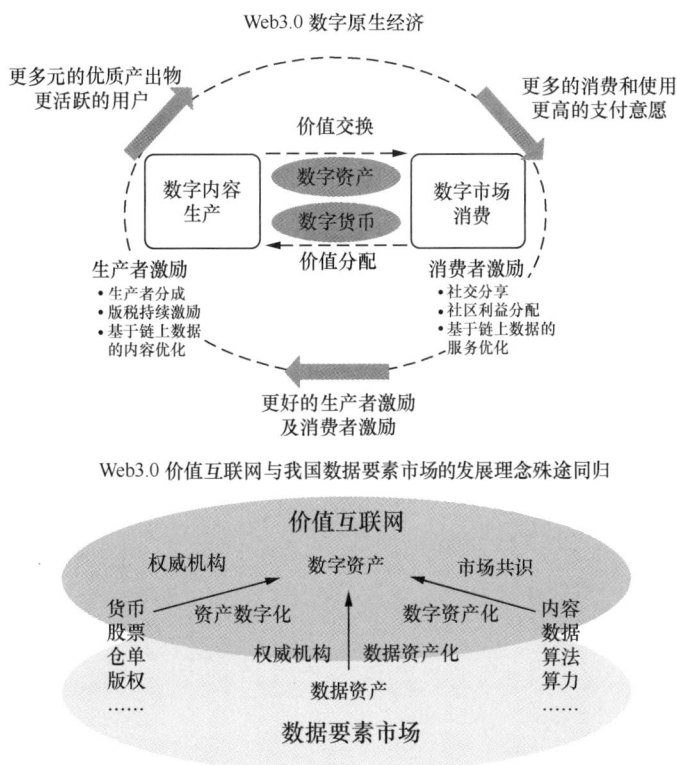

图 6-13　Web3.0 价值互联网与数据要素市场的关系

Web3.0 是一种新的数字经济发展模式，有望深刻影响下一代互联网，其技术价值和商业价值存在广阔的提升空间，我们既需要正确认识新技术产业的发展规律，高度关注创新发展动向，准确把握发展机遇，抢占发展先机，同时又不可一味照搬国外发展模式，应结合国情采取包容且谨慎的态度，坚持发展和安全统筹兼顾，多措并举有效防范化解新技术、新应用带来的风险与挑战，积极稳妥探索具有中国特色的 Web3.0 发展之路。

三、2023 年大数据与人工智能领域发展展望

（一）AIGC 技术将推动人工智能产业新一轮变革

第一，大模型提高 AIGC 技术成熟度，以 ChatGPT 为代表的 AIGC 应用商业模式初显雏形。 结合自然语言的大模型与数据集已成为 AIGC 发展的软件基础，模型的生成质量与其规模大小呈正相关。随着模型规模、算力规模、数据规模的不断扩大，AIGC 模型的泛化能力、迁移能力也将得到大幅提升。近年来，研究界在大规模深度网络、多模态 AI 方面的探索表明大模型具备易扩展性，能够实现跨模态的知识沉淀，以面向视觉、语言等多模态的大模型为基础模型，通过大模型小型化技术使得 AI 在小数据集场景下也能具备优秀的理解、生成和泛化能力，具有超大规模、超大参数量的多模态大型神经网络将引领 AIGC 技术升级正在成为学界、产业界共识。以 ChatGPT 为代表的大语言模型推动人机交互方式进化、带动人机交互类产品更新换代，继而推动人机对话在智能客服、智能音箱、智能车载等众多场景中的不断深化应用，使得相关行业的客服效率提升、人力成本降低，同时人机交互类应用带来的变革体验也将成为探索互联网获取信息服务新模式的动力。

第二，跨模态融合使 AIGC 应用更广泛，满足日益增长的数字内容需求。 单一个体的内容生成对构建理想的数字世界而言是远远不够的，AIGC 技术的下一个发展方向是通过不同生成个体间的交互进行内容创作。目前，AIGC 正在完成从生成新闻等降本增效简单应用，向绘画创作等创造额外价值的应用转移，已经从最初追求生成内容的真实性，发展到满足生成内容的多样性、可控性的需求进阶，并开始追求生成内容的组合性。数字世界的繁荣离不开丰富的内容，通过整体的、多模态的复杂场景创作，将有望利用 AIGC 生成更多数智内容，进而反哺核心及关联领域，促进共同发展。AIGC 激发了广大用户使用其"创作"的热情，极大地提升了内容供给能力，满足未来数字世界、元宇宙的内容需求。文本、图像、视频三者之间自由转换、数字人生成、数字资产生成、AI 游戏生成等更加丰富和生动的数字内容组合与表达将成为未来应用发展的重点。

第三，多技术路线融合推动 AIGC 能力升级，赋能多垂直行业应用。 AIGC 的未来呈现由单一"数据驱动"向"数据和知识双轮驱动"发展、由单一"深度学习"向

"深度学习与强化学习相结合"发展的趋势。一方面，缺乏知识推理能力的 AIGC 存在生成内容不稳定、不可解释、迁移使用难、依赖标识、难以泛化等突出缺点，未来的 AIGC 将向"数据和知识双轮驱动"发展，通过精准理解与计算各种形态的知识，为鲁棒性更强、更专业的内容设计与合成打开新的窗口。另一方面，得益于深度学习强大的特征表达能力和有效的策略学习能力，深度强化学习在连续对话、AI 游戏生成等一系列复杂应用场景下的内容生成任务中取得了令人瞩目的成就。通过将深度学习的表征优势与强化学习的决策能力相结合，基于深度强化学习的 AIGC 作为新兴的研究热点，将有希望突破传统单一内容生成限制，赋能更多行业转型与应用落地。

（二）数据要素化需求推动数据技术加速变革

随着数据成为生产资料，数据要素化带来的相关需求与日俱增，进一步加速传统数据技术和应用模式的更新迭代，以满足释放数据要素价值、解放数字化生产力、推动数字经济高质量发展的目标。在数据技术架构、开发应用模式、管理组织方式等方面，新的变革正在不断产生，具体表现如下。

湖仓一体成为新数据平台架构。数据仓库是 20 世纪 90 年代诞生的对结构化数据进行组织和分析的重要理论，作为一种主要的数据平台架构沿用至今。近 10 年，随着移动互联网的发展，非结构化数据所占比例快速增加，面向多种类型数据进行统一数据存储的数据湖架构逐渐兴起。当前，数据仓库和数据湖两种数据平台架构呈现并存的态势，部分企业开始考虑尝试通过技术手段打破湖仓壁垒，构建综合数据平台，湖仓一体架构由此提出。湖仓一体架构通过在底层支持多种数据类型，实现多模数据共享，同时用户通过上层统一封装的接口进行数据访问，支持查询和分析各种类型的数据。目前，湖仓一体架构仍处于发展初期，主要由技术厂商推动相关研究的进行，电信、金融等部分行业头部企业也开始考虑开展有关实践。

DataOps（数据运营）成为数据开发应用新模式。随着数据作为生产要素的属性逐渐受到关注，更多的企业希望将自身打造成数据驱动企业，通过数据分析和数据应用指导自身的业务决策和发展。在此过程中，传统的数据开发应用模型存在数据项目链路长、协同差、数据准备时间长、数据质量低等问题，DataOps 这一概念应运而生。DataOps 在组织、流程和工具 3 个方面对企业产生影响，要求组织内人员深入吸收数据文化、加强协作，同时重构工作流程，以更加一体化的方式进行数据的开发、治理、运维和应用，其作为一种开发应用新模式进一步提升数据转化价值的效率。

Data Fabric（数据经纬）成为数据管理组织新方式。 数据要素市场的形成涉及数据权属、定价、安全保护等一系列问题，传统数据管理模式在此情况下面临着新的挑战。随着当前数据规模的增加和数据关系复杂度的提升、数据权属问题的复杂化，传统集中式数据管理模式无法满足需求，出现了 Data Fabric 这一概念。Data Fabric 基于主动型元数据、增强数据目录、数据虚拟化等技术，形成了一套分布式、自动化、智能化的新型数据管理模式，力图解决传统集中化数据管理模式难以应对的各种问题。

（三）新一代云计算架构雏形初现，为云的创新发展积蓄动能

后摩尔时代，传统以 CPU 为中心的云计算架构正在逐步逼近性能极限，依靠芯片堆叠提升性能等方式难以满足飞速增长的算力需求，同时，随着数据密集型计算场景的普及，用户对低时延、高带宽的算力网络的需求也越来越大，颗粒化管理 CPU、GPU、DPU 等硬件，提升微服务应用间的通信效率成为刚需。在此背景下，云计算架构由"以应用为中心"向"以数据为中心"演变，由定制化云端处理器连接上层云计算操作系统与下层云计算基础设施组成的新一代云计算架构呼之欲出，如图 6-14 所示。

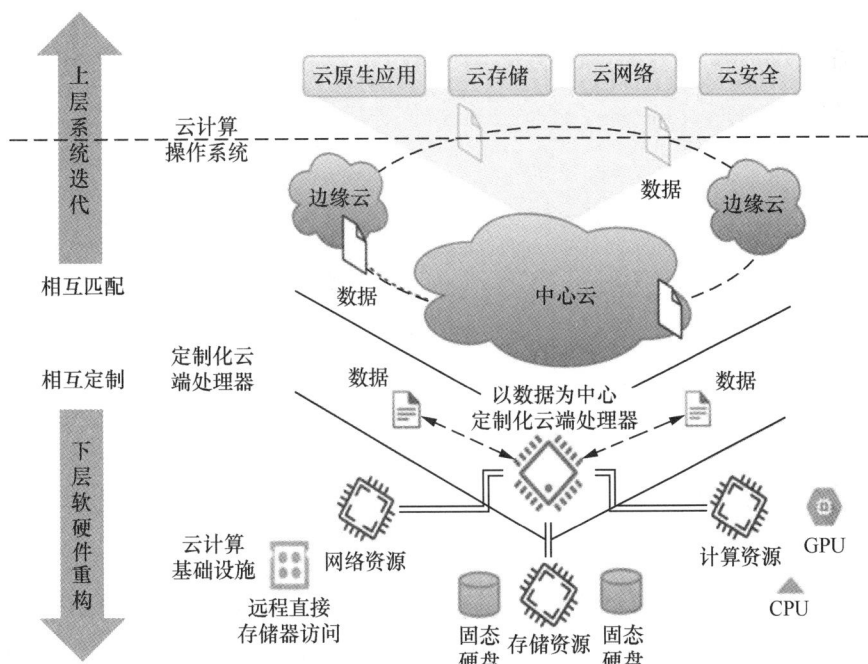

图 6-14　新一代云计算架构

新一代云计算架构共有 3 层，3 层相互匹配、相互定制，上层系统不断迭代、下层软硬件不断重构，呈现算网一体、云数融合、软硬件协同三大特点。

上层云计算操作系统呈现算网一体的特点。为适应定制化云端处理器架构，云计算操作系统加速变革，由基于 OpenStack、Kubernetes 等技术的算力编排和调度向算力和网络深度融合的新型调度技术发展，逐步形成"算中有网、网中有算"的复合体，并通过处理单元的细粒度管理，进一步提升云计算操作系统的全局性、智能性，改善微服务应用间的通信效率。

定制化云端处理器呈现云数融合特点。将数据作为新一代云计算架构逻辑判断的核心，研发基于云场景的专用芯片，一方面提升大规模资源管理能力，保障云计算的弹性优势；另一方面改善数据分发能力，直接将数据分发至专用处理器计算，将 CPU 从复杂繁重的工作中解放出来，减少处理逻辑上下文切换频率，提升计算效率。目前，AWS（亚马逊网络服务）的 Nitro、阿里云的 CIPU（云数据中心专用处理器）、中科驭数、云豹智能等均启动了对定制化云端处理器的探索。

云计算基础设施呈现软硬件协同特点。为适配定制化云端处理器和云计算操作系统，底层的云计算基础设施需要结合架构、系统特点，软件和硬件充分协同，更好地适配云化场景。一是计算资源，CPU、GPU 等多种硬件处理器通过超异构软件技术统一输出，合理调配算力资源，提升集群计算能力；二是存储资源，通过 NVMe、Virtio-blk 等技术整合存储资源，推动存储硬件和软件协同，最大化解决存储安全、可靠问题；三是网络资源，网关、路由等网络设备可编程程度不断提升，通过 P4、RDMA（远程直接存储器访问）等技术推动网络性能的不断提升。

（四）算力调度技术创新更好地支撑算网基础设施一体化、规范化发展

随着数字化转型的深入推进，各类数字应用场景对多元异构算力互联、云边端算力协同的需求不断增加。同时，用户对算力敏捷、弹性、随需供给的需求也在快速增加，算力需求的变化推动算网服务模式向算网融合演进。算网融合是以全域算网态势感知、跨网融合编排、统一路由调度等技术为手段，以实现算力资源随需供给为目标的一种算网服务模式，能够为用户提供更加灵活泛在、弹性、敏捷、智能随需供给算

力资源的算力服务。其中，统一路由调度指根据资源编排结果及算力和网络状态，形成算力调度策略，并根据相应的策略进行算力调度。

以算力调度为重要组成的算网融合关键技术的创新发展，将为我国算网基础设施一体化、规模化发展奠定重要基础。在算网融合关键技术的支持下，我国算网基础设施发展将呈现以下四大趋势。一是算网基础设施一体化发展趋势更为明显。算网融合关键技术需要算力和网络协同配合，其对现有算力和网络基础设施能力提出较高要求，能够有效推动算网基础设施能力升级，夯实算力底座，促进算网资源一体化发展，为"东数西算"工程建设提供坚实基础。二是算网资源管理趋向全局化。算力调度技术的应用可促进数据在更大范围内调用，进一步扩大了算力基础设施服务范围，摆脱了以往算力基础设施在区域内聚集且仅为本区域内的用户提供算力的服务模式。同时，也避免算力基础设施远离用户侧而导致利用率不足等问题。三是异构算力互联机制更加灵活化。异构算力互联能够有效发挥多种类型算力协同开展业务服务的优势，在算网融合关键技术的支持下，通用、智算、超算等多种类型算力可基于统一标准接入算网调度平台，实现对多种类型算力的纳管，异构算力可灵活、高效地互联、协同开展工作。四是算力交易机制趋向规范化。当前，算力度量、感知、编排等相关技术仍处于探索阶段，基于这些技术的算力交易机制及平台建设同样处于实验研究阶段，尚未形成成熟的商业应用形态，技术标准相对匮乏。随着算力调度、交易需求的不断增加，以及社会多方企业的协同参与，相关技术标准将进一步健全，算力交易将趋向于规范化。

数字经济与工业经济篇

导　读

党的二十大报告提出，要"建设现代化产业体系"。数字经济与工业经济作为现代化产业体系的重要组成部分，受到党和国家的高度重视，成为支撑宏观经济增长的关键动能，呈现诸多新特点和新发展态势。**一方面，数字经济发展加速转向深化应用、规范发展、普惠共享的新阶段。**数字技术在实体经济中的应用广度和深度不断增加，平台经济规范健康持续发展、共享数字红利成为常态。第二产业数字化渗透率及对数字经济增长的贡献率不断提升，我国正进入服务业数字化和工业数字化"双引擎"支撑发展的新阶段。数字经济产出效率实现跨越式提升，2018 年以来，我国数字技术对工业效率的提升作用更加明显，数字经济发展效率正进入下一个换挡提升阶段。**另一方面，工业经济"压舱石"作用进一步显现。**近 10 年，我国工业增加值保持中高速增长，2022 年，在多重超预期因素的冲击下，工业经济再现强大韧性，中国经济总体延续恢复发展态势再次发挥经济"压舱石"作用。我国制造业结构不断优化，但中高技术制造业与发达国家之间仍存在差距。我国制造业头部企业的数量持续增加，总营业收入创历史新高，收入增速位居全球首位，盈利能力大幅提高。

2022 年，数字经济与工业经济领域热点主要体现在以下 3 个方面。**一是数字经济战略加速落地，政策抓手不断创新。**多部门协作机制、数字经济产业园区考核评价为地方数字经济发展提供思路，成为现阶段落实数字经济发展目标、推动数字经济高质量发展的有效手段。**二是数据要素市场建设加速成势。**当前，数据驱动经济增长的能力初步显现，数据基础制度体系加速构建，我国形成场内交易与场外交易相结合的数据交易市场。**三是制造业稳增长措施加力显效，比重首次回升。**制造业持续稳定恢复发展，2021 年我国制造业增加值占 GDP 的比重首次回升，达到 27.4%，全国制造业产能利用率达到 77.8%，较上年提升 2.9 个百分点。

在党和国家的高度重视下，我国数字经济与工业经济将迎来大繁荣的新发展契机。**一方面，**数字经济新 10 年的发展大幕已然开启，我国数字经济正在步入"量质齐升"的新一轮快速发展期，预计到 2032 年，数字经济规模将超过 100 万亿元，10 年间增长超过 50 万亿元，进一步成为国民经济增长的重要支撑。**另一方面**，在供需两端的持续发力下，工业经济长期向好态势不改，工业供给体系质量提升，工业需求结构不断升级。

本篇作者：

孙克　李小虎　巩天啸　何阳　汪明珠　姜颖　胡燕妮　耿瑶　王李祥　冯泽鲲　郭怡笛
贺新宇　袁媛　张洁　汤惠民

一、2022 年数字经济与工业经济领域发展综述

近年来，受国内外多种因素影响，我国经济下行压力加大，经济运行面临的困难和风险增多，但我国经济长期向好趋势未变。尤其是自党的十八大以来，我国经济朝着更高质量、更高效率、更加公平、更可持续的方向稳步发展，经济整体运行稳中向好，经济结构持续优化，质量效益稳步提升。具体看，数字经济与工业经济成为宏观经济发展的重要支撑。

数字经济是经济复苏的中坚力量。一方面，数字经济已成为经济高质量发展的有力支撑。2002—2011 年，我国数字经济平稳增长，年均增速约为 14.6%，数字经济占GDP 比重年均提升约 1 个百分点，是国民经济的组成部分。自党的十八大以来，在"宽带中国""工业互联网"等政策的推动下，我国数字经济规模由 11.2 万亿元增长至45.5 万亿元，年均增速高达 15.9%，显著高于同期 GDP 增速，占 GDP 比重由 20.9%提升至 39.8%，成为国民经济发展的引领力量。**另一方面**，经济增长的主要动力来源于数字化转型加速。2000—2012 年，我国经济增长的主要动能为传统资本与劳动力，二者对于我国经济增长的平均贡献度达 67.4%，作为新动能的全要素生产率与数字资本的平均经济增长贡献度仅为 32.6%。2012 年至今，这一贡献结构发生根本性改变，数字资本的经济增长贡献度快速上升，并于 2018 年首次超过传统资本的经济增长贡献度，经济增长的资本驱动模式呈现数字化转型特征，数字化投入的经济增长贡献度持续提升。

工业经济是结构升级的关键动能。一方面，制造业内部结构优化。党的十八大以来，装备制造业和高技术制造业保持较好、较快的发展态势。2013—2021 年，装备制造业和高技术制造业增加值年均分别增长 9.2% 和 11.6%，增速分别高于规模以上工业增加值增速 2.4 个百分点和 4.8 个百分点。2021 年，装备制造业和高技术制造业增加值占规模以上工业增加值比重分别为 32.4% 和 15.1%，比 2012 年分别上升 4.2 个百分点和 5.7 个百分点，我国工业经济增长质量进一步提升。**另一方面**，工业发展质量不断提升。我国工业由规模速度型向质量效益型转变，全要素生产率呈现较为明显上升趋势，工业经济呈现生产运行平稳、结构转型加快、新动能加快孕育的新特点，发展的质量和效益得到了明显提升。

（一）数字经济发展转向深化应用、规范发展、普惠共享的发展新阶段

我国数字经济发展正加速转向深化应用、规范发展、普惠共享的新阶段，这成为我国经济发展的重要驱动力。

1. 数字经济成为稳增长的重要驱动力

数字经济发展再上新台阶。 在党中央的坚强领导下，在全社会的共同努力下，2021 年，我国数字经济发展取得新的突破，数字经济规模达到 45.5 万亿元，较"十三五"初期增长了 1 倍多，同比名义增长 16.2%，高于 GDP 名义增速 3.4 个百分点，占 GDP 比重达到 39.8%，较"十三五"初期提升了 9.6 个百分点，数字经济作为宏观经济的"加速器""稳定器"的作用愈发凸显。我国 2016—2021 年数字经济规模如图 7-1 所示。

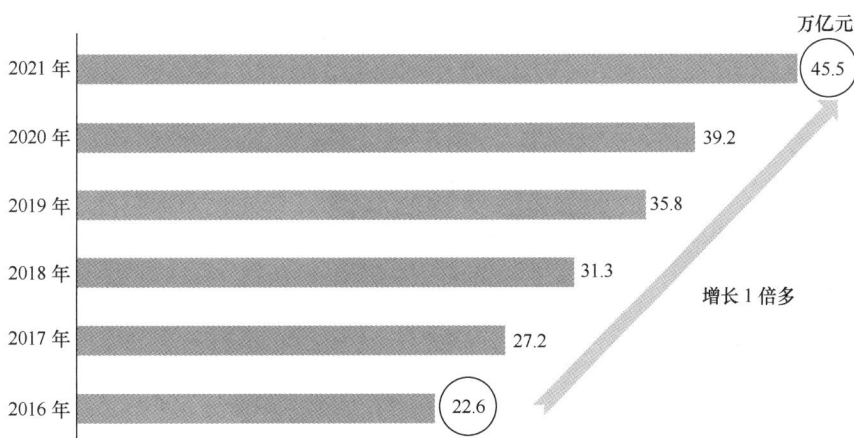

图 7-1 我国 2016—2021 年数字经济规模
（数据来源：中国信息通信研究院）

2. 服务业数字化和工业数字化"双引擎"驱动数字经济发展

2019 年至今，工业数字化占产业数字化比重明显上升，由 26.8% 提升至 29.8%[1]，工业数字化与服务业数字化共同构成驱动数字经济发展的"双引擎"。近 5 年，服务业数字化渗透率增幅下降 0.6%，与之相应的，工业数字化渗透率增幅上升 1.4%。工业互联网是数字化转型的核心方法论，工业互联网融合应用迈入快速成长

---

[1] 2019 年工业数字化占产业数字化比重为 26.8%，2021 年为 29.8%。

期，形成了平台化设计、智能化制造、个性化定制、网络化协同、服务化延伸、数字化管理等六大典型工业互联网融合应用模式。应用广度和深度不断拓展，我国工业互联网已覆盖 45 个国民经济大类，具有影响力的工业互联网平台有 240 余个，其中跨行业、跨领域的平台有 28 个，有力促进了产品全流程、生产各环节、供应链上下游的数据互通、资源协同，加速企业数字化转型。我国 2002—2021 年数字经济内部结构如图 7-2 所示。

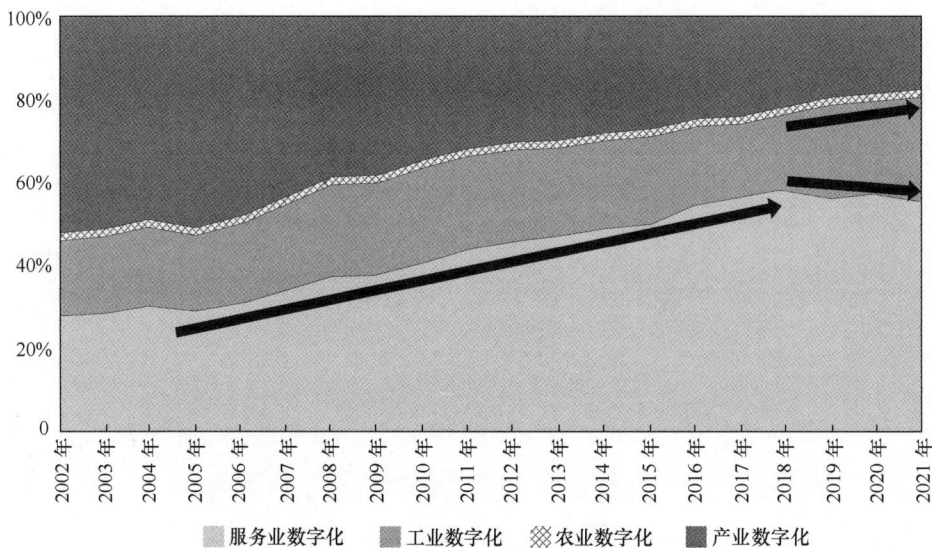

图 7-2　我国 2002—2021 年数字经济内部结构
（数据来源：中国信息通信研究院）

3. 数字经济投入 - 产出效率实现跨越式提升

我国数字经济投入 - 产出效率[2] 水平由 2002 年的 0.9 提升至 2022 年的 3.0。其中，2007—2017 年，在消费级数字经济的强势带动下，数字经济投入 - 产出效率进入快速上升阶段，数字技术对服务业效率的提升作用更明显。2017 年以来，数字经济由消费领域向生产领域拓展，数字技术对工业效率的提升作用显现，2017—2020 年提高了 1.13 倍，数字技术对工业效率的提升作用反超服务业，数字经济投入 - 产出效率正进入下一个换挡提升阶段。我国 2002—2022 年数字经济投入 - 产出效率如图 7-3 所示。

2　数字经济投入 - 产出效率 = 全国数字经济规模 / 全国数字化总投入规模。

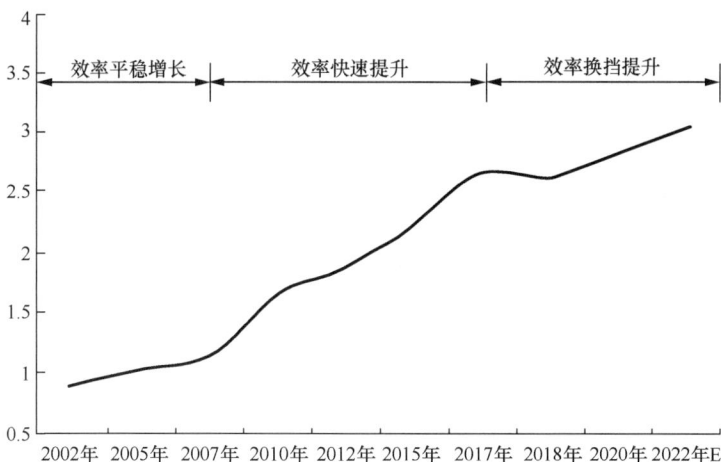

图 7-3　我国 2002—2022 年数字经济投入 - 产出效率变化

（数据来源：中国信息通信研究院，国家统计局）

4. 数字经济重点领域发展成效显著

我国数字基础设施建设走在世界前列。网络基础设施技术全球领先。我国已建成全球规模最大的光纤和移动宽带网络，5G 网络规模全球第一，基站总量占全球 60% 以上，截至 2022 年 6 月，我国所有地级市全面建成光网城市，其中 29 个城市率先建成"千兆城市"，行政村历史性实现"村村通宽带"，网络覆盖范围持续扩大，农村及偏远地区加快扩大网络覆盖范围。千兆光网具备覆盖超过 5 亿户家庭的能力，千兆光网用户数达 7603 万，位居全球首位。融合基础设施建设取得重要进展。工业互联网基础设施逐步完善。高质量外网覆盖全国 300 多个城市，以国家顶级节点为中心的标识解析体系规模化发展，五大国家顶级节点稳定运行，二级节点实现了 31 个省（区、市）全覆盖，服务企业近 24 万家，具有一定区域和行业影响力的工业互联网平台超过 150 家，工业设备连接近 8000 万台（套）。算力基础设施能力显著增强。截至 2022 年 6 月，我国在用数据中心机架总规模超过 590 万标准机架，近 2000 万台服务器，算力总规模超过 150EFLOPS，位居全球第二位，其中，智能算力占全球 45%，高于美国（28%）同期水平。据不完全统计，目前全国已经有 26 个城市在推动或完成智能计算中心的建设，以满足 AI 计算的算力需求。感知设施快速发展。截至 2022 年 9 月，我国 NB-IoT、4G、5G 基站数分别达到 75.6 万个、596.2 万个和 222 万个。移动物联网连接数达 17.5 亿，占全球移动物联网连接数的比重超过 70%。移动物联网应用场景不断丰富，已形成车联网、公共服务、零售服务、智慧家居等 4 个亿级应用，以及智慧农业、智慧工业、智慧物流等 3 个千万级应用。

数字技术产业体系不断完善。通信网络技术继续保持领先地位。2022 年，我国声明的 5G 标准必要专利数量全球占比 40%，位列全球首位。5G 中频设备水平国际领先，海思、紫光展锐 5G 芯片设计达到国际先进水平。光通信综合实力全球领先。在整机设备、光模块、光纤光缆三大领域，中国企业市场份额均超过 50%。AI、云计算、大数据、区块链等新兴技术水平跻身全球第一梯队。AI 产业发展迅速，整体水平紧跟美国，位居全球第二位。截至 2022 年 9 月，我国 AI 企业数量达到 3982 家，占全球 AI 企业数量的 15%，区块链累计专利申请受理数量占全球 58%，产业结构方面，计算机视觉和语音识别市场规模较大，市场规模占比均超过 20%，硬件领域市场规模占比超过 11%。大数据技术产业创新活跃，我国大数据市场规模达 863 亿元，Inspiro 知识产权大数据与智慧服务系统数据库数据显示，我国受理的专利数量位居世界首位，占比超过 1/2，达 58.78%；美国为第二大专利受理国，受理的专利数量占比约为 16.84%。区块链技术多向优化趋势明显，国内以联盟链为主体，国产自研区块链占比不断提升，自研区块链呈现"择优而取"的特点，性能方面已有较大提升，当前平均每秒交易处理性能（TPS）已超过 10 万，安全性保障、隐私保护等方面也在不断加强。

融合应用持续深化。工业互联网成为数字化转型的关键路径。应用广度不断拓展，工业互联网已在原材料、消费品、装备等 31 个工业门类广泛部署，覆盖 45 个国民经济大类，形成研发、生产、制造、销售、管理等全产业链条的数字化支撑服务能力。应用深度持续加深，工业互联网与 5G、大数据、AI 等的融合创新发展水平处于全球前列，"5G+工业互联网"在建项目总数超过 4000 个，车联网基础设施加快部署，多地积极开展车联网示范应用，北京、长沙、上海、重庆等地实现了 5G、LTE-V2X 在测试园区、开放道路、高速公路等多种环境的网络覆盖；江苏省无锡市、天津市西青区、湖南省长沙市、重庆市两江新区积极创建国家级车联网先导区，探索车联网先导性应用场景的规模化落地。数字平台加速兴起，中国信息通信研究院监测，国内目前有影响力的工业互联网平台达到 240 个，初创平台超过 250 个。2021 年，我国产业数字化占 GDP 比重达到 32.5%，是数字产业化占 GDP 比重的 4 倍，占比同比提升 1.3 个百分点。

数字经济治理体系逐渐完善。国内治理的"四梁八柱"基本形成。我国在网络信息服务、网络安全保护、网络社会管理等方面不断完善立法体制，基本形成覆盖安全保障、用户权益保障和公平竞争保障等多方面的法律制度体系，治理工具和手段不断丰富、完善。国际治理格局加速重构。跨境数据流通方面，"跨境数据自由流动＋公共政策/安全例外"的规则模板日益得到各方支持。AI伦理方面，联合国教育、科学及文化组织发布了全球首个规范性框架《人工智能伦理问题建议书》，欧盟委员会提出"基于风险"的治理路径。数字税收方面，单边数字税收征管由热转冷，奥地利、法国、意大利等国家和地区取消或暂缓推出数字税方案。数字货币方面，国际清算银行推动清算基础设施标准、跨境支付、加密资产风险等规则的形成。

数据要素价值加速释放。企业应用方面，随着数字化转型的加速推进，大量企业已经开始采集数据、使用数据，涌现出大量优秀应用案例。数据驱动产品和服务创新正不断为企业带来新的价值增长点。如，三一集团、徐州工程机械集团、陕鼓集团等装备企业基于设备数据提供运维服务和后市场服务的模式，成为企业重要的收入和利润来源。数据流通方面，现阶段，我国数据交易以场外交易为主，主要体现为企业间交易。场内交易仍在加速探索中，截至2022年12月，我国已建成或筹建中的区域级以上数据交易所共有30余家，但与美国相比仍有较大差距。制度设计方面，国家、地方、行业等的数据基础制度正在加速建设。中国共产党中央全面深化改革委员会第26次会议对数据产权、流通交易、收益分配、安全治理等进行系统部署。中共中央、国务院于2022年12月出台《中共中央　国务院关于构建数据基础制度更好发挥数据要素作用的意见》，进一步从数据产权制度、数据要素流通和交易制度、数据要素收益分配制度、数据要素治理制度等方面提出了数据基础制度建设要求。

（二）工业经济充分发挥经济"压舱石"作用

工业经济近10年总体保持中高速增长。2012—2021年，以不变价计算，全部工业增加值年均增长6.3%，2020年以来对经济增长的贡献率由以前的不足30%，提升至35%以上。

工业经济发挥经济"压舱石"作用。2022年，在新冠疫情散发多发、极端高温天气等多重超预期因素作用下，工业经济再现强大韧性，总体延续恢复发展态势。全部工业增加值同比增长3.4%，较GDP增速高0.4个百分点，工业投资对"稳增长"的支撑作用显著，全年同比增长10.3%。2022年工业对经济增长的贡献率明显提升如图7-4所示。

从结构上看，我国制造业内部结构不断优化，但中高技术制造业与发达国家相比，

仍存在差距。2002—2020 年，低技术制造业占制造业整体比重从 37% 下降至 32%；中技术制造业所占比重快速提升，从 25% 增加至 30%；高技术制造业所占比重基本稳定在 38% 左右。我国中高技术制造业与发达国家中高技术制造业相比，仍存在差距，如美国聚焦高技术制造业，2002—2020 年高技术制造业所占比重从 45% 提升至 48%；德国重点发力中技术制造业，2002—2020 年中技术制造业所占比重从 38% 提高至 42%。中国、美国、德国制造业内部结构对比如图 7-5 所示。

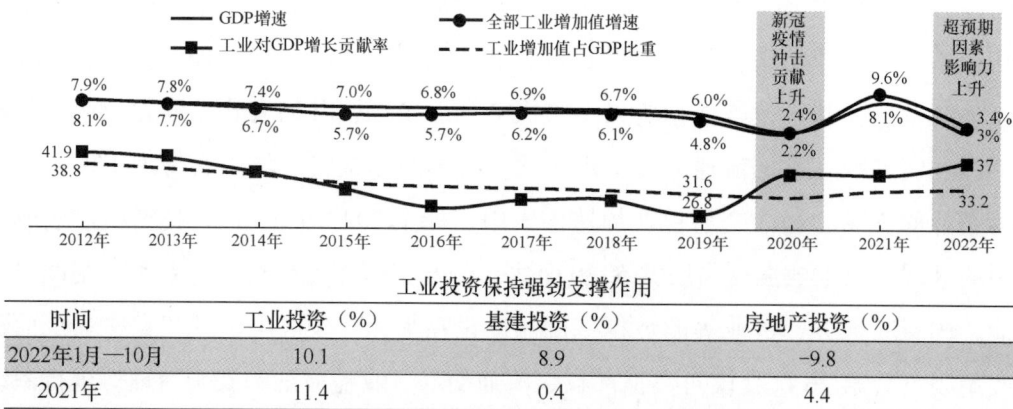

工业投资保持强劲支撑作用			
时间	工业投资（%）	基建投资（%）	房地产投资（%）
2022年1月—10月	10.1	8.9	-9.8
2021年	11.4	0.4	4.4

图 7-4　2022 年工业对经济增长的贡献率明显提升

（数据来源：国家统计局、中国信息通信研究院）

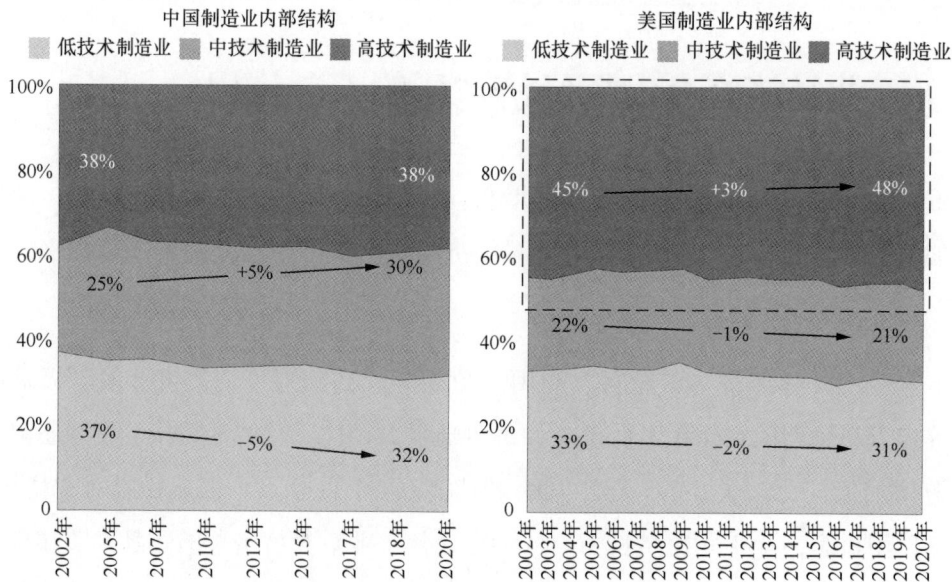

图 7-5　中国、美国、德国制造业内部结构对比

（数据来源：BEA、UIBE GVC 数据库、国家统计局、中国信息通信研究院）

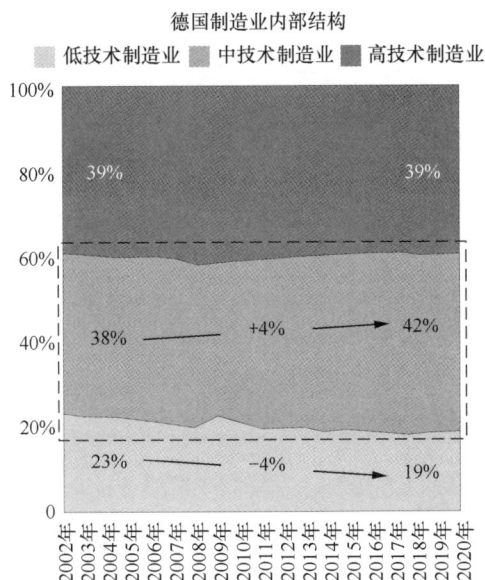

图 7-5 中国、美国、德国制造业内部结构对比（续）

（数据来源：BEA、UIBE GVC 数据库、国家统计局、中国信息通信研究院）

从主体看，**我国制造业头部企业全球表现保持领先地位**。在 2022 年的世界 500 强榜单中，**我国制造业头部企业数量持续增加**，我国上榜制造业企业达 57 家（不包含台湾地区数据），较上年增加 5 家，占我国上榜企业总数的 40% 以上，比美国多 11 家，如图 7-6 所示。**总营业收入创历史新高**，我国上榜制造业企业总营业收入达 43 207 亿美元，同比增长 34%，位居全球首位，约为同期上榜美国制造业企业总营业收入的 1.3 倍，如图 7-7 所示。**盈利能力大幅提高**，2022 年，我国上榜制造业企业利润总额同比增长 59%，较同期我国全部上榜企业利润总额增长幅度高出 41 个百分点，如图 7-8 所示，我国制造业发展明显优于其他领域的发展，展现出良好韧性。

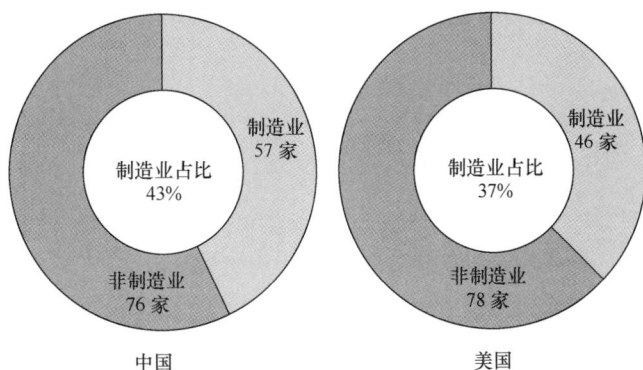

图 7-6 世界 500 强榜单中国、美国上榜制造业企业数量及占比

（数据来源：《财富》杂志、中国信息通信研究院）

亿美元

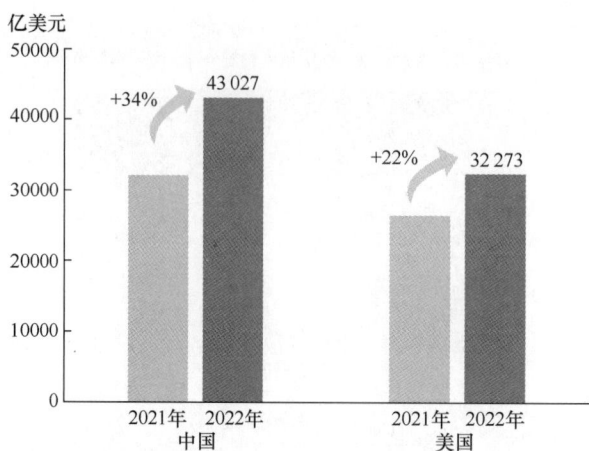

图 7-7　世界 500 强榜单中国、美国上榜制造业企业总营业收入对比
（数据来源：《财富》杂志、中国信息通信研究院）

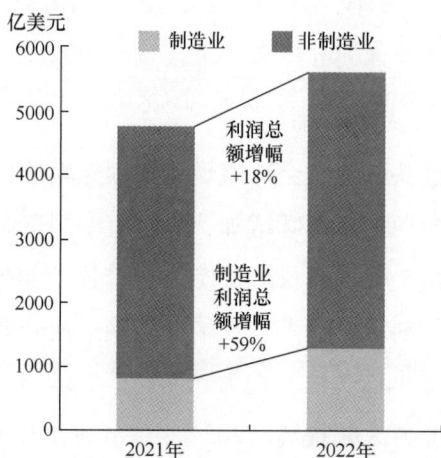

图 7-8　世界 500 强榜单我国上榜企业利润总额对比
（数据来源：《财富》杂志、中国信息通信研究院）

二、2022 年数字经济与工业经济领域热点分析

（一）数字经济战略加速落地，政策抓手不断创新

1. 我国数字经济战略规划体系安排日益完善

我国已形成横向联动、纵向贯通的数字经济战略体系。党中央、国务院对发展数字经济形成系统部署，数字经济顶层战略规划体系渐趋完备，行业与地方形成落实相关战略部署的系统合力，我国数字经济发展已具备较强的政策制度优势。

数字经济顶层战略规划体系持续完善。 从全局性战略看，"十三五"期间，中共中央、国务院印发了《国家创新驱动发展战略纲要》，国务院出台了《"十三五"国家信息化规划》等重要文件，将数字经济发展作为经济发展的主攻方向之一。2018 年 8 月，中共中央、国务院印发《数字经济发展战略纲要》，这是首个国家层面的数字经济整体战略，数字经济发展被摆在更加重要的战略位置。2021 年，我国数字经济发展政策框架更加完善，一系列规划、顶层设计文件等陆续出台，为数字经济发展创造良好政策环境。在顶层规划方面，2021 年，《"十四五"数字经济发展规划》进一步明确了"十四五"时期推动数字经济健康发展的指导思想、基本原则、发展目标、重点任务和保障措施。在统计体系方面，2021 年 5 月，国家统计局正式发布《数字经济及其核心产业统计分类（2021）》，科学界定数字经济及其核心产业统计范围，全面统计数字经济发展规模、速度、结构，满足各级党委、政府和社会各界对数字经济的统计需求。

行业和地方加快推动数字经济战略落地。 从行业领域层面看，我国围绕信息通信技术、制造业数字化、服务业数字化、农业数字化、数字政府等领域，先后出台《国务院关于印发"宽带中国"战略及实施方案的通知》《国务院关于印发促进大数据发展行动纲要的通知》《国务院关于深化制造业与互联网融合发展的指导意见》《智能制造发展规划（2016—2020）》《国务院关于深化"互联网＋先进制造业"发展工业互联网的指导意见》《国务院办公厅关于促进平台经济规范健康发展的指导意见》等一系列具有引领作用的指导性文件，对各行业融合创新发展和数字化转型进行了系统部署。从

地方层面看，各地纷纷加大数字经济布局力度。目前，我国各省市已陆续出台数字经济相关规划、行动计划、指导意见等，涵盖数字经济、制造业与互联网融合、智慧城市、数字政府等领域，持续推动数字经济发展战略、政策落地实施。北京、上海、广东等东部地区，依托自身在技术、经济、人才等方面的综合优势，全方位布局数字技术、数字产业、数字化转型、数据要素等领域，打造具有全球影响力的数字经济高地。中西部地区出台的数字经济发展政策以地区在区位、资源、产业等方面的特色及优势产业为重点，做大做强优势特色产业，重点打造某一领域数字经济发展新优势。

我国以多部门协作机制推进数字经济发展战略落地实施。由单部门推动数字经济发展向多部门协同推动数字经济发展转变。国家层面、地方层面、行业层面分工协作，有力推动国家数字经济发展战略落地实施。在国家层面，建立 20 个部门协作的数字经济发展部际联席会议制度，牵头部门为国家发展和改革委员会，参与部门包括中央网络安全和信息化委员会办公室、教育部、科学技术部、工业和信息化部、公安部、民政部、财政部、人力资源和社会保障部、住房和城乡建设部、交通运输部、农业农村部、商务部、国家卫生健康委员会、中国人民银行、国务院国有资产监督管理委员会、国家税务总局、国家市场监督管理总局、中国银行保险监督管理委员会、中国证券监督管理委员会；在省市层面，各地加大数字经济布局力度，超半数省市明确成立数字经济发展联席会议、数字经济发展工作领导小组等跨部门协作机制，推动数字经济发展落地，如表 7-1 所示。

表 7-1　多部门协同推进数字经济发展的省级及以上行政区域及其数字经济协作部门

省市	数字经济协作部门	省市	数字经济协作部门
广东	广东省数字经济发展工作领导小组办公室	江西	江西省发展数字经济领导小组办公室
江苏	江苏省数字经济工作领导小组办公室	陕西	陕西省数字经济发展联席会议
山东	山东省数字经济发展联席会议	广西	广西壮族自治区数字广西建设领导小组
浙江	浙江省数字经济发展领导小组办公室	云南	"数字云南"建设工作领导小组
上海	上海市城市数字化转型工作领导小组办公室	黑龙江	"数字龙江"建设领导小组
福建	福建省数字福建建设领导小组	吉林	"数字吉林"建设领导小组
湖北	湖北省数字经济联席会议办公室	贵州	贵州省大数据发展领导小组办公室

省市	数字经济协作部门	省市	数字经济协作部门
四川	四川省推进数字经济发展领导小组办公室	内蒙古	内蒙古自治区党委网信委数字经济发展工作领导小组
河南	河南省数字经济发展领导小组	山西	山西省数字经济发展领导小组
河北	河北省数字经济发展协调小组	甘肃	甘肃省促进数字化转型工作领导小组
湖南	湖南省数字湖南建设领导小组	宁夏	"数字宁夏"建设领导小组
安徽	安徽省"数字安徽"建设领导小组数字经济专项组	青海	青海省数字经济协调推进领导小组
天津	天津市数字经济工作组	西藏	西藏自治区数字西藏建设领导小组办公室
辽宁	数字辽宁建设工作领导小组	海南	海南省数字经济发展工作领导小组

2. 数字经济产业园区成为引领数字经济创新的重要载体

数字经济产业园区是落实国家数字经济发展战略的重要抓手,也是数字经济产业集聚发展的主要载体。2022 年以来,全国各地因地制宜持续加快数字经济产业园建设,推动数字经济重点产业集聚,数字经济发展取得了一定成效。

一是数字经济产业园区相关政策日益完善。部委层面,工业和信息化部公布第 10 批国家新型工业化产业示范基地名单,数字经济相关示范基地数量累计达到 101 家,约占全部基地数量的 1/4。其中,电子信息产业类基地共 52 家、软件和信息服务业类基地共 18 家、大数据类基地共 12 家、数据中心类基地共 11 家、工业互联网类基地共 8 家。**地方层面,**山东省、福建省以及江苏省南京市、浙江省温州市、广东省深圳市等地以"园区认定"为抓手推进数字经济产业园区高标准建设,目前已认定 174 家省级数字经济产业园区和 71 家市级数字经济产业园区。以山东省为例,2022 年 7 月,山东省工业和信息化厅认定曲阜电子信息产业园等 12 家园区为省级示范型数字经济产业园区;京津冀协同发展产业示范区等 25 家园区被认定为省级成长型数字经济产业园区;威海国际服务外包软件园等 15 家园区被认定为省级入库型数字经济产业园区。

二是数字经济产业园区[3]数量已超 250 家。据中国信息通信研究院不完全统计,截至 2022 年底,全国各地以"数字经济"命名的产业园区数量超过 250 家。其中,重庆

---

[3] 此处提及的数字经济产业园区是指在园区名称中体现了"数字经济"并以数字产业化、产业数字化为主要发展方向的特色产业集聚区域。

两江新区数字经济产业园等 144 家园区已投入使用，占比达到 58%；福州高新区数字经济产业园等 106 家园区处于签约或正在建设的阶段，占比达到 42%。据公开信息整理，2019—2022 年，伴随着数字经济上升为国家战略的历史进程，数字经济产业园区迎来建设高峰，分别有 25 家、73 家、94 家、34 家数字经济产业园启动建设或投入使用。

三是数字经济产业园区区域分布呈现各地齐头并进特征。 各省（自治区、直辖市）纷纷出台数字经济发展专项政策，布局打造数字经济产业园区，推动本地区不断做强、做优、做大数字经济。**总体上**，受地区产业资源禀赋条件影响，发达地区较欠发达地区更加积极布局建设数字经济产业园区。**从地区分布来看**，东部、中部、西部、东北地区分别有 97 家、72 家、63 家、18 家数字经济产业园区，占比分别为 39%、29%、25%、7%。**从省域分布来看**，山东省、浙江省、江西省等地的数字经济产业园数量均达到 20 家以上。

3. 考核评价成为落实数字经济发展目标的有效手段

地方政府积极落实中央加快发展数字经济的要求，纷纷将大力发展数字经济作为推动经济高质量发展的重要举措，数字经济政策加速落地实施，推动数字经济发展真正成为"一把手"工程。在推动数字经济政策落地的过程中，数字经济考核评价成为多地政府监测发展成效、落实发展目标、推动高质量发展的重要手段。

多地将数字经济考核纳入工作计划和方案。 各地政府充分认识到发展数字经济的重要性，不断坚定数字经济发展决心，努力探索科学、完整的数字经济考核指标和方案，为进一步推动数字经济发展作出一系列努力。据不完全统计，我国已有江苏省、山东省、浙江省、福建省、重庆市、上海市等 22 个省市将数字经济考核、评估、监测明确纳入政策文件，作为数字经济发展工作的重要部分。以江苏省为例，江苏省发布《数字经济发展综合评价办法（试行）》，紧密围绕江苏省委、省政府数字经济相关工作内容设置评价指标体系，力求推动评价指标数值可量化、可对比，评价依据可获取、可检验，以全面反映各地推进数字经济发展的情况。

部分地区和企业已开启数字经济考核工作。 截至 2022 年 12 月底，贵州省、浙江省、河南省、江西省、福建省、山西省、山东省等省市政府，中国医药集团有限公司、招商局集团有限公司、中国海洋石油集团有限公司、国家电网有限公司等重点行业头部企业均已正式开展数字经济考核评价工作。以贵州省为例，贵州省在数字经济考核领域先行先试，2021 年首次开展面向市州的数字经济高质量考核工作，切实推进市县高质量发展绩效评价工作，进一步加强对市县高质量发展的监测评估。截至 2022 年 12 月底，贵州省已开展 2020—2022 年共 3 年数字经济发展的数据测算及数字经济高质量发展考核工作，为贵州省及各市州把握本地数字经济发展情况、进一步调整数字经济布局提供重要参考。

（二）数据要素市场建设加速成势

1. 数据资源呈现爆发式增长

新一代信息技术的迅速发展与普及、全球数据的"井喷式"生产、数据收集存储和处理成本的大幅下降、机器计算能力的大幅提高，为数据要素市场的发展奠定了基础。

国际数据公司（IDC）发布的《数据时代 2025》显示，2025 年全球每年产生的数据将从 2018 年的 33ZB（1ZB=10 万亿亿字节）增长到 175ZB。中国信息通信研究院基于全国近 2 万家企业调研数据测算得到各行业数据存储量和数据密度[4]，如图 7-9 所示，**分产业看**，第二产业存储数据最多，第一产业存储数据相对较少，第三产业的数据密度较高，是第一产业数据密度的 3.5 倍，**分行业看**，交通运输、仓储和邮政业及信息传输、软件和信息技术服务业，以及金融业的数据存储量较多，信息传输、软件和信息技术服务业的数据密度显著较高。

整体看，数据要素驱动经济增长的能力初步显现，数据对第一产业、第二产业、第三产业的经济贡献度[5]分别达到 0.07%、0.16%、1.07%。

2. 已形成场内交易和场外交易相结合的数据交易市场

数据资产化是构建数据要素市场的关键与核心，数据资产化使具有使用价值的数据成为可以在市场上流通交易的资产，为数据拥有者或使用者带来经济利益。我国数

---

4 数据存储量是整个产业或行业存储的数据总量；数据密度是单位从业人员拥有的数据存储量，即数据密度 = 数据存储量 / 从业人员数。
5 数据经济贡献度通过计量分析获得，是指每增加一单位数据量，对经济收入增长产生的带动作用。

据交易流通总体呈现"以场外交易为主，场内交易加速推进"的发展态势。

场外交易需求旺盛。 2021 年，我国场外数据交易在总体数据交易市场规模中的占比超过 95%，有 38.42% 的企业参与数据交易流通。我国企业数据交易情况如图 7-10 所示。此外，我国场外数据交易还具有企业数据的需求大于供给、第二产业数据交易参与度更高等特征。我国第一产业、第二产业、第三产业产业数据交易情况如图 7-11 所示。

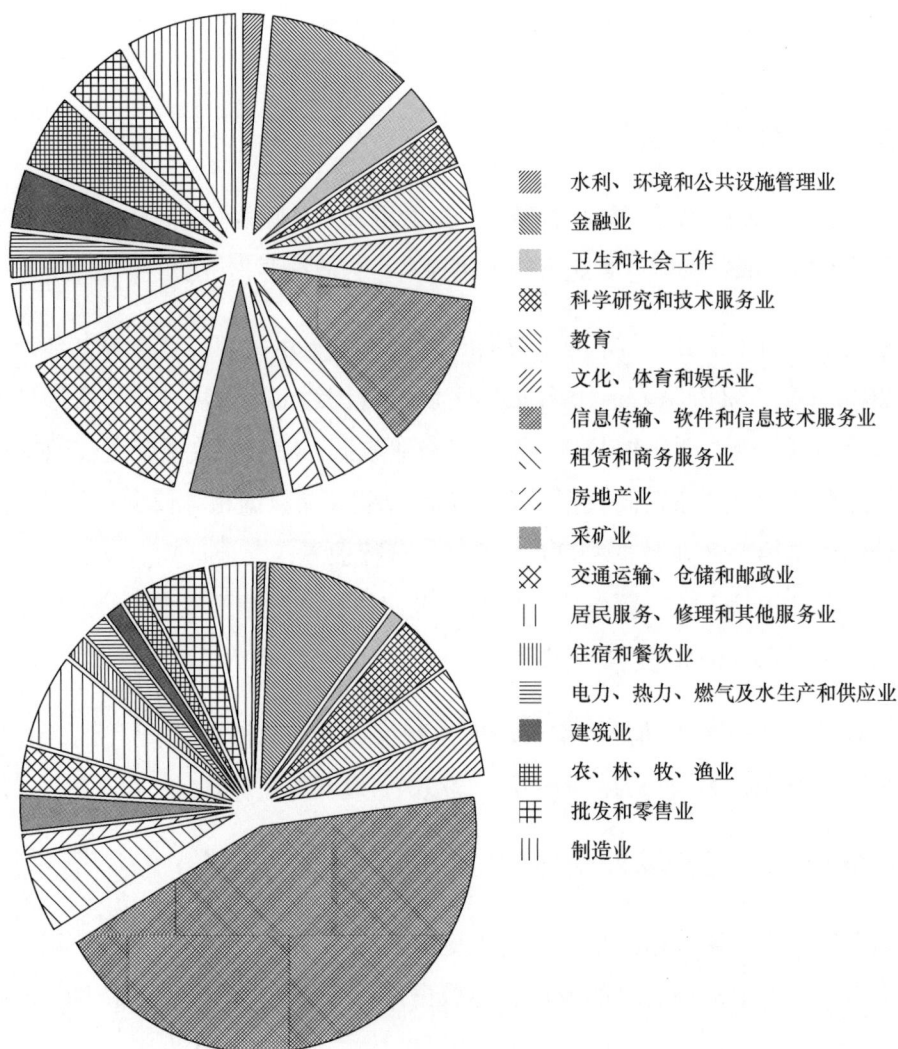

水利、环境和公共设施管理业

金融业

卫生和社会工作

科学研究和技术服务业

教育

文化、体育和娱乐业

信息传输、软件和信息技术服务业

租赁和商务服务业

房地产业

采矿业

交通运输、仓储和邮政业

居民服务、修理和其他服务业

住宿和餐饮业

电力、热力、燃气及水生产和供应业

建筑业

农、林、牧、渔业

批发和零售业

制造业

图 7-9 行业数据存储量（上图）及数据密度（下图）分布

（数据来源：中国信息通信研究院）

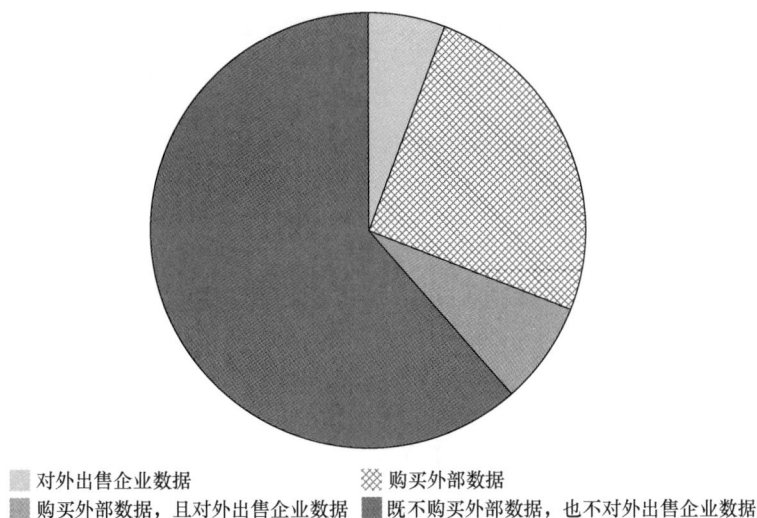

图 7-10 我国企业数据交易情况

（数据来源：中国信息通信研究院）

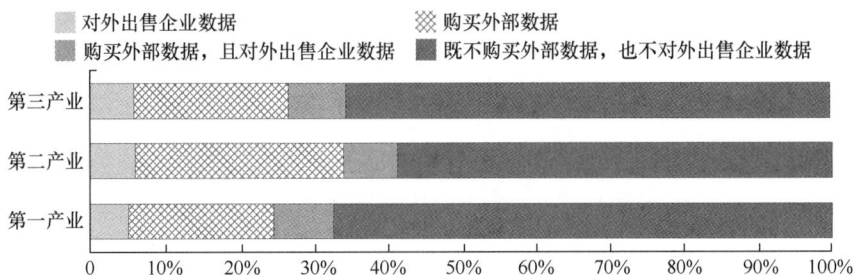

图 7-11 我国第一产业、第二产业、第三产业数据交易情况

（数据来源：中国信息通信研究院）

场内交易不断壮大。 我国数据交易所（包含交易中心、交易平台等）的发展大致经历了井喷式爆发期（2014—2016 年）、发展停滞期（2017—2019 年）、重现新生期（2020 年至今）3 个阶段，截至 2022 年年底，我国实际运营的数据交易所共计 24 家，在建 / 筹建的数据交易所 6 家，如图 7-12 所示。

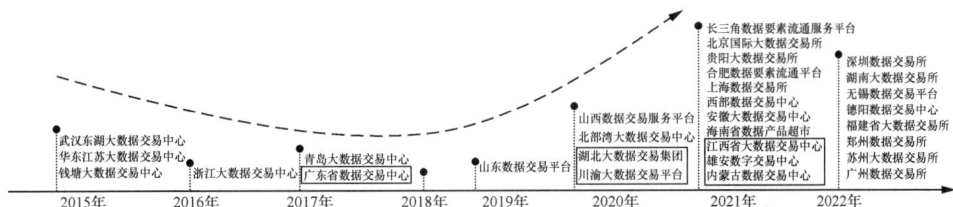

图 7-12 我国数据交易所建设情况（框选为在建 / 筹建的数据交易所）

（数据来源：中国信息通信研究院）

数据产品交易是整个数据要素流通全流程的终末形态，当前各大主要数据交易所的数据产品数量还比较少。微信公众号南方能源统计，截至 2022 年 12 月份，贵阳大数据交易所共有 606 个数据产品；北京国际大数据交易所共有数据产品 1253 个；上海数据交易所登记了 96 个数据产品，分别来自 86 个挂牌数商企业，包括中国东方航空、高德地图、中国联通和 Wind（万得）等企业；海南省数据产品超市共有数据产品 802 个。在分类上，各家数据交易所对数据产品的分类略有差异，但总体上可以归纳为数据集、数据 API、数据报告、数据模型、数据服务 5 种类型。随着数据交易市场的不断发展，数据交易所的市场定位也出现了向综合化、服务化发展的趋势，数据交易中介由数据发现、供需撮合、计价清算等简单业务的单一居间服务商向数据清洗、数据加工整合、数据分析、数据可视化等数据资源综合服务商转型。

数据交易所在为数据交易流通提供合规场所的同时，也在数据要素确权、数据定价等方面进行了探索。在数据要素确权方面，北京筹建的北京国际大数据交易所，要求建立以信息充分披露为基础的数据登记平台，明晰数据权利取得方式及权利范围，建立数据确权工作机制，提供包括数据产品所有权交易、使用权交易、收益权交易在内的数据产品交易服务。河南省新乡市试点上线"数据要素确权与可信流通平台"（河南根中心），发出全国首张数据要素登记证书，新乡实施"数据要素确权与可信流通平台"项目，建立了数权科技研发团队，首创了数据资源规范确权算法等核心技术，基于区块链分布式共识明确了数据要素的拥有权与控制权。贵州省支持建设基于区块链的数字资产交易所，探索数据要素确权新模式，明确由贵州省大数据发展管理局和贵阳市人民政府作为责任单位，以贵阳大数据交易所的数据交易平台为基础，实施"基于区块链的数据资产交易平台"项目。浙江大数据交易中心发布大数据确权平台，通过采用开源大数据分布式计算框架和"数据可用不可见"的混淆加密算法进行数据确权认证。**在数据定价方面**，我国的数据交易所大多采用自动定价、协商定价、拍卖式定价等动态定价模式。如，浙江大数据交易中心采用的自动定价模式，数据交易所针对每一个数据品种设计自动定价公式，买卖双方在交易系统的自动撮合下成交。武汉长江大数据交易中心采用协商定价模式，在交易双方对大数据价值的评估不一致时，买卖双方可以直接通过协商定价模式达成对数据商品价值的一致认可。上海数据交易所采用的拍卖式定价模式属于需求导向定价，适用于一个卖方和多个买方进行交易的情形。除动态定价模式外，一些国外数据交易所也会采用固定定价、差别定价等静态定价模式，如表 7-2 所示。

表 7-2　国内外部分数据交易平台 / 交易所的定价策略

定价模式		大数据交易平台 / 交易所
静态定价	固定定价	Quand1、Azure、Oracle、GoodData、Data plaza
	差别定价	Factual
动态定价	自动定价	Qubole、浙江大数据交易中心、贵阳大数据交易所
	协商定价	武汉长江大数据交易中心、上海数据交易所、华中大数据交易平台、贵阳大数据交易所、浙江大数据交易中心、中关村数海大数据交易平台
	拍卖式定价	上海数据交易所

（数据来源：中国信息通信研究院）

3. 加快构建数据基础制度体系

高效率的数据资产化、数据资本化需要以不断健全成熟的数据基础制度体系为保障。2022 年 6 月，习近平总书记在主持召开中央全面深化改革委员会第二十六次会议指出，数据基础制度建设事关国家发展和安全大局，要维护国家数据安全，保护个人信息和商业秘密，促进数据高效流通使用、赋能实体经济，统筹推进数据产权、流通交易、收益分配、安全治理，加快构建数据基础制度体系。中共中央、国务院于 2022 年 12 月出台的《关于构建数据基础制度更好发挥数据要素作用的意见》进一步从数据产权制度、数据要素流通和交易制度、数据要素收益分配制度、数据要素治理制度等方面提出了数据基础制度建设要求。

一是数据产权制度。 我国的数据产权制度正处于初步摸索期，在实践中立足中国特色，以 "保障权益、合规使用" 为原则，探索建立公共数据、企业数据、个人数据的分类分级确权授权机制，推进实施公共数据确权授权机制，推动建立企业数据确权授权机制，建立健全个人信息数据确权授权机制，建立健全数据要素各参与方合法权益保护制度。

二是数据要素流通和交易制度。 我国数据要素流通和交易制度呈现 "场内重发展、场外重规范" 的特征，贵阳大数据交易所与上海数据交易所于 2022 年先后制定并发布了各自的数据交易规则体系，《"十四五" 数字经济发展规划》《关于推动平台经济规范健康持续发展的若干意见》等文件均指出要打击数据黑市交易。在建立健全数据要素流通和交易制度的过程中，应以 "合规高效、场内外结合" 为原则，继续从完善数据全流程合规与监管规则体系、统筹构建规范高效的数据交易场所、培育数据要素流通和交易服务生态、构建数据安全合规有序跨境流通机制等方面不断推进。

三是数据要素收益分配制度。数据要素收益分配制度应以"体现效率、促进公平"为目标，充分发挥市场和政府作用，完善数据要素由市场评价贡献、按贡献决定报酬机制，更好地发挥政府在数据要素收益分配中的引导调节作用。

四是数据要素治理制度。数据要素治理制度涉及数据分类、数据安全、市场监管等基础性、综合性问题，其构建通常以政府为主体，通过颁布地方数据条例、设立数据官制度等方式，推动企业、政府等组织提升数据要素治理能力。例如，深圳市、上海市、贵州省等地区已颁布各自的数据条例，广东省选取了广州市、深圳市、珠海市等 10 个地市开展首席数据官制度试点工作。在建立健全数据要素治理制度的过程中，应以"安全可控、弹性包容"为原则，创新政府数据治理机制，压实企业的数据治理责任，充分发挥社会力量多方参与的协同治理作用。

（三）制造业稳增长措施加力显效，制造业增加值占 GDP 比重首次回升

制造业增加值占 GDP 比重连续 10 年下降后首次回升。2021 年，我国制造业增加值占 GDP 比重达到 27.4%，同比提高 1.2 个百分点，如图 7-13 所示。这是近年来我国制造业增加值占 GDP 比重首次回升。一方面，新冠疫情以来，我国制造业规模大、体系全、韧性强，顶住压力保持稳定增长势头，有力支撑国民经济增长。制造业持续稳定恢复，2021 年全国制造业产能利用率达到 77.8%，较上年提升 2.9 个百分点；规模以上工业企业利润较上年增长 34.3%，增速较上年加快 30.2 个百分点。另一方面，新冠疫情对服务业冲击较大，居民的批零住餐、交通运输、文化旅游等接触性、聚集性消费有所减少。

当前，我国制造业增加值占 GDP 比重远高于西方发达国家。世界银行数据显示，2021 年我国制造业增加值占 GDP 比重为 27.4%，远高于 17.0% 的世界平均水平。从主要制造强国来看，2021 年美国、日本、德国、韩国、英国、法国的制造业增加值占 GDP 比重分别为 11.2%、19.8%、18.3%、25.4%、8.8%、9.2%，近年来总体保持稳定发展态势。从主要新兴经济体来看，2021 年巴西、印度、俄罗斯、南非、墨西哥的制造业增加值 GDP 比重分别为 9.6%、14.1%、14.5%、11.7%、18.0%，如图 7-14 所示。

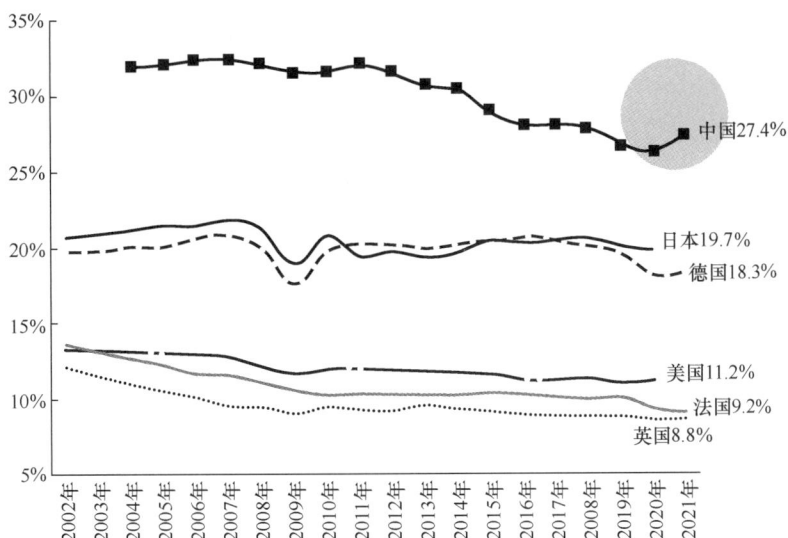

图 7-13 主要经济体制造业增加值占 GDP 比重走势

（数据来源：世界银行、中国信息通信研究院）

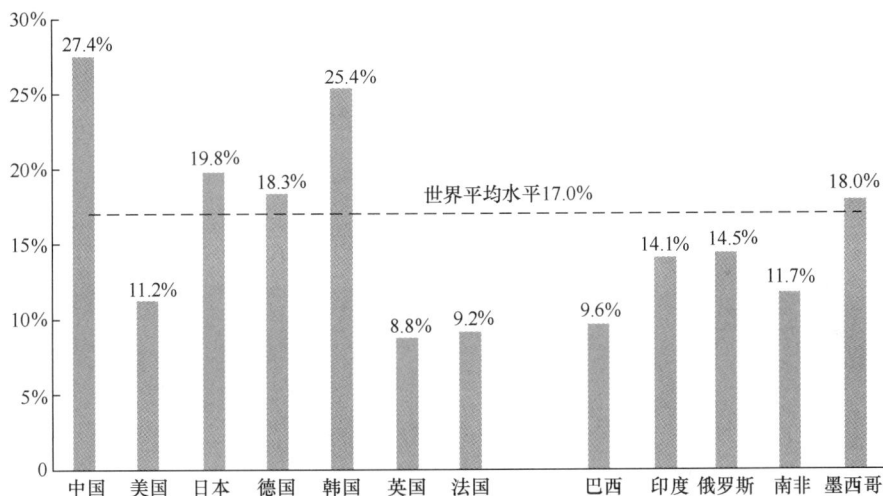

图 7-14 2021 年主要经济体制造业增加值占 GDP 比重

（数据来源：世界银行、中国信息通信研究院）

政策供给保障生产循环稳定畅通。面对突发事件冲击，我国从政策、机制、服务等多方面发力，加快推动产需联动畅通生产循环。一是推出系列稳经济政策。《国务院关于印发扎实稳住经济一揽子政策措施的通知》提出一系列保产业链、供应链稳定政策，19 项稳经济接续政策措施持续抓好物流保通保畅等。二是建立实施企业"白名单"制度。上海新冠疫情期间，各地 2 万余家"白名单"企业实现区域互认，全系统解决超过 5.4 万个问题，畅通生产循环堵点，以点带链、以链带面推动协同复工复产。三是促进重点行业上下游对接服务。搭建汽车、集成电路、医疗物资等重点制造业协调平台，建立汽车企业零部件库存小于 3 天的"红灯"预警机制、大宗原材料供应"红黄蓝"预警协调机制等，解决企业问题。在多种措施推动下，2022 年 4 月以后，吉林省、上海市等地加快畅通物流有效运转，工业生产快速恢复，如图 7-15 所示。

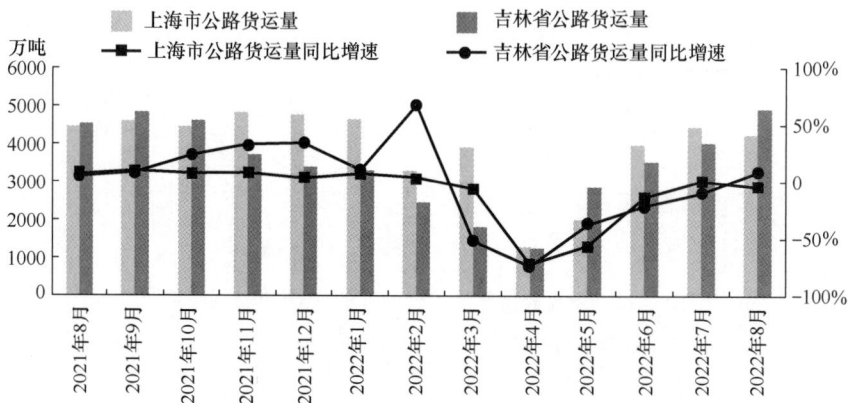

图 7-15　2021 年 8 月以来上海市、吉林省公路货运量情况

（数据来源：国家统计局）

生产性服务业赋能制造业高质量发展。我国广义制造业内部结构逐步转换，2002—2020 年，我国狭义制造业增加值占 GDP 比重从 31.7% 下降至 26.2%，收缩 5.5 个百分点，而生产性服务业增加值占 GDP 比重从 19.3% 增长至 30.9%，扩张 11.6 个百分点，如图 7-16 所示。当前，生产性服务业在广义制造业中的占比已超过狭义制造业，成为我国制造业发展的新动力引擎，有效支撑狭义制造业产业实现质效双提升。基于各国发展经验，中高端制造业占 GDP 比重越高，配套所需的生产性服务业占 GDP 比重相应也越高，而生产性服务业的繁荣也通过扩展劳动分工、提高生产效率、提升技术水平，支撑制造业的高端化转型发展，形成融合互促的良性循环。相关研究表明，将生产性服务业的发展水平提高 1%，制造业的生产效率可以提升 39.6%。随着生产性服务业的不断细化，加快与制造业之间的协同融合，强化制造业的生产能力，能够有效弥补生产成本上升带来的产业外移压力。

我国"生产性服务业 + 制造业"增加值占 GDP 比重稳步提高。发达国家的产业发展路径，具有明的"生产性服务业 + 制造业"融合发展、互相促进特点。以"制造业 + 生产性服务业"增加值作为广义制造业口径来看，2002—2020 年，美国广义制造业增加值占 GDP 比重从 55.0% 增加至 56.1%，日本广义制造业增加值占 GDP 比重从 63.7% 增加至 65.5%，这显示出传统制造业强国在产业升级和融合发展的背景下，仍然保持了制造业发展的原始动力和较强的竞争能力。同一时期，我国广义制造业增加值占 GDP 比重从 51.0% 增加至 57.1%，快速上升了 6.1 个百分点，但仍相对落后于日本，如图 7-17 所示。

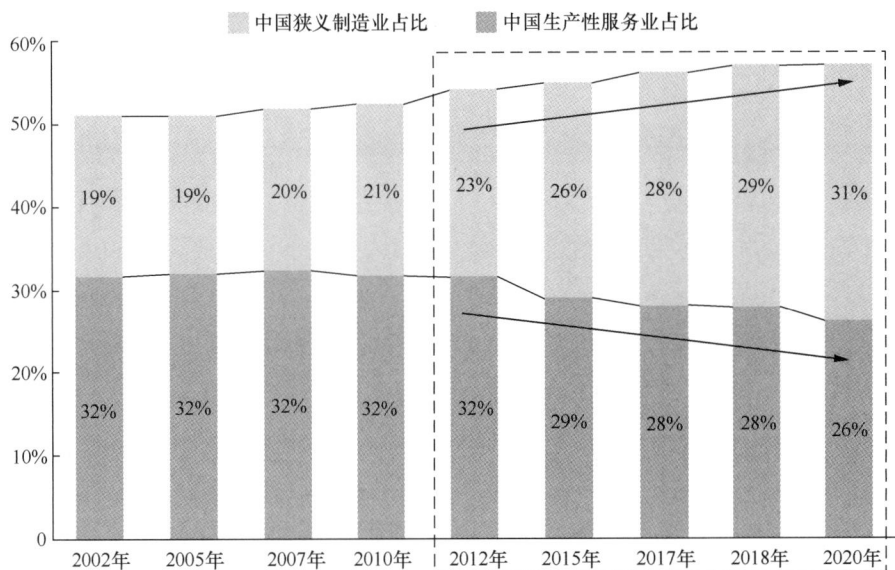

图 7-16　我国生产性服务业增加值占 GDP 比重与制造业增加值占 GDP 比重走势
（数据来源：中国信息通信研究院）

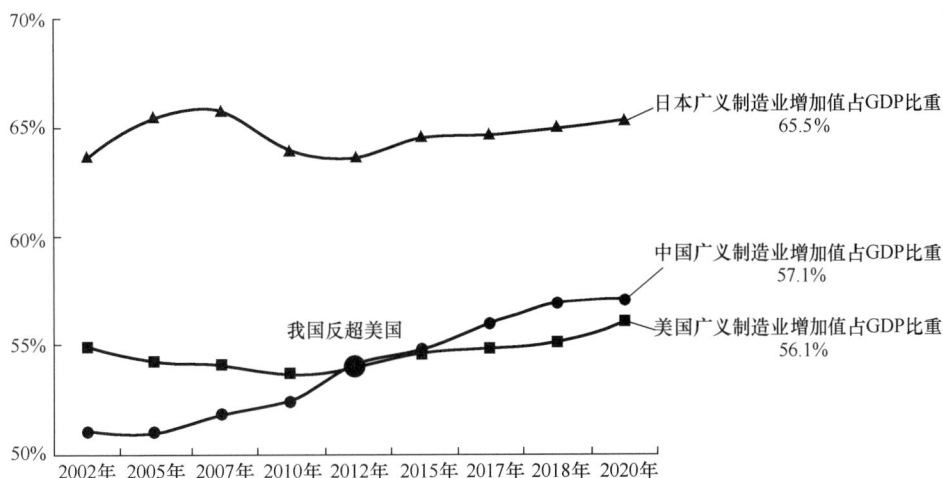

图 7-17　中国、美国、日本"生产性服务业 + 制造业"增加值占 GDP 比重走势
（数据来源：BEC、JIP、国家统计局、中国信息通信研究院）

三、2023 年数字经济与工业经济领域发展展望

党的二十大报告提出，要"建设现代化产业体系。坚持把发展经济的着力点放在实体经济上，推进新型工业化，加快建设制造强国、质量强国、航天强国、交通强国、网络强国、数字中国"，要"加快发展数字经济，促进数字经济和实体经济深度融合，打造具有国际竞争力的数字产业集群"。站在新十年的开局之年，我国的数字经济与工业经济领域的发展将立足于新的、更高的历史起点，向中国式现代化发展迈出更加坚实的步伐。

（一）数字经济开启量质齐升的新十年，助推中国式现代化发展进程

在国家高度重视、地方齐力发展、各参与主体的鼎力支持下，我国数字经济将实现更高质量的发展，将进入新一轮快速发展阶段。预计 2025 年，我国数字经济规模将实现更高水平的增长，总规模超过 60 万亿元，到 2032 年，数字经济总规模将超过 100 万亿元，10 年间增长将超过 50 万亿元。数字经济内部结构将继续优化升级，预计到 2025 年，数字产业化规模保持稳定增长，规模约为 10 万亿元，产业数字化规模呈现爆发式增长，规模约为 50 万亿元，各产业数字化水平进一步提升，数字经济与实体经济领域实现深度融合，在更深层次上支撑国民经济又好又快发展。与此同时，数字经济整体投入 - 产出效率不断提升，预计到 2025 年，我国数字经济投入 - 产出效率提升至 3.5 左右，如图 7-18 所示。

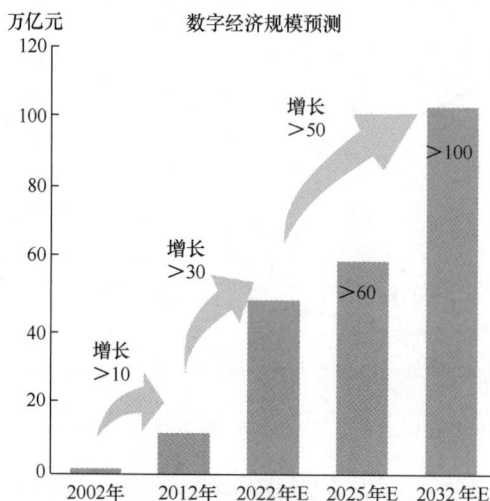

图 7-18 我国数字经济规模及投入 - 产出效率预测
（数据来源：中国信息通信研究院）

数字经济投入-产出效率

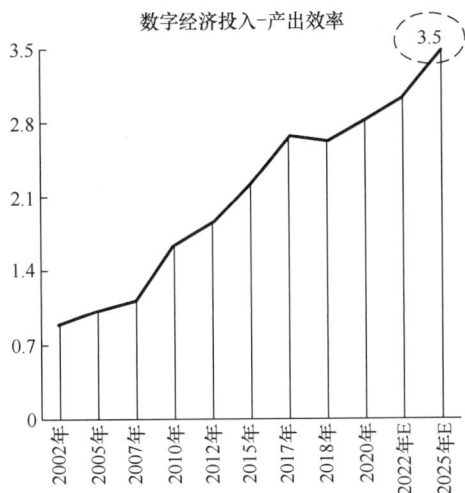

图 7-18　我国数字经济规模及投入-产出效率预测（续）
（数据来源：中国信息通信研究院）

（二）供需两端共同发力，工业经济长期向好态势不变

党的二十大报告指出，"我们要坚持以推动高质量发展为主题，把实施扩大内需战略同深化供给侧结构性改革有机结合起来"，要"推动经济实现质的有效提升和量的合理增长"。我国工业经济加快迈入供给体系质量提升和需求结构升级新阶段。

从供给体系质量提升来看，一是供给结构不断优化，技术密集型行业占据主导地位，高技术制造业、装备制造业增加值增速高于规模以上工业总体，占比持续提升；**二是产业持续升级**，制造业高端化、智能化、绿色化发展加快，新一代信息技术、AI、生物技术、新能源、新材料、高端装备、绿色环保等新增长引擎加快构建，数字经济与实体经济也在深度融合；**三是区域协调加快**，长江经济带发展、京津冀协同发展、粤港澳大湾区建设等的龙头带动作用凸显，国家新型工业化产业示范基地、先进制造集群等不断发挥产业创新策源地、优质企业集聚地等作用。

从需求结构升级来看，一是消费升级加速，线上消费、绿色消费等消费新业态、新模式不断壮大，升级类消费、汽车等大宗商品消费空间广大；**二是投资升级见效**，作为工业投资主要拉动力量的技改投资、代表先进生产力的装备制造业投资保持较快增长态势；**三是高水平开放加快**，我国不断开拓合作共赢新局面，RCEP（《区域全面经济伙伴关系协定》）红利加快释放，东盟区域经济一体化效应逐步显现，贸易投资合作质量总体得到提升，如图 7-19 所示。

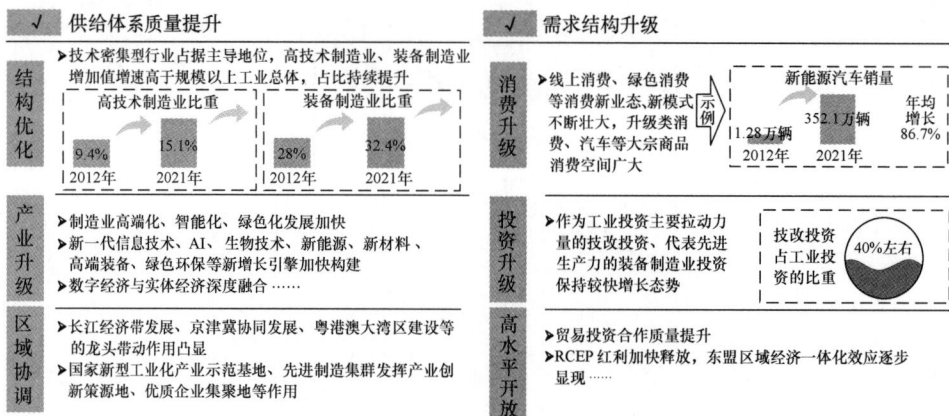

图 7-19　我国工业经济供需两端共同发力

（数据来源：中国信息通信研究院）

数字治理与法律篇

导　读

　　新一轮科技革命和产业变革引发治理关系和治理模式的深刻调整，构建与数字化发展相适应的治理体系，提升治理能力，不仅是解决数字化转型进程中诸多矛盾和问题的迫切需要，也是有效应对国家治理现代化建设中各类风险挑战的战略选择。全球主要经济体围绕数字治理关键议题纷纷提出变革主张，数字治理成为大国战略竞争和博弈的新焦点。与此同时，推进数字治理变革面临诸多挑战。从国际看，全球数字领域发展不平衡、规则不健全、秩序不合理等问题日益凸显，"治理赤字"日益加剧；从国内看，数字经济发展不平衡、不充分、不规范的问题较为突出，网络法治体系仍需要健全完善，政府治理数字化水平与国家治理现代化要求存在差距，构建与数字化发展相适应的数字治理体系并提升治理能力迫在眉睫。

　　2022 年，数字治理体系建设迈入新阶段。从国际看，多个治理机制、不同治理模式共同推进全球数字治理体系建设，世界贸易组织（WTO）电子商务谈判取得积极进展，G20、金砖机制等多边机制持续贡献数字治理新方案，国际标准组织和产业联盟加快合作步伐，推动重点议题从原则共识向实践落地迈进。从国内看，"稳中求进、稳定预期"的积极信号不断释放，数字经济治理进入常态化新阶段。数字政府建设水平稳步提升，顶层设计文件正式出台。网络法治体系建设持续健全完善，各个领域立法工作成效明显。

　　2022 年，数字治理与法律领域热点主要体现在 4 个方面，一是主要经济体争先提升数字治理国际话语权。美国持续强化数字领域对外政策统筹，欧盟推出"数字外交"总体方案，我国围绕重大关键议题进一步明确主张和工作方向。二是完善数字经济公平竞争监管制度。全球数字市场竞争监管持续活跃，我国加快修订完善《中华人民共和国反垄断法》为适应数字经济治理挑战，以反垄断和反不正当竞争为核心、以行业监管为重要补充的数字经济公平竞争监管制度建设取得关键进展。三是数字政府建设加速突破。自上而下的工作机制和体系框架基本明确，各领域"一体化"建设路径更加清晰，新技术、新应用的创新和规范治理并行推进。四是数据治理法律制度持续完善。在数据立法顶层设计基本完成的基础上，数据跨境流动管理、数据分类分级保护、数据安全审查及开放利用等相关重点制度的建设取得积极进展。

展望未来，全球数字治理体系改革进入关键时期，以全球数字契约为代表的综合性框架持续酝酿，安全、可信成为数字治理首要关切，数字发展仍是数字治理优先议题。将加快完善我国与数字经济发展水平相适应的数字经济治理体系，进一步打通制度性堵点，进一步提升常态化监管水平。数字政府建设将从场景、技术、数据、安全等方面不断拓展升级。网络法治体系建设将围绕网络安全、网络信息服务、网络社会管理、国际合作等重点领域持续深化。

_____

本篇作者：

张春飞　方禹　毕春丽　石中金　刘陶　张子淇　邱晨曦　石月　杨媛　王甜甜　刘耀华
李侃　李强治　石立娜　殷勇　裴吉鹏　袁纪辉　彭宁楠

一、2022 年数字治理与法律领域发展综述

数字治理是随着数字化快速发展，数字技术在政治、经济、社会中得到广泛应用而产生的新型治理概念，目的是通过治理体系变革有效应对数字化转型带来的各类风险挑战，确保数字化转型的实施效果和价值最大化。随着数字治理的全球战略竞争和博弈不断升级，以及国家治理体系和治理能力现代化进程加快，构建与数字化发展相适应的数字治理体系，提升数字治理能力的重要性和必要性日益凸显。

（一）全球数字治理进展

数字化驱动的新型全球化加速到来，数据要素、数字技术、数字平台、信息网络等全球性问题对全球经济秩序和政治秩序产生深刻影响，引发新的治理需求，推动治理议题不断演进，并为传统全球治理机制带来挑战，如何协调不同治理主体间的分歧，有效开展国际合作，共同推动全球性问题的解决，是全球数字治理的主要目标。因此，全球视角下的数字治理将重点关注治理议题和治理机制两个方面。

1. 全球数字治理重点议题从原则共识向实践落地迈进

当前，全球数字治理正处于建章立制的关键时期，各重点领域国际合作稳步推进，治理规则逐步落地实施。2022 年，国际社会围绕数字连接、跨境数据流动、AI 治理、信息内容治理四大方向开展了深入讨论。

数字连接向"有意义的连通"延伸。一是普惠包容、高速泛在仍是数字连接推进**方向。**当前仍然处于离线状态的人群，其所处地区偏远，这些地区的数字连接难度更大、数字连接成本更高，数字基础设施的铺设、应用和推广需要更大的投入；光纤宽带、4G/5G、空天网络等成为数字基础设施建设重要演进方向。**二是数字技能、数字素养成为各国推进数字连接的关注重点。**国际电信联盟（ITU）等国际组织强调，硬件连通无法真正实现数字时代的"联网"目标，需要将可负担资费和设备、数字技能和数字素养培育、本地化的应用和服务乃至安全的使用环境等多个方面的内容纳入数字连通性内涵，才能实现有意义的数字连接，系统性地解决数字鸿沟问题。二十国集团（G20）将数字技能、数字素养视为实现数字连通的重要因素，组织制定 G20 数字素养和数字技能衡量工具包。

保证各跨境数据流动规则的互操作性成为主要合作方向。一是提升各类跨境数据流动规则的兼容性。通过双多边安排提升国内监管框架的兼容性，如《数字经济伙伴关系协定》《全面与进步跨太平洋伙伴关系协定》等数字经贸协定要求缔约国实施国内个人信息保护立法。通过推广核心原则与成员扩围等方式提升现有各跨境数据流动规则间的互操作性，如《数字经济伙伴关系协定》在跨境数据流动相关条款上与《全面与进步跨太平洋伙伴关系协定》保持高度一致。二是技术标准为跨境数据流动提供解决方案。国际标准化组织加快制定相关协议、技术标准等；联合国启动隐私增强技术（PET）实验室、欧盟推广数据空间，积极探索技术解决方案。

AI治理向精细化监管发展。各国持续完善AI安全风险防控体系和AI治理规范。美国白宫科技政策办公室发布《人工智能权利法案蓝图》，欧盟国家发布《人工智能责任指令（提案）》，《中国关于加强人工智能伦理治理的立场文件》倡导"以人为本""智能向善"理念，确保AI安全、可靠、可控。AI治理规则进一步聚焦典型AI应用场景，在自动驾驶方面，中国、英国、德国开展技术监管原则讨论，开始建设体系化监管框架；在人脸识别方面，加强隐私保护和数据安全的强监管已成为主要发展趋势。

信息内容治理关注虚假信息审查规则的透明度。联合国通过"打击虚假信息以促进和保护人权及基本自由决议"，要求各平台加快尽职调查。欧盟以公私合作方式制定《反虚假信息行为守则》，为用户提供识别、理解和标记虚假信息的工具。美国以产业自治的方式加强虚假信息治理，如Twitter启动Birdwatch计划试点测试，邀请用户参与虚假信息标注。

2. 多种机制、不同模式共同推进全球数字治理体系建设

多边机制推动数字治理务实合作。G20数字经济轨道引领互联互通、数字技能与数字素养、可信数据自由流动三大关键议题讨论，为数字发展南北合作奠定基础。中国提出《二十国集团数字创新合作行动计划》，旨在推动数字技术创新应用，实现创新成果普惠共享。世界贸易组织电子商务诸边谈判取得积极进展，召开第12届部长级会议，同意将电子传输临时免征关税政策延长实施至下一届部长级会议时；谈判围绕消费者保护、电子认证和签名、无纸化贸易、电子合同等8个条款达成一致意见。数字金砖为发展中国家数字经济发展注入新动力，金砖国家新工业革命伙伴关系持续深化，《金砖国家制造业数字化转型合作倡议》发布，加快建设厦门创新基地，数字金砖任务组、未来网络研究院职责架构明晰，数字金砖论坛等论坛影响力扩大；金砖国家

数字经济伙伴关系框架初步建立，电子商务组升级为数字经济工作组，明确将 AI 作为未来重点合作领域，为深化金砖合作、共同释放发展潜力提供制度保障。

数字治理机制区域化趋势加强。一是美国、欧盟数字领域跨大西洋协调显著增强，联盟化色彩加重。美国、欧盟利用美欧贸易和技术委员会（TTC）等机制，加大在出口管制、投资审查、制定技术标准、数据和平台治理等重点领域的双边合作，并持续在联合国、世界贸易组织、国际电信联盟等国际组织中加强立场协调。此外，美国、欧盟积极推动建立一系列基于共同价值观的数字合作伙伴关系，如美国主导发起《互联网未来宣言》《全球跨境隐私规则声明》等合作框架，欧盟持续推广"全球门户"计划。**二是亚太区域数字经济伙伴关系网络加速构建。**美国、欧盟积极推进包含数字治理的印太战略，美国的印太经济框架、《欧盟印太地区合作战略》均主动强化与印太国家在数字领域的合作。亚太地区经贸协定频繁达成并逐步扩围，2022 年 1 月，《区域全面经济伙伴关系协定》正式生效，中国、韩国等多个国家积极申请加入《数字经济伙伴关系协定》，共同推动区域性数字经济发展和规则制定。

国际标准组织和产业联盟的工作取得积极进展。国际电信联盟继续发挥作为数字基础标准最广泛交流平台的作用，2022 年全权代表大会通过《2024—2027 战略规划》，确立了未来 4 年在实现普遍互联互通、可持续数字化转型等方面的工作重点；各国普遍更加重视国际电信联盟框架下活动，美国、欧盟对具体立项工作的资源投入明显加大。新兴技术联盟加快合作步伐。人工智能全球合作伙伴关系（GPAI）、6G 移动通信发展联盟（Next G 联盟）通过行动倡议、发布技术路线图等方式影响新技术发展走向，塑造监管框架；美国量子技术产业联盟等产业联盟以具体项目带动产业落地，构筑产业生态。

（二）国内数字治理进展

数字治理是国家治理模式的数字化重塑，健全和完善数字治理体系是实现国家治理体系和治理能力现代化战略任务的重要组成部分。从制度体系来看，为落实全面依法治国在网络空间深入实施，网络安全法律体系持续健全；从治理实践来看，适应数字经济发展的制度建设不断推进，运用数字技术赋能政府数字化转型全面升级。

1. 数字治理进入常态化新阶段

平台经济是我国数字经济的重要组成部分，是提高全社会资源配置效率、贯通国民经济循环各环节、提高国家治理体系和治理能力现代化水平的重要推动力量。2022年以来，中共中央、国务院围绕促进平台经济规范健康持续发展作出一系列决策部署，持续释放"稳中求进、稳定预期"的积极信号，平台监管进入常态化新阶段。

坚持稳中求进促发展。 2022年3月16日，国务院金融稳定发展委员会召开专题会议，提出要坚持稳中求进，通过规范、透明、可预期的监管，促进平台经济平稳、健康发展。2022年4月29日召开的中共中央政治局会议提出，要促进平台经济规范健康发展，完成平台经济专项整改，实施常态化监管，出台支持平台经济规范健康发展的具体措施。2022年7月28日，中共中央再次召开政治局会议，强调要对平台经济实施常态化监管，集中推出一批"绿灯"投资案例。2022年12月15日，中央经济工作会议进一步提出"稳字当头、稳中求进"的总基调，提出要大力发展数字经济，提升常态化监管水平，支持平台企业在引领发展、创造就业、国际竞争中大显身手。

加快推进平台经济专项整改。 在反垄断执法方面，2022年5月13日，国家市场监督管理总局依法对知网涉嫌实施垄断行为立案调查，并于2022年12月26日作出行政处罚，要求知网围绕解除独家合作、减轻用户负担、加强内部合规管理等方面进行全面整改。2022年7月10日，国家市场监督管理总局对互联网领域28起违法实施经营者集中案作出行政处罚，继续推进平台企业并购合规。在网络安全审查方面，2022年7月21日，国家互联网信息办公室对滴滴出行依法作出网络安全审查相关行政处罚，要求其在网络安全、数据安全、个人信息保护方面进行整改。

2. 数字政府建设水平稳步提升

我国电子政务发展水平稳步提升。 2022年9月28日，联合国经济和社会事务部发布《2022电子政务调查报告——数字政府的未来》，报告显示，2022年全球电子政务发展水平整体上升，在线服务覆盖面持续扩大。我国电子政务发展势头良好，电子政务发展指数（EGDI）为0.81，全球排名第43，较2020年提升2位，如图8-1所示。其中，在线服务指数（OSI）为0.89，电信基础设施指数（TII）为0.81，较2020年得到显著提升，人力资本指数（HCI）为0.70。除国家层面外，该报告还根据人口数量等，从各经济体中选取了193个城市，对其在线服务指数进行评测与排名。上海作为我国城市代表，2022年地方在线服务指数（LOSI）为0.89，全球排名第10，在细化的"在线服务""技术"两个维度上并列全球第4名。中央党校（国家行政学院）发布的《省级政府和重点城市一体化政务服务能力调查评估报告（2022）》也显示，我国一体化政务服务能力指数达到"高"或"非常高"的省级政府占比逐年提升，为 87.5%，重点城市占比为 90.63%。

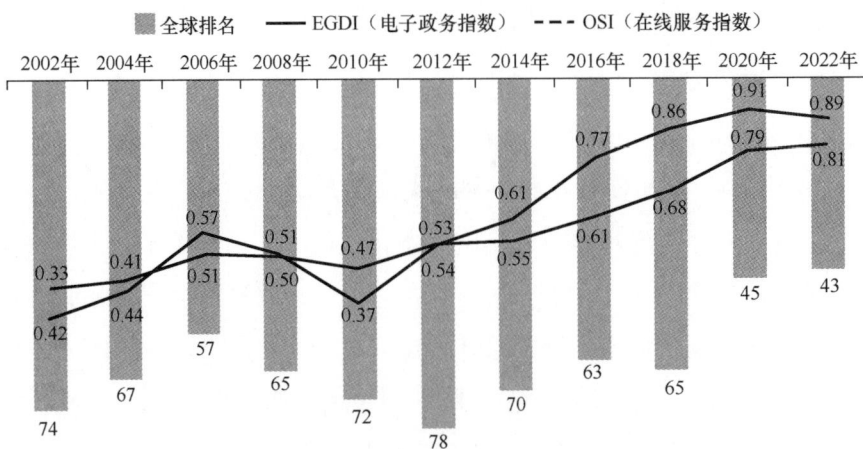

图 8-1　我国在联合国电子政务调查中的排名及得分

（数据来源：联合国历年电子政务调查报告）

数字政府顶层设计文件相继出台。2022 年 4 月 19 日，中央全面深化改革委员会第二十五次会议审议通过《关于加强数字政府建设的指导意见》，2022 年 6 月由国务院正式印发，这是我国首个国家层面系统部署数字政府建设工作的指导性文件，标志数字政府顶层设计进一步完善，数字政府建设实践进入统筹推进、规范发展的新阶段。除此之外，围绕政务大数据体系建设，国务院办公厅于 2022 年 10 月 28 日印发《全国一体化政务大数据体系建设指南》，对全国一体化政务大数据体系的建设目标、总体架构、重点任务进行部署，勾画了未来政务数据采集、共享、利用等方面的发展蓝图。围绕政务服务体系建设，在前期基础上，2022 年我国继续出台了《国务院关于加快推进政务服务标准化规范化便利化的指导意见》《国务院办公厅关于加快推进"一件事一次办"打造政务服务升级版的指导意见》《国务院办公厅关于扩大政务服务"跨省通办"范围进一步提升服务效能的意见》《国务院办公厅关于推动 12345 政务服务便民热线与 110 报警服务台高效对接联动的意见》《国务院办公厅关于印发全国一体化政务服务平台移动端建设指南的通知》等多份文件，重点推动政务服务提质升级，让数字发展成果更多、更公平地惠及全体人民。

3. 网络安全法律体系持续完善

2022 年，为落实全面依法治国在网络空间深入实施，我国不断健全网络安全审查、数据跨境流动、反垄断、反电信网络诈骗等重点领域的立法，加快新技术、新业务等新兴领域规则的构建，修订完善外商投资等涉外领域立法。

网络安全法律体系日益协调，重点领域立法持续加强。 国家互联网信息办公室等13部门联合修订发布的《网络安全审查办法》于2022年2月15日起施行，进一步完善网络安全审查范围和规范重点。2022年7月7日，国家互联网信息办公室公布《数据出境安全评估办法》，明确数据出境安全评估的流程和要求。2022年9月12日，国家互联网信息办公室发布《关于修改〈中华人民共和国网络安全法〉的决定（征求意见稿）》，拟加强《中华人民共和国网络安全法》与其他新实施的法律之间的衔接协调，完善法律责任制度，进一步保障网络安全。

网络信息服务规则迈向纵深发展，互联网信息服务算法综合治理体系逐步健全。 2022年3月1日，国家互联网信息办公室等4部门联合发布的《互联网信息服务算法推荐管理规定》施行，深入推进互联网信息服务算法综合治理，促进算法推荐技术规范健康发展。2022年3月14日，国家互联网信息办公室公布《未成年人网络保护条例（征求意见稿）》，拟进一步完善未成年人网络保护法律制度。2022年6月27日，国家互联网信息办公室发布《互联网用户账号信息管理规定》，规范互联网用户注册、使用和互联网信息服务提供者管理账号信息的行为。

网络社会管理全面铺开，多措并举规范发展。 2022年8月1日，《中华人民共和国反垄断法》修订施行，明确反垄断相关制度在平台经济领域的具体适用规则。2022年12月1日，《中华人民共和国反电信网络诈骗法》施行，为打击遏制电信网络诈骗犯罪提供法律支撑。在地方层面，北京市、河南省、河北省、江苏省、深圳市、广州市等地方加快推动本地区数字经济立法、智能网联汽车管理规定确立，推动数字经济和新技术、新业务健康发展。

涉外法律规则不断完善，优化国际化营商环境。 2022年5月1日，《外商投资电信企业管理规定》修订施行，进一步降低了外商投资电信业务的准入要求，简化审批流程，为外商投资电信领域营造更良好的法律制度环境。

二、2022 年数字治理与法律领域热点分析

（一）主要经济体争先提升数字治理国际话语权

2022 年，中国、美国及欧盟等主要经济体纷纷加强数字治理领域对外政策战略部署。美国成立隶属国务院的专门部门，统筹数字治理相关外交活动。欧盟理事会发布第二个《理事会关于欧盟数字外交的结论》文件，对欧盟及各成员国的国际数字治理政策进行整体规划。我国密集出台国际数字治理立场重要文件，进一步明确基本主张和工作方向。数字治理已成为各国对外战略竞争与政策博弈的重点，全球数字治理话语权的争夺日趋激烈。近年中国、美国及欧盟在数字领域的重要战略文件如图 8-2 所示。

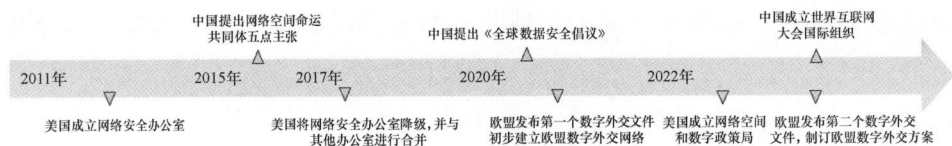

图 8-2　近年中国、美国及欧盟在数字领域的重要战略文件

1. 美国持续强化数字领域对外政策统筹

2022 年以来，美国继续采取多方面措施，强化其在数字领域的战略布局与影响力。其主要部署方向如下。

优化顶层设计。美国于 2022 年 4 月成立隶属国务院的网络空间和数字政策局，下设 3 个部门，即国际网络空间安全部门，负责多边、区域和双边机制下的相关外交活动和对外援助；国际信息和通信政策部门负责数字基础设施安全保护、国际技术标准建立、数据跨境流动的安全保护和隐私保护等工作；数字自由部门负责内容审核、平台监管、人权保护、"开放数字未来"等相关外交活动，从而整合了原先分散在不同部门下的国际数字治理政策行动，凸显了本届美国政府对参与新兴科技领域国际治理的重视。

加强战略规划。美国在 2022 年 10 月发布了新版《国家安全战略》，对数字领域

对外政策进行了总体部署，明确确保新兴技术发展与数字治理秩序对维护美国国家利益的重要性，并同时将美国价值观界定为政策目的、政策工具和阵营划分的标准，为相关战略部署确定了目标、路线和整体基调。

巩固盟友关系。一方面，在关键数字治理议题上加强对欧协调，2022 年 10 月通过的《关于加强美国信号情报活动保障措施的行政命令》，努力弥合美国、欧盟此前在这一议题上的分歧。**另一方面**，通过关键多边机制强化与盟友间的协调网络，如通过七国集团（G7）协调与盟国的网络安全集体防御机制建设。不同机制各有分工又积极互动，保证了政策协调的时效性、稳定性。

回归多边主义。一是在 2022 年 4 月，美国联合 61 个国家和地区的合作伙伴发布《互联网未来宣言》，彰显美国国际数字治理主张在全球范围内的强大影响力。二是重视在国际电信联盟等传统多边机制下的相关工作。2022 年 9 月，美国的多琳·博格丹·马丁成功当选国际电信联盟新一届秘书长，强化了美国在国际电信联盟机制下的活动能力。三是加强不同多边机制之间的互动，以小范围合作成果不断向外围扩散为主要工作方法，努力实现不同国际合作机制之间的议程、规则、治理共识的联动，确保目标一致。当前美国在不同国际合作机制下的部署重点如表 8-1 所示。

表 8-1　当前美国在不同国际合作机制下的部署重点

机制名称	部署重点
联合国	尝试向全球数字契约等国际多边议程中植入美国国际数字治理主张
国际电信联盟	主导和影响全球标准制定工作；通过国际电信联盟国际合作项目在全球及合作区域推进可信数字基础设施建设
G7	网络安全集体防御机制建设
TTC	技术标准、制裁；供应链保障等各方面政策协调
全球人工智能合作伙伴关系	AI 领域技术合作及政策协调，以及保持 AI 治理议题不被引入国际电信联盟等其他多边组织框架下的议程
以《全球跨境隐私规则》为代表的区域贸易协定	以跨境隐私规则和处理者隐私识别系统认证等数字治理热点、难点问题的解决方案为发力点，促进全球规则体系的建立，并试图将 APEC（亚太经济合作组织）框架下的 CBPR（全球跨境隐私规则）体系扩展为全球体系

2. 欧盟正式推出 "数字外交" 总体方案

2022 年的欧盟虽然在政治及安全领域受到大国博弈带来的较大冲击，但并未因此而搁置推进欧盟 "数字主权" 战略的工作，相反进程有所加快，力度不断加强。

一是内部协调进一步受到重视。2022 年 7 月，欧盟理事会发布第二个《理事会关于欧盟数字外交的结论》文件，强调欧盟各成员国应保持内外数字政策的一致性，同时加快提升开展数字外交所需要的能力，包括加强欧盟对数字技术及相关政策的研究、对欧盟各国外交官开展数字外交相关培训等。

二是核心主张更加明确。《理事会关于欧盟数字外交的结论》文件接续了欧盟委员会主席冯德莱恩在 2019 年就职演说中提出的理念，继续将促进数字空间的"人权、自由、法治和民主"作为欧盟数字外交的总目标。计划通过完善欧盟内部各项数字治理机制和政策，输出"欧式模板"，强化欧盟各国企业的全球示范作用，实现和强化欧盟在这一进程中的领导力与影响力。

三是将对外合作主线向美国、欧盟合作倾斜。在机制上，除 TTC 等现有美欧协调机制外，欧盟于 2022 年 9 月在旧金山设立了对美联络办公室，以进一步提升美国及欧盟各国的数字政策协调效率。在议题上，美国、欧盟跨大西洋数据传输新框架的方案已按计划推进到欧盟法院审议阶段，标志着美国及欧盟各国在数据跨境流动管理和隐私保护这一国际数字治理关键难点问题上的矛盾将进一步弥合，双方在数字领域的合作关系也将更加密切。

四是继续加快扩大全球影响力。在 2022 年 12 月举行的 TTC 第三次部长级会议上，欧盟与美国启动合作计划，将欧盟的"全球门户"战略与美欧合作开展的"安全和有弹性的连接及供应链"项目相结合，并将率先在肯尼亚、牙买加开展试点项目建设。双方类似举措的推进，将有力扩大欧盟数字治理理念与解决方案的全球影响范围。

3. 我国围绕重大关键议题明确立场主张

2022 年以来，我国在国际数字治理领域加紧布局，逐步确立了以维护网络空间的国家主权，践行"共商共建共享"的全球治理观，构建网络空间命运共同体为核心和特色的国际数字治理参与方案。

在数字领域对外政策体系构建上，2022 年我国政府向联合国提交《中方关于网络主权的立场》，提出将《联合国宪章》确立的主权平等原则作为当代国际关系的基本准则，也应适用于网络空间。2022 年 11 月 7 日，国务院新闻办公室发布《携手构建网络空间命运共同体》白皮书，提出构建网络空间命运共同体，推动国际社会深化务实合作，共同应对风险挑战。2022 年 11 月 16 日，我国政府向联合国《特定常规武器公约》2022 年缔约国大会提交《中国关于加强人工智能伦理治理的立场文件》，呼吁秉持"共商共建共享"的全球治理观，合力推动国际 AI 伦理治理。上述文件同 2020 年 9 月发布的《全球数据安全倡议》一起，构成了我国特色的国际数字治理参与方案和话语体系，为构建网络空间命运共同体奠定了工作基础。

在国内治理体系完善上，我国在《中华人民共和国网络安全法》《中华人民共和国个人信息保护法》《中华人民共和国数据安全法》的基础上，于 2022 年继续颁布《数据出境安全评估办法》《互联网信息服务深度合成管理规定》等重要法规，持续提升国内数字治理水平，为促进国内外数字经济交流与产业合作、对接国际数字治理高水平规则、在国际数字治理领域输出中国方案奠定工作基础，明确了未来努力方向。

在国际数字治理参与上，我国**一方面**积极构建多层次国际数字合作体系，对美国、欧盟各国等数字大国、强国，以中欧新兴数字技术标准合作等为重点，继续稳固对外高水平交流与合作；对新兴市场和发展中国家，以"一带一路"沿线国家和"数字丝绸之路"为重点，积极开展新型基础设施援建，推广中国数字治理经验。**另一方面**更加主动地参与国际多边治理。在数字经贸方面，我国申请加入《全面与进步跨太平洋伙伴关系协定》《数字经济伙伴关系协定》的工作持续推进，积极对接国际高水平数字治理规则。在多边议程上，2022 年，联合国信息安全开放式工作组和政府专家组均在我国推动下，就数据安全议题提出建议或将数据安全议题列入议程。G20 将我国提出的《二十国集团数字创新合作行动计划》写入峰会宣言，向建立包容、开放、公平、非歧视的数字经济发展环境迈出坚实步伐。

（二）健全数字经济公平竞争监管制度

公平竞争是推动数字经济高质量发展的关键和前提条件。数字市场垄断与不正当竞争等新问题引发全球竞争监管制度的创新和改革浪潮。2021 年以来，中央对健全数字经济公平竞争监管制度提出明确要求，从构筑国家竞争新优势出发，加快推进数字经济公平竞争监管制度的完善，打造公平竞争的市场秩序和创新环境，推动数字经济规范健康持续发展。

1. 全球数字市场竞争监管持续活跃

从执法力度的角度来看,全球主要国家和地区普遍加大了针对超大型平台的反垄断执法力度。2022 年以来,针对谷歌、苹果、微软、亚马逊、Meta 五大头部数字平台的反垄断调查执法扩大了调查执法范围、增加了频次、加大了力度,案件数量比 2021 年增长近一倍。从执法领域的角度来看,滥用市场支配地位行为仍是执法重点,其中谷歌和苹果在移动生态系统市场中的强大控制力愈发受到监管机构的关注,案件数量最多。此外,2022 年以来我国对平台收并购案件的干预明显增强,强化平台大规模并购监管正在从讨论走向实践。针对五大头部数字平台的反垄断调查领域分布如图 8-3 所示。

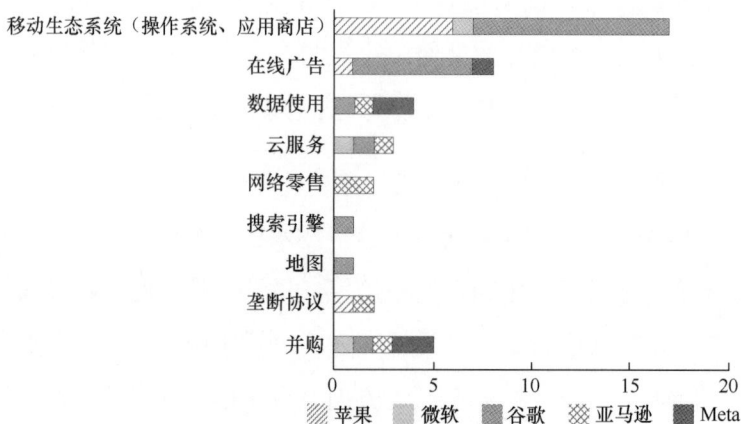

图 8-3　针对五大头部数字平台的反垄断调查领域分布

从立法的角度来看,美国及欧盟反垄断制度改革走势呈现分化。欧盟方面,"守门人"制度是欧盟委员会《塑造欧洲数字未来》雄心计划的一部分,"发展公平且有竞争力的数字经济"是其战略目标之一。2022 年,欧盟理事会正式通过《数字市场法》《数字服务法》,推动其"守门人"制度加速落地。美国方面,近年来,美国在数字平台领域的反垄断态度发生较大转变,包括频频发起反垄断调查,提出类似于欧盟"守门人"制度的监管新提案。这种转变反映了美国日益担心数字市场结构的集中发展趋势,以及由其带来的竞争程度削弱、贫富差距扩大、种族不平等加剧、内容审查过度等问题。但美国两党在强化数字平台竞争监管问题上,尚未达成共识,实际涉及反垄断关键领域的改革提案进展迟滞,"守门人"制度短期内在美国很难落地。

2. 我国数字经济公平竞争监管制度建设取得突破

我国逐步形成了以反不正当竞争和反垄断为核心、以行业监管为重要补充的数字经济公平竞争监管制度框架，三者从不同层面共同对数字市场竞争秩序进行规范，促进数字经济高质量发展。

数字经济反垄断制度加速构建。一方面，《中华人民共和国反垄断法》首次修订，积极回应数字时代挑战，提升对数字经济领域适用性。在总则部分及滥用市场支配地位行为规定部分增加相应条款，重点强调了不得利用数据和算法、技术及平台规则等从事垄断行为。**另一方面，**加快修订完善相关配套规定。2022 年 6 月 27 日，国家市场监督管理总局共发布 6 份反垄断法配套文件征求意见稿。其中，《禁止垄断协议规定（征求意见稿）》新增利用技术手段构成达成垄断协议的行为方式等内容，关注算法合谋。《禁止滥用市场支配地位行为规定（征求意见稿）》增加"自我优待"专条，将"排序优待""利用平台内经营者的非公开数据开发自身商品或辅助决策"明确列为违法行为。《经营者集中审查规定（征求意见稿）》新增申报门槛考虑因素，加强对平台并购特征考量。

反不正当竞争制度不断完善。2022 年 11 月 22 日，国家市场监督管理总局就《中华人民共和国反不正当竞争法（修订草案征求意见稿）》面向社会公开征求意见，加强对数字经济领域新型不正当竞争行为的关注。在总则中明确表明，数字经济领域不正当竞争行为同样受到《中华人民共和国反不正当竞争法》的规制。在传统不正当竞争行为中增加网络化场景的新情形，如在商业混淆条款中将搜索关键词混淆行为纳入规制范围，在虚假宣传行为中明确刷单炒信等构成不正当竞争行为等。将"互联网专条"规制的违法情形由原来的 3 类增加到 5 类，增加了欺骗误导消费者点击、无理由屏蔽拦截其他经营者合法内容或页面 2 类新情形。新增"恶意交易""拒绝开放""数据爬取""差别待遇"4 类热点问题的规制条款。明确商业数据利用的正当边界，将"经营者依法收集、具有商业价值并采取相应技术管理措施的数据"定义为商业数据，并在此基础上，列举了破坏技术管理措施、违反合理正当的数据抓取协议等 4 种不正当获取及使用商业数据的类型化行为，加强平台经营者竞争合规的主体责任。此次修订草案针对平台经营者提出了有关公平竞争的合规管理要求，并赋予其引导平台内经营者依法竞争的义务。

3. 重点围绕数字市场竞争新特征进行理论创新和制度创新

与传统市场竞争相比，数字市场竞争逻辑发生深刻变化，突出表现为动态竞争、跨界竞争、生态竞争，迫切需要进行理论创新和制度创新，应对新型垄断和反竞争行为给传统市场竞争监管带来的挑战。

理论创新方面，一方面， 数字经济时代显现的商品功能复合化、跨界竞争普遍化等特征给反垄断执法中相关市场界定带来挑战。鉴于此，有学者提出淡化相关市场界定的方法。即对竞争影响的分析并不一定需要进行正式完整的市场界定，如果在个案中可以证明涉案企业的行为对竞争产生了直接的不利影响，那么就可以推断涉案企业具有很强的市场支配力。相对而言，此时误判造成的损失已远远小于任由竞争持续下去造成的损失。**另一方面，** 监管机构普遍在反垄断目标中考虑了对创新的保护。鉴于数字经济具有动态竞争等特性，许多学者主张在考察垄断行为对经济效率和消费者福利的影响时，从"基于静态的短期价格和产出效率观察消费者福利最大化"转向"基于静态的短期价格和产出效率再加上动态的长期创新效率观察社会总福利最大化"。

制度创新方面，《国务院反垄断委员会关于平台经济领域的反垄断指南》提出根据该平台整体界定相关商品市场，即认为当数字平台存在的跨平台网络效应能够给平台经营者施加足够的竞争约束时，可以根据该平台整体界定相关商品市场，以在监管实践中更好地聚焦于平台经营者。在市场支配地位的认定中，创新市场份额的计算指标和考量因素，使用点击量、使用时长等新的指标来计算市场份额，并引入网络效应、用户多栖性、数据获取的难易程度等平台经济特征作为考量因素辅助市场支配地位的认定。反不正当竞争法修订草案新增"滥用相对优势地位"条款，增强反不正当竞争法对大企业的规制效能，进一步强化在市场交易中对中小企业经营者的保护。

未来，数字经济公平竞争监管制度仍需要进一步完善。从反垄断制度的角度来看，针对数字经济竞争新逻辑、新特点，需要从规制目标、垄断地位认定、并购审查等方面进一步完善具体规则。从反不正当竞争制度的角度来看，需要进一步处理好公平竞争监管制度与反垄断制度的衔接和竞合关系，明晰边界，与反垄断制度共同维护数字市场竞争秩序。从行业监管的角度来看，可基于专业技术、产业发展和监管灵活性等三大因素，进一步发挥好反垄断制度和反不正当竞争制度在公平竞争监管中的作用。

（三）数字政府建设加速取得新突破

数字政府建设是创新政府治理理念和方式、形成数字治理新格局、推进国家治理体系和治理能力现代化的重要举措。2022 年 6 月，《国务院关于加强数字政府建设的指导意见》(以下简称《指导意见》)正式印发，文件对"怎样理解、如何建设数字政府"这一核心问题进行系统性阐述，对困扰数字政府建设多年的体制机制问题、"一体化"建设路径问题、新技术应用规范问题等进行回应，取得较大突破与进展。

1. 机制突破：自上而下的工作推动机制基本明确

中央层面，成立数字政府建设工作领导小组，国务院办公厅组织具体工作推进。在《指导意见》出台前，中央层面实际已经形成多个数字政府建设工作相关的协调机制，但机制相对分散，无法很好地起到统筹整合的作用。一是 2016 年由中共中央网络安全和信息化委员会办公室牵头建立国家电子政务统筹协调机制，负责推进电子政务的顶层设计和统筹协调。二是 2021 年由国务院办公厅电子政务办公室牵头建立政务数据共享协调机制，推进政府数据的共享协调。同时，"互联网 + 政务服务""互联网 + 监管"、信息公开等工作也由国务院办公厅电子政务办公室牵头推动。三是由国家发展和改革委员会牵头开展促进大数据发展部际联席会议，建立智慧城市建设部际协调工作机制等，其中有一些工作涉及数字政府建设。同时，电子政务网络建设、基础数据库建设、全国一体化大数据中心建设、政务信息化工程建设及政策试点等工作也由国家发展和改革委员会统筹推进。在这一背景下，《指导意见》明确提出"成立数字政府建设工作领导小组，统筹指导协调数字政府建设，由国务院领导同志任组长，办公室设在国务院办公厅，具体负责组织推进落实"，进一步强化了中央对数字政府建设工作的统筹力度，有利于更好地调动各部门资源和积极性，解决数字政府建设过程中的各自为政、重复建设等难点问题，数字政府自上而下的建设机制如图 8-45 所示。

地方层面，要求建立健全数字政府建设领导协调机制，强化统筹规划，实现一体化推进。自 2018 年数字政府兴起以来，各地关于数字政府建设协调机制的创新探索从未停止。有的省市单独成立新的大数据管理局，牵头数字政府建设、数据治理、数字经济发展等工作；有的省市实行"领导小组 + 办公厅"的统筹模式，将数字政府建设统筹放在更高层级；有的省市将数字政府建设纳入传统的政务服务工作中，由相关处室推进工作。因此，对地方数字政府建设的协同机制进行统一调整存在较大难度。《指导意见》提出"各地区各部门要建立健全数字政府建设领导协调机制，强化统筹规划，明确职责分工""建立健全全国一盘棋的统筹推进机制，最大程度凝聚发展合力"，既要求提高数字政府建设的地方统筹层级，强化地区之间的协同联动，同时也为地方的具体机制建设留有一定探索创新空间。

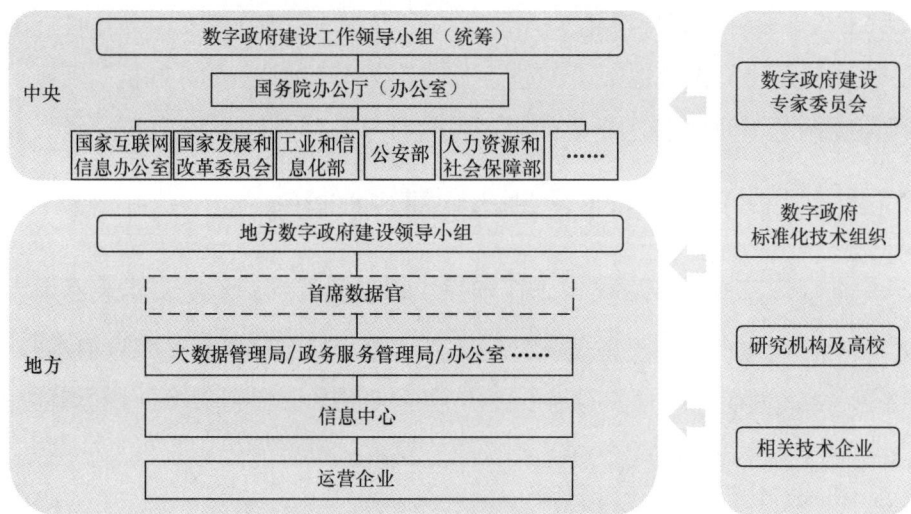

图 8-4　数字政府自上而下的建设机制

2. 路径突破："一体化"建设路径更加清晰完善

强化整体协同、减少重复建设是贯穿我国数字政府建设的发展历程的一个重要目标。2022 年国家继续强化数字政府一体化建设思路，在各个重要文件中均作出部署，基本明确了"十四五"期间在政务服务、政务网络、政务数据、政务云等方面的一体化建设方向及重点任务。

一是持续提升全国一体化在线政务服务平台的服务和支撑能力。为推动政务服务在全国范围内"一网通办、异地可办"，2019 年全国一体化在线政务服务平台正式上线运行，连通 46 个国务院部门、31 个省（自治区、直辖市）和新疆生产建设兵团。围绕提升一体化在线服务能力，先后部署基础共享应用支撑建设、政务服务移动端建设、适老化改造等多项重点工作，极大推动了政务服务"一网通办"进程。在前期工作基础上，2022 年国务院继续围绕一体化在线政务服务能力提升，先后发布 5 份文件，重点解决现阶段网上办事存在的难点问题，包括推动政务服务标准化、规范化、便利化，扩大政务服务"跨省通办"事项覆盖范围，推进"一件事一次办"政务服务能力升级，全国一体化的政务服务能力不断强化。

二是推动形成统一的国家电子政务网络体系。数字政府建设的快速推进，对电子政务网络体系覆盖度、连通性、安全性等提出更高要求，2022 年国家在多个文件中对此作出部署，提出一体化建设目标。《"十四五"推进国家政务信息化规划》提出，在"十四五"期间，基本形成统一的国家电子政务网络体系，各类政务专网基本实现迁移整合或顶层互联，全面支撑跨部门、跨地区、跨层级业务协同和数据共享。《指导意见》提出，强化电子政务网络统筹建设管理，促进高效共建共享，提高电子政务外网移动接入能力，强化电子政务外网服务功能，并不断向乡镇基层延伸，在安全可控的前提下按需向企事业单位拓展。

三是到 2023 年初步形成全国一体化政务大数据体系。数据是数字政府建设的关键和基础要素，针对数据共享难等问题，《指导意见》提出，要"加快推进全国一体化政务大数据体系建设"，并从创新数据管理机制、深化数据高效共享、促进数据有效开放利用 3 个方面作出部署。2022 年 9 月，国务院办公厅印发《全国一体化政务大数据体系建设指南》，对全国一体化政务大数据体系的架构、内容等作出详细部署。从架构看，全国一体化政务大数据体系将包括 3 类平台和三大支撑，即建成国家政务大数据平台、32 个省级政务数据平台、N 个国务院部门政务数据平台的"1+32+N"框架结构，并进一步健全完善相关管理机制、标准规范和安全保障。

四是依托全国一体化政务大数据体系，构建全国一体化政务云平台体系。随着各部门上网和云化加快，政务云越来越成为数字政府和智慧城市建设的关键基础设施。针对各地政务云分散建设、重复建设的问题，《指导意见》进行回应并初步提出未来一体化政务云的建设方向。总体看包括两方面要求，一方面要求统筹整合现有政务云资源，构建全国一体化政务云平台体系，实现政务云资源统筹建设、互联互通、集约共享。其中，国务院各部门政务云纳入全国一体化政务云平台体系统筹管理。各地区按照省级统筹原则开展政务云建设，集约提供政务云服务。另一方面，探索建立政务云资源统一调度机制，加强全国一体化政务云平台资源管理和调度。

3. 规范突破：新技术应用创新和规范治理并行

一方面，适应数字化发展需求，鼓励推动新技术在行政管理中的应用创新，各领域技术应用创新活跃。AI 应用方面，已有约一半的省级政务服务网站部署智能化应用，2018—2021 年，共有 41 项城市大脑招标项目，赋能城市治理精准化、智能化[1]。区块链应用方面，IDC（国际数据公司）统计，2021 年我国已经出现 10 余个千万级以上的区块链政府建设项目，截至 2022 年 12 月，国内区块链信息服务前 10 批备案应用中，政务及公共服务应用占比为 5%，电子存证占比为 7%[2]。政务云方面，全国 31 个省（自治

---

[1] 数据来源：全国信息技术标准化技术委员会智慧城市标准工作组《城市大脑发展白皮书》。
[2] 数据来源：中国信息通信研究院《区块链白皮书（2022 年）》。

区、直辖市）和新疆生产建设兵团云基础设施基本建成，超过 70% 的地级市建设了政务云平台，政务信息系统逐步迁移上云。不同地区政务服务智能化建设的覆盖情况如图 8-5 所示。

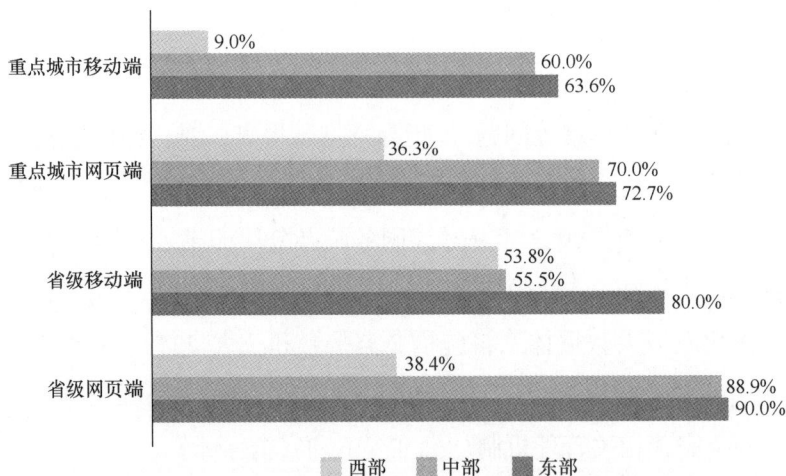

图 8-5　不同地区政务服务智能化建设的覆盖情况

（数据来源：中山大学数字治理研究中心、科大讯飞股份有限公司）

另一方面，强化安全风险防范，建立健全行政领域新技术应用规范制度。早在中国共产党第十九届中央委员会第四次全体会议，中央就提出"建立健全运用互联网、大数据、人工智能等技术手段进行行政管理的制度规则"，2022 年印发的《指导意见》对技术应用规范问题作进一步强调，提出要坚持"技术创新、制度创新双轮驱动"，明确运用新技术进行行政管理的制度规则，推进政府部门规范有序运用新技术手段赋能管理服务。同时细化 3 方面要求，一是开展对新技术、新应用的安全评估，建立健全对算法的审核、运用、监督等管理制度和技术措施。二是依法依规推进技术应用、流程优化和制度创新，消除技术歧视，保障个人隐私。三是推进数据开发利用、系统整合共享、共性办公应用、关键政务应用等标准制定，持续完善已有关键标准，推动构建多维标准规范体系。在这一规范的指引下，未来围绕细化场景的具体技术应用规则或标准有望出台。

（四）我国数据治理法律制度持续完善

当前，以《中华人民共和国网络安全法》《中华人民共和国数据安全法》《中华人民共和国个人信息保护法》为核心的数据立法顶层设计、制度设计基本完成。2022 年，我国顺应国际社会不断强化数据保护的趋势及数字经济持续快速发展的形势，持续加快推动完善数据管理相关重点制度，数据跨境流动管理、数据分类分级保护、数据安全审查及数据开放利用等其他相关制度建设均取得积极进展。

1. 数据跨境流动管理制度加速落地

数据跨境流动管理一直是国际上数据治理的重要议题之一，全球主要国家和地区均根据国际形势变化、自身利益需求等方面，确立了不同的管理制度。2022 年，全球数据跨境流动进展明显，但在整体目标方面，我国与其他一些国家和地区呈现较大不同。

一方面，一些国家和地区在完善自身立法的基础上，持续扩展国际合作，将数据跨境流动作为经济合作手段和政治联盟工具，意图构建更坚固、更有效的"朋友圈"。**美国**持续维护和扩大与其价值观一致的国家之间的联盟，2022 年 4 月，为了将其主导的 APEC 框架下的"跨境隐私规则（CBPR）"扩展至全球，从而吸引更多盟友加入，与加拿大、日本、韩国、菲律宾、新加坡共同建立了"全球跨境隐私规则论坛"；2022 年 10 月，为了顺利通过欧盟关于数据跨境流动管理的"充分性保护认定"，发布了《关于加强美国信号情报活动保障措施的行政命令》，对欧盟关心的国内政府访问数据活动进行了诸多限制。**俄罗斯**将国家之间的关系体现在数据跨境流动相关的法律中，2022 年 7 月修订了《个人数据保护法》，限制俄罗斯个人信息流向此前确定的"不友好国家"。2022 年 8 月，由于收到苹果、谷歌、亚马逊、Twitter 等众多美国科技巨头的反对意见，**印度**撤回了此前发布的禁止关键个人数据跨境的《个人数据保护法案》，计划放松对个人数据的出境限制。

另一方面，我国兼顾"安全和发展"，进一步完善中国特色数据跨境流动管理制度。《中华人民共和国网络安全法》《中华人民共和国数据安全法》《中华人民共和国个人信息保护法》构建了以"安全评估"为核心的数据跨境流动管理制度，针对不同重要程度的数据明确监管不同程度的出境路径，主要包括安全评估、标准合同、保护认证 3 条重要出境路径。2022 年，关于 3 条出境路径的相关制度持续发布和出台，管理要求、具体程序不断完善。2022 年 6 月，国家互联网信息办公室发布了《**个人信息出境标准合同规定（征求意见稿）**》，对《中华人民共和国个人信息保护法》规定的个人信息标准合同出境方式作出明确指引。2022 年 7 月，国家互联网信息办公室出台了《**数据出境安全评估办法**》，全面和系统地提出了我国数据出境"安全评估"的具体要求，为重要数据、达到一定数量的个人信息出境明确了具体的安全评估程序、安全评估具体要求等内容。2022 年 11 月，国家市场监督管理总局、国家互联网信息办公室公布《个人信息保护认证实施规则》，系统规定了个人信息保护认证的适用范围、认证依据、认证模式、认证实施程序、认证证书和认证标志等内容，明确对个人信息处理者开展个人信息收集、存储、使用、加工、传输、提供、公开、删除及跨境等处理活动进行认证的基本原则和要求。

2. 数据分类分级保护制度逐步明晰

对数据进行分类分级保护是主要国家和地区的普遍做法，如欧盟立法将数据分为个人数据和非个人数据分别进行规制，同时在《通用数据保护条例》中将个人数据分为一般个人数据和特殊类别个人数据；美国在"受控非密信息"制度中将特定信息区分为 20 个大类和 125 个子类别；印度将个人数据分为一般、敏感和关键 3 种不同类型的数据。

我国的数据分类分级思路在《中华人民共和国数据安全法》中明确，第二十一条规定"国家建立数据分类分级保护制度""国家数据安全工作协调机制统筹协调有关部门制定重要数据目录，加强对重要数据的保护。关系国家安全、国民经济命脉、重要民生、重大公共利益等数据属于国家核心数据，实行更加严格的管理制度"。2022 年，以安全风险为标准，相关立法进一步细化了"一般数据、重要数据、核心数据"的分类分级制度，对重要数据的类别进行了更加详细的列举。**第一**，2021 年 11 月，国家互联网信息办公室公布《网络数据安全管理条例（征求意见稿）》，明确规定将数据分为一般数据、重要数据、核心数据，对个人信息和重要数据进行重点保护，对核心数据实行严格保护；同时明确了包括未公开的政务数据、工作秘密、情报数据、执法司法数据和出口管制数据在内的 7 类重要数据类别。**第二**，2022 年 12 月，工业和信息化部出台《工业和信息化领域数据安全管理办法（试行）》，明确了灵活、细化的行业数据分类分级标准，规定工业和信息化领域数据包括研发数据、生产运行数据等具体类别，将数据分为一般数据、重要数据和核心数据 3 个级别，并且规定工业和信息化领域数据处理者可在此基础上进一步细分数据的类别和级别。

3. 数据安全审查、数据开发利用等其他相关制度持续完善

《中华人民共和国数据安全法》针对数据安全审查、数据开发利用等问题进行了原则性规定，2022 年，中央和地方持续推动相关立法，落实《中华人民共和国数据安全

法》的要求，通过各层级立法对重点制度进行了细化。

一方面，通过完善的网络安全审查制度实现对核心数据、重要数据、大量个人信息的安全审查，侧重于保护国家安全。《中华人民共和国数据安全法》规定"国家建立数据安全审查制度"，为落实这一规定，2022 年 1 月，国家互联网信息办公室修订出台《网络安全审查办法》，主要增加了数据安全、个人信息相关的审查范围，数据因素成为安全审查中的重点考虑因素。由于核心数据、重要数据、大量个人信息有可能面临非法泄露、非法出境、被国外控制等风险，所以掌握超过 100 万用户个人信息的网络平台运营者赴国外上市成为《网络安全审查办法》的重点审查对象。

另一方面，多个地方通过立法强化了对公共数据、关系民生行业数据的共享和开放，并积极探索如何充分释放数据价值。2022 年 3 月，《河南省数字经济促进条例》正式生效，对公共数据资源和非公共数据资源的流通、利用、共享进行了针对性规定；2022 年 5 月，《江苏省数字经济促进条例》公布，特别规定了重点行业、龙头企业的大数据开发应用；在 2022 年 1 月和 5 月分别公布的《浙江省公共数据条例》《河北省数字经济促进条例》，均从公共数据共享、数据开放平台建设等方面进行了详细的规定。

三、2023 年数字治理与法律领域发展展望

（一）"五个新"为新时代推动数字治理提供重要指引

我国发展面临新的战略机遇、新的战略任务、新的战略阶段、新的战略要求、新的战略环境，需要应对的风险和挑战、需要解决的矛盾和问题比以往更加错综复杂。

从新的战略机遇看，新一轮科技革命和产业变革深入发展，全球数字治理体系深刻变革，为我国乘势而上、提升数字治理国际话语权提供战略机遇。随着我国数字经济的蓬勃兴起，推动治理改革创新有利于进一步构筑发展优势，促进数字经济高质量发展。**从新的战略任务看**，数字化的快速发展为传统治理体系、机制与规则带来重大影响，在国内层面，需要加快建立与数字经济规范健康发展相适应的治理体系，在国际层面，需要加快提升与数字经济国际地位相匹配的数字治理影响力。**从新的战略阶段看**，我国经济转向高质量发展阶段，构建新发展格局、建设高标准市场体系、完善中国特色社会主义法治体系及构建高水平开放型经济体制，迫切需要进一步健全完善数字治理体系。**从新的战略要求看**，数字治理体系建设要坚持全面深化改革、全面依法治国，推进国家治理体系和治理能力现代化，要坚持推动构建人类命运共同体，践行"共商共建共享"的全球治理观，推动全球治理朝着更加公正合理的方向发展。**从新的战略环境看**，在国内层面，数字经济发展不平衡、不充分、不规范的问题较为突出，需要健全完善既能激发活力又能保障安全的数字经济治理体系。在国际层面，新冠疫情影响深远，逆全球化思潮抬头，世界进入新的动荡变革期，推进全球数字治理体系建设亟须处理好数字全球化与发展不均衡、技术的正外部性和负外部性、监管模式差异性与国际规则一致性三对关系。

（二）全球数字治理体系改革进入关键期

全球数字治理综合性框架持续酝酿。当前，全球数字治理碎片化严重，面对共同的挑战和发展诉求，亟须凝聚数字治理共识，推进数字监管协调，加快全球数字治理体系建设步伐，共同构建发展、安全、责任、利益共同体。我国多次提出要践行真正

的多边主义，支持在联合国、G20、世界贸易组织等多边框架下推动数字领域规则规范制定。联合国加快推动制定全球数字契约，围绕连接所有人、避免互联网碎片化、保护数据、网络空间人权、误导性和歧视性内容问责、AI 监管、数字公域 / 数字公共产品七大方向，构建共同原则及承诺，推动塑造具有全球意义的数字治理综合性规范。

安全可信成为数字治理首要关切。 筑牢数字安全屏障是推动数字经济长期持续健康发展的基础，进一步汇聚安全可信共识、加强数字安全合作已成为当前全球数字治理的重要发展方向。近年来，我国先后提出《全球数据安全倡议》《中方关于网络主权的立场》《中国关于加强人工智能伦理治理的立场文件》，围绕数据安全、网络安全和新兴技术伦理提出明确主张，未来将继续推动各方加强数字安全合作。在**治理理念**上，如何统筹发展与安全，厘清国家主权与全球治理、主观与客观等数字安全的基本概念和主要矛盾，将成为数字安全合作的重大课题。在**治理工具**上，建立在广泛共识基础上的客观评估标准和分级分类监管体系将成为数字安全保障政策的关键。在**关键议题**上，数字基础设施和网络安全保障、AI 监管、虚假信息治理、产业链保障仍将是最迫切的数字安全合作问题。在**治理机制**上，建立在国际秩序民主化和数字大国间协调双重基础上的集体数字安全机制，将是合理数字安全机制建设的有力保障和主要努力方向。

数字发展仍是数字治理优先议题。 在全球经济面临新型冠状病毒感染疫情后复苏和增长动能不足的背景下，加强数字领域国际合作，能够切实增强各国把握数字经济发展新机遇的能力，实现共同发展。我国已提出全球发展倡议，并将数字经济作为八大务实领域之一，发布 5 项务实成果清单。未来各方可着力围绕 3 个主要方向推进数字领域发展合作，**第 1 个方向是深化数字经济国际合作，实现创新发展。** 共同建设新型基础设施，提升国际连通性，共同推动数字化转型，促进产业融合发展，共同深化数字贸易加速商品和服务的国际流通，共同促进数字化、绿色化协同发展，实现可持续发展，为全球经济发展增添新动能。**第 2 个方向是共享数字技术发展红利，实现包容发展。** 加强各国围绕数字包容政策的分享与交流，投入更多资源开展数字技能和数字素养培训，政企合作提升利用数字技术提供公共服务的能力，推动数字知识和资源共享。**第 3 个方向是加强数字治理能力提升，促进平衡协调发展。** 为保障不同数字经济发展水平的国家均有能力参与全球数字治理规则的制定，需要在进行规则制定和谈判的同时开展能力建设项目，增强新兴市场国家和发展中国家在全球事务中的代表性和发言权，以数字治理促进共同发展。

（三）我国数字治理体系建设迈入新阶段

1. 数字经济治理体系更加健全完善

"十四五"时期是我国乘势而上打造数字经济新优势的关键机遇期，将进一步健全完善与数字经济发展水平相适应的数字经济治理体系，进一步打通制度性堵点，为数字经济高质量发展提供关键支撑。

一是完善制度。持续完善数字市场竞争监管基本制度，加快出台与《中华人民共和国反垄断法》相配套的《经营者集中审查规定》《制止滥用行政权力排除、限制竞争行为规定》《禁止垄断协议规定》等规则。以平台、数据、算法、资本为核心要素的顶层制度框架基本构建完成，相关配套制度加快修订完善。聚焦制度空白和制度性堵点，紧扣资本、数据、算法、技术等关键要素进一步细化规则，增强制度可预期性，提升制度可操作性。

二是优化监管。进一步落实常态化监管要求，切实提升常态化监管水平，关键在于坚持法治监管、违法必究，提升监管的透明度和可预期性。随着平台经济专项整改基本完成，通过网络安全审查、经营者集中等具体案例明晰企业合规边界。进一步加强监管协同，增强综合监管部门和行业监管部门监管联动，及时发现和弥补监管空白，监管职责边界进一步理顺。进一步丰富监管工具，强化信用监管、智慧监管、全链条监管等，提升监管效能。

三是健全机制。进一步强化政策协同，发挥好数字经济发展部际联席会议制度作用，强化部门和政策的统筹协调。进一步强化多元共治，构建政府与市场、社会组织多元协同、共享共治格局，建立常态化对话机制，探索与数字市场相适应的高效治理模式。进一步强化行业自律，充分发挥平台自治效能，加强企业数字合规管理体系建设，制定《加强互联网平台规则透明度自律公约》、互联网平台合规评价体系等。

2. 数字政府建设升级路径基本清晰

党的二十大提出，中国式现代化是人口规模巨大的现代化，艰巨性和复杂性前所未有，要始终从国情出发想问题、作决策、办事情。到 2035 年建成与国家治理体系和治理能力的现代化水平相适应的数字政府体系，意味着必须从我国国情出发开展数字政府建设实践，推动进一步建成整体协同、敏捷高效、智能精准的数字政府。

在治理场景上，我国在线服务应用发展逐步完善，推动"数智赋能"需要进一步拓展面向经济、监管、生态、社会治理等领域的试点、探索和示范。同时，着力发挥好信息技术对超大规模、复杂场景的赋能作用，有力缓解或部分解决超大规模与场景复杂性带来的治理负荷问题。

在治理能力上，随着新一代信息技术的快速发展与突破，数字政府对技术的选择和应用更加多元化，技术应用的重点从"网络化"走向"智能化"，下一步亟须建构面向大数据、区块链、AI 等新技术应用的基础设施和制度规则，并提升技术能力。

在治理关键要素上，充分发挥数据在变革治理模式、优化治理流程的关键作用，进一步拓展数据治理范围，广泛吸收、挖掘社会和企业数据资源，尤其是能够感知社会治理动态的广泛公共数据资源。积极探索授权运营、数据资产化、交易流通等新形式，充分释放政务数据价值。

在安全保障上，面对政府工作大规模上网和云化，及时更新相关规章制度和技术手段，强化新型网络风险的监测、预警和应对。加快完善新技术在行政管理领域应用的制度规则和标准，强化关注技术自身应用不成熟带来的安全风险，以及技术嵌入具体场景带来的社会治理风险。

3. 网络法治重点领域建设持续深化

我国网络立法的基本框架基本构建，但快速发展变化的数字技术和数字业务仍然不断带来新的挑战和问题。未来网络立法将统筹推进国内法治和涉外法治，以数据基础法律制度为核心，以算法治理规则为主要切入点，以平台责任为主要抓手，健全完善网络法律体系，以高质量立法保障数字经济的高质量发展。

一是完善个人信息保护规则，探索构建数据要素价值释放规则。持续完善《中华人民共和国个人信息保护法》配套规则，健全未成年人、小型个人信息处理者等特殊领域个人信息保护制度。推动建立数据基础制度体系，探索研究数据要素权益保护制度。统筹推进数据产权、流通交易、收益分配、安全治理等制度建设，推进数据要素市场化。

二是完善算法风险防治措施，推进数字经济领域立法。持续研判算法领域技术发展态势，推进法律规范与算法技术的协同发展，不断完善、升级、创新算法安全治理和风险防范的法律规范。推进数字经济领域立法，构建促进数字基础设施建设、数据要素市场培育，数字产业化和产业数字化、数字治理相关制度保障，为数字经济健康持续发展提供制度基础。

三是探索建立"守门人"制度，健全数字平台治理规则。完善数字平台"守门人"制度，推进研究"守门人"制度义务覆盖领域、设置路径，构建平台阶梯式责任规范。健全公正、公开、透明的数字平台治理规则，稳步推动业务和数据互联互通管理规则。

四是健全涉外法律规则，护航数字领域国际化发展。逐步破除外商投资障碍，细化外商投资数字领域配套保障制度，促进外国企业"引进来"。完善涉外领域立法，多措并举规范数字领域企业境外投资经营行为，提高"走出去"的质量和水平。

网络安全篇

导　读

本篇主要包括"2022 年网络安全领域发展综述""2022 年网络安全领域热点分析""网络安全领域发展展望"三大部分。

第 1 部分"2022 年网络安全领域发展综述"盘点了 2022 年网络安全总体形势，全球战略向数字领域转移，各国加紧数字安全同步布局；全球网络空间安全形势急剧变化，网络安全风险长期保持在高位；数据安全治理趋向精细化，安全实践从布局走向落地；我国网络安全产业增速领先于全球水平，热点领域呈现差异化发展。

第 2 部分"2022 年网络安全领域热点分析"聚焦和深入分析了 2022 年网络安全领域热点，软件供应链安全风险管理和技术措施不断完善，政企协同提高供应链透明度；数据流通应用加速带来新挑战，实现数据价值释放和安全保护平衡成为重点；诈骗与反诈持续动态博弈，我国电信网络诈骗治理仍面临诸多挑战。

第 3 部分"网络安全领域发展展望"结合产业发展和网络安全态势，综合研判得出网络安全发展趋势，"数字"时代，保障数字安全成为统筹发展和安全的战略保障；新型基础设施应用日益深入，安全保障体系建设步伐加快；合规需求与业务发展双轮驱动，加速体系化数据安全能力建设；安全可信成为关注重点，技术呈现体系化发展；安全技术融合创新，安全能力与数字化发展齐头并进。

本篇作者：

田慧蓉　丰诗朵　李慎之　谢俐惊　周丽丽　冯哲　王玉环　赵相楠　杨文钰　杨朋
焦贝贝　马娟　吴诗雨　陈杰　葛悦涛　崔枭飞　冯泽冰　王哲

一、2022 年网络安全领域发展综述

（一）全球战略向数字领域转移，各国加紧数字安全同步布局

近年来，数字安全成为网络空间安全政策重点，各国从战略层面强调安全防护能力建设。国际方面，各国聚焦数字领域，积极布局数字安全战略以加强数据安全保护。一是以美国为主的西方国家战略指导数据安全能力建设。2022 年，美国出台新版《国家安全战略》，旨在强化数字技术、数字基础设施、数字供应链安全保护等；欧盟发布新的《数字战略》《安全与防务战略指南》，强调新兴颠覆性数字技术的创新和安全性，以增强经济和供应链弹性。二是突出加强数字监管，完善数字安全制度体系。2022 年，欧盟通过了《数字服务法》《数字市场法》等法案，旨在加强数字监管，解决数字系统安全问题。英国更新了《英国数字战略》，支持创新数字监管框架，打造安全数字环境。

国内方面，我国奠定了数字安全发展的主要基调，强调数字安全与发展并重。一是将数字安全与发展作为新时代主要战略方向。2022 年，党的二十大报告强调"推进国家安全体系和能力现代化"，开启了应对"数字安全"时代的新挑战。二是强调数字安全与发展的同步推进。2022 年，《"十四五"数字经济发展规划》提出统筹发展与安全，强化数字经济安全体系。世界互联网大会也强调了"数字安全保障有力、数字合作互利共赢的全球数字发展道路"。

（二）全球网络空间安全形势急剧变化，我国网络安全风险仍然保持在高位

2022 年，围绕争夺网络空间利益，网络战使全球网络空间安全形势更加严峻。**一是**分布式拒绝服务（DDoS）攻击此起彼伏，军事、金融等领域遭受多轮次 DDoS 攻击，导致一些关键网站、公共服务瘫痪等。**二是**高级持续性威胁（APT）攻击隐蔽窃密，网络攻击者窃取敏感情报信息。**三是**新型擦除性病毒发挥重要破坏作用，WhisperGate、HermeticWiper、IssacWiper、CaddyWiper 等新型破坏性病毒擦除重要

信息系统数据。**四是**利用上下游信任关系发起供应链攻击，网络攻击者通过在供应商软硬件中植入恶意程序，攻击多国政府、关键基础设施等，致使相关重要信息泄露、重要系统数据被篡改、虚假信息被发布等。**五是**使用新技术在网络空间中的攻击行为影响社会认知，AI 深度伪造虚假信息并大量传播，操纵舆论导向，影响社会认知。

网络战全球化蔓延，世界网络攻击形势随之升级，我国面临的网络安全风险加剧。有关数据显示，2022 年我国公共互联网各类网络攻击事件共 4000 余万起，月均数量保持高位，其中 DDoS 攻击事件共 50 余万起，攻击峰值在 200Gbit/s 以上的大中型 DDos 攻击次数同比增幅达 130%，钓鱼邮件攻击共 4000 余万次，90% 以上通过携带恶意附件实施攻击。工业互联网恶意网络行为共 7000 余万次，较去年同期增长约 20%，其中僵尸网络感染 2900 余万次，非法外联通信 1400 余万次。针对车联网平台的恶意网络行为近 600 万次，较去年同期增长约 88%，其中漏洞利用行为 300 余万次，挖矿木马感染 80 余万次。此外，漏洞作为通信设备、信息终端、系统软件等网络产品自身安全缺陷，数量保持在高位徘徊。

（三）数据安全治理趋向精细化，安全实践从布局走向落地

随着全球数字化转型不断深化，数据价值持续提升、应用场景愈加丰富，数据安全的基础保障作用也日益凸显，带动数据安全需求爆发式增长。2022 年，世界主要国家从"安全需求"视角出发，在现有制度框架的基础上探索构建精细化的数据安全治理能力。

国际方面，以欧盟各国、日本为代表的国家和地区在完善战略立法的基础上，持续提升数据安全供给能力。一是通过修订立法、发布配套标准指南等方式，指引落实数据安全保护要求。如欧盟数据保护委员会（EDPB）先后发布《关于作为个人数据跨境传输工具的行为准则的 04/2021 指南》《关于认证作为数据传输工具的指南》等系列文件，指导企业规范开展数据共享、跨境转移、评估认证等工作。二是提供一揽子工具包，支持中小型企业提升数据安全能力。日本个人信息保护委员会（PIPC）发布面向私营部门的数据映射工具包，帮助企业等私营部门安全合规地使用数据。西班牙数据保护局（AEPD）推出一款咨询工具，帮助数据控制者决定是否通知控制机构其个人数据信息被泄露。三是通过资金保障、构建数字技能标准、创新人才培养选拔模式等方式，提升人才供给水平。例如欧盟提供了 6 亿欧元

（1 欧元≈7.6 元人民币）预算用于提升公众数字技能，包括前沿数字技术硕士课程、短期数字技术专训课程及促进数字技能培训基金，同时更新"欧洲公民数字能力框架"，对掌握高级数字技能和新技能提出要求。

国内方面，我国在构建多层次数据安全法律体系的基础上，大力推动《中华人民共和国数据安全法》落地实施。一是国家层面，2021 年正式出台的《中华人民共和国数据安全法》作为我国数据安全领域的首部基础性法律，确立和完善了数据安全各项基本制度，形成了我国保障数据安全的顶层设计。2022 年作为其实施的首个完整之年，数据安全管理认证、数据出境安全评估等配套政策法规和标准规范陆续发布。二是行业层面，结合行业领域特点细化本领域数据安全要求，如工业和信息化部率先出台《工业和信息化领域数据安全管理办法（试行）》，搭建起行业数据安全管理的"四梁八柱"。三是地方层面，浙江省、上海市、江苏省、山东省等多个省市纷纷出台数据相关条例，对数据赋能产业、安全保护等内容进行规制。与此同时，稳妥开展数据安全执法，依法打击违法违规行为。近日各地陆续公布首例适用《中华人民共和国数据安全法》的案件，如广东某公司未履行数据安全保护义务导致1000 余万条个人信息面临泄露风险，被处罚 5 万元。此外，受自身安全发展需求和政策合规要求的内外双重驱动，企业数据安全意识不断提升，安全技术应用辐射面逐渐扩大，中国信息通信研究院调研发现，数据加密、数据防泄露等技术应用占比超 60%。随着数据流通成为常态，与业务流程融合、结合"零信任安全"理念构建的数据安全统一管控平台成为布局新方向。IDC 调研发现[1]，数据资产梳理、数据水印、隐私计算等新兴安全产品市场规模突破 9 亿元。

（四）我国网络安全产业增速领先于全球水平，热点领域呈现差异化发展

当前，网络空间安全形势急剧变化，各国加紧安全技术产品同步布局，驱动网络安全产业蓬勃发展。从长期发展趋势看，中国网络安全产业规模增速与全球市场规模增速同步变动，2016—2021 年的复合年均增长率高出全球约 4.7 个百分点，如图 9-1 所示。

---

[1] 数据来源：根据《IDC Perspective：隐私计算全景研究》数据汇总统计。

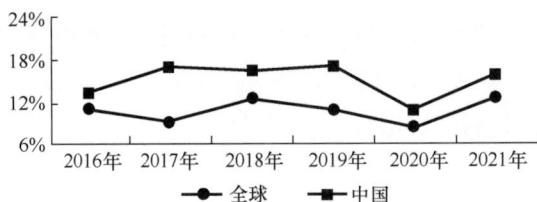

图 9-1　2016—2021 年国内外网络安全产业规模增速对比

从最新发展数据来看，全球方面，远程和混合办公模式的增加及数据泄露事件的激增，持续驱动网络安全市场的进一步扩张，Gartner 预计 2022 年全球网络安全市场规模为 1700 多亿美元，增长率达到 12.2%。国内方面，在国家经济稳定恢复、行业企业对网络安全重视程度持续提升的大背景下，中国网络安全市场进入复苏回暖期，根据中国信息通信研究院测算数据，预计 2022 年中国网络安全市场规模为 2100 多亿元，增长率将达到 13.9%。

总体来看，我国网络安全市场规模增速显著高于全球平均水平，发展潜力凸显。

热点领域方面，从网络安全细分领域的投融资数量排名来看，全球排名前 5 的领域分别为风险管理与合规、数据安全、身份管理与访问控制、网络与基础设施安全、安全运营[2]。中国排名前 5 的领域分别为数据安全、安全服务、工业互联网（工控）安全、安全管理与运营、威胁检测与响应[3]。两组数据对比反映数据安全、安全运营在国内和国际市场均获得较高的关注度。此外，全球对于风险管理、身份访问控制较为关注，中国则更关注安全服务和工业互联网（工控）安全领域。

---

[2]　数据来源：Momentum Cyber，《Cybersecurity Almanac 2022》，2022 年 2 月。

[3]　数据来源：中国信息通信研究院。

二、2022 年网络安全领域热点分析

（一）软件供应链安全风险管理和技术措施不断完善，政企协同提高供应链透明度

1. 软件供应链风险日益凸显，开源安全成为关注重点

近年来，软件供应链攻击造成的数据泄露、服务中断等问题受到广泛关注。2020 年底，SolarWinds 公司网络管理漏洞被利用，网络管理平台 Orion 被植入恶意代码，近 18 000 名客户下载并更新了 Orion，成为恶意攻击的潜在对象[4]。2021 年，Codecov 在线平台的热门工具遭遇恶意攻击，导致用户敏感信息泄露。

软件供应链安全治理需要重点考虑网络安全风险、完整性风险和开源许可风险。网络安全风险方面，软件供应链复杂度高、环节多、流程长，恶意攻击难以被及时发现，人们难以进行有效防守。恶意攻击能够借助软件供应链上的信任关系逃避检查，通常很难检测出在受信任供应商提供的软件产品中存在的后门。同时，安全隐患通常深藏于代码中，如针对 Log4j2 的恶意攻击数以万计，因被间接调用而人们难以防守。软件供应链下游用户往往对软件供应链中游和上游的脆弱性修复鞭长莫及。完整性风险方面，软件全球化趋势增强，软件间依赖程度增加，软件供应链完整性控制难度随之增大，软件供应链上游封锁将导致下游断供风险提升。如 2022 年，GitHub 限制俄罗斯开发人员访问开源代码存储库，西方多家科技企业宣布暂缓、终止、暂停在俄罗斯的服务。开源许可风险方面，当前开源软件被广泛应用，其存在的开源许可证传染、冲突等风险使用户面临经济赔偿。在敏捷开发要求下，软件开发往往会使用大量开源组件，需要同时满足所使用的全部开源组件的开源许可证要求。然而，不同开源许可证的条款彼此之间可能会产生冲突，部分开源许可证要求新开发软件采用的开源许可证必须与其开源组件的开源许可证一致，并进行开源，导致存在开源许可证冲突、传染风险。

---

[4] 数据来源：中国信息通信研究院根据公开资料整理。

2. 各国聚焦软件供应链安全风险管理，提高开源软件风险应对能力

在全球供应链安全问题凸显的背景下，各国更新发布软件供应链安全相关政策指南，以有效应对开源软件供应链安全风险。一是政策强调提升数字化产品的安全性。各国相继出台软件供应链安全相关法案，通过法规要求，提升数字化产品的安全性。2022 年 9 月，欧盟发布了《网络弹性法案》，为联网设备制定通用网络安全标准，加强出口数字化产品的安全保障。2022 年 9 月，美国发布了题为《通过安全的软件开发实践增强软件供应链的安全性》的备忘录，关注软件供应链的安全性和完整性，加强了产品的安全自证。二是健全软件供应链安全管理标准体系。近年来，各国致力于加强软件供应链安全管理标准体系建设，提高软件供应链安全管理的弹性和完整性。美国于 2022 年发布了《软件供应链网络安全指南》，指导企业有效管理软件供应链安全风险；欧盟于 2021 年发布了《网络安全认证》标准，强化市场中的软件产品供应链安全。我国于 2018 年发布了《信息安全技术—ICT 供应链安全风险管理指南》标准，提高了 ICT 供应链安全的管理水平。

3. 关键技术不断实践应用，提升供应链安全保障能力

随着软件成分分析技术、交互式应用安全测试技术等技术的不断成熟及应用，软件的安全性、可靠性不断提升，软件缺陷得到系统性识别和修复，软件供应链安全监测、检测能力不断增强，软件产品的安全性不断提升。一是先进安全技术在软件全生命周期中的应用稳步推进。软件成分分析技术、交互式应用安全测试技术、运行时应用自我保护技术逐步走向成熟，开始在软件供应链安全保障中发挥效能。软件成分分析技术可将组件安全检测和合规检测融入开发测试流程，提高了风险识别的时效性和准确性；交互式应用安全测试技术可在与应用程序功能"交互"时分析代码风险并实时报告代码漏洞，兼具高检出率与低误报率；运行时应用自我保护技术内置于应用程序或应用程序的运行环境中，能够实时识别攻击行为并采取应对措施。新技术的应用提升了软件安全性，使部分软件供应链脆弱点得到修复。二是开源漏洞修复、完整性验证能力提升。2022 年，开源安全基金会启动 Alpha-Omega 项目，通过系统寻找开源代码中的新漏洞并与项目维护者合作，漏洞得以修复，以此来提升全球开源软件的安全性。此外，各网络安全厂商也陆续推出开源项目治理相关产品服务，面对海量的开源软件，部分项目致力于简化软件签名和验证技术来防篡改，提升完整性验证能力。三是遗留软件安全缺陷开始得到系统性修复。为了在不影响关键任务系统功能的情况

下修复老旧二进制文件，美国高级研究计划局启动"可靠微补丁"项目，将编译器研究技术、二进制反编译与分析技术和程序验证技术相结合，针对现有二进制文件中的已知安全漏洞生成有针对性的微补丁，修补二进制形式的遗留软件。此外，"大型遗留软件的安全验证及性能增强"项目使用新通过安全测试的代码，逐步提升遗留组件的安全性。

4. 软件供应链透明度管理水平提升，政企合作共享信息、共治风险

各国以软件物料清单为抓手，着力提高软件供应链各环节透明度，并促进威胁信息的多方共享，政企共同发力治理软件供应链安全风险。一是从制度建设、基础设施建设、行业实践 3 个维度发力，推进软件物料清单的研究和应用。制度建设方面，已将软件物料清单纳入最高层级文件。美国的《改善国家网络安全行政令》《医疗网络安全法案》、欧盟的《网络弹性法案》2022 年最新版草案均提及使用软件物料清单提高软件供应链透明度。我国工业和信息化部网络安全管理局指导成立的软件供应链安全社区开展系列研究，发布了《软件物料清单实践指南》。基础设施建设方面，软件物料清单中含有基线元素的"唯一标识符"，其或作为软件的"身份证"成为未来供应链的通行证。法国的"软件遗产库"项目、美国的"通用平台枚举"项目为软件设置唯一标识符；中国华为、三大运营商也探索使用 PURL（永久性统一资源定位器）、CPE（通用平台枚举）、哈希值等作为软件唯一标识符，促进了软件物料清单的跨行业、跨企业流动。行业实践方面，汽车、医疗等行业应用起步早、发展较完善。美国汽车信息共享和分析中心启动了"软件物料清单概念证明"项目，向汽车制造商提供通用的实践方法。目前，奔驰、丰田、上海汽车集团等参与的"汽车级 Linux"开源项目已被纳入软件物料清单，新思科技等著名安全厂商也于 2021 年起具备了完整的软件物料清单生成能力。二是启动共享计划，形成行业组织，凝聚多方共识，合力治理风险。信息共享方面，美国建立通信供应链风险信息伙伴关系计划，帮助供应商获取软件供应链关键要素的风险信息。我国举办了各类软件供应链安全主题论坛，为各治理主体提供高质量交流平台。此外，国内外均成立了各类行业组织，合力保障软件供应链安全。例如 Linux 基金会联合多家厂商共同成立开源安全基金会，华为、阿里、腾讯等均在其中发挥重要作用。我国也成立社区、实验室等，成员协同开展行业实践、平台建设等工作。

（二）数据流通应用加速带来新挑战，实现数据价值释放和安全保护平衡成为重点

1. 数据流通呈现新趋势、面临新挑战，数据流通安全成为关注热点

数据流通呈现新特点、新趋势。一是数据类型日益丰富，一方面，各类音视频、日志、文档等非结构化数据逐渐成为数据流通主要对象，IDC 预测，到 2025 年非结构化数据在全球数据中的占比将超过 80%。另一方面，数据与服务、算法等的结合形成模型化数据、AI 化数据等多重形态的数据参与数据流通[5]。二是应用场景逐渐复杂，数据已融入生产、分配、流通、消费和社会服务管理等各个环节，跨行业、跨地域的数据流通愈加频繁，应用场景更加丰富。三是数据流通参与主体日趋多样化，数据流通交易方式从传统的点对点方式向集中式、规范化的"场内数据交易"[6]演进，参与主体扩大至数据供应方、数据需求方、平台管理方、第三方专业服务机构等多元市场主体。

数据流通加剧数据安全风险。一是数据资产暴露面显著增加，安全边界持续扩大，数据泄露、数据滥用等安全事件频发。一方面，云平台、大数据中心等海量数据汇聚节点安全风险突出，如微软被曝其云服务器配置错误导致大小为 2.4TB 的客户敏感数据泄露，全球 6.5 万家公司受到影响。另一方面，数据流通设施开放互动增强，安全防护压力倍增，如在算力网络中，数据在云边端多层次算力节点间传递，存在节点安全状态不可控导致数据被窃取、篡改等风险。二是以重要数据为标靶的勒索、窃取等攻击事件显著增加，如在极限场景下，窃取、破坏对方政府、金融、能源等关键领域数据被视为有效攻击手段。

我国就统筹数据流通与安全作出重要部署。一是重大决策方面，中国共产党第二十次全国代表大会报告指出，要以新安全格局保障新发展格局，强化数据安全保障体系建设。二是战略规划方面，10 余项国家级规划、纲领性政策文件对建立数据安全治理体系进行了全面部署，其中《中共中央　国务院关于构建数据基础制度更好发挥数据要素作用的意见》聚焦建立安全可控、弹性包容的数据要素治理制度，提出多项政策举措，为后续工作指明了方向。三是在法律法规层面，《中华人民共和国数据安全

---

[5] 资料来源：《全国一体化大数据中心引领下超大规模数据要素市场的体系架构与推进路径》载于《电子政务》2021 年第 6 期。

[6] 资料来源：中国信息通信研究院《数据要素白皮书（2022 年）》。

法》确立了"以发展促安全、以安全保发展"的原则，保障数据依法有序自由流动。《工业和信息化领域数据安全管理办法（试行）》坚持安全与发展并重、鼓励与规范并举原则，推动工业和信息化领域数据安全管理工作制度化、规范化。

2. 世界主要国家坚持多措并举，构建完善适应数据流通需求的安全体系

美国、欧盟各国等国家和地区的数据安全治理工作起步较早，近年来为进一步促进数据流通、释放数据红利，在既有治理体系基础上，通过加强法律顶层设计、打造数据空间、设立数据银行等多种举措推动构建与数据流通场景相适应的安全保障体系。

细化数据流通利用安全要求，廓清数据流通利用范围。一是明确敏感数据流通安全要求，如欧盟数据保护委员会先后发布了《关于在新型冠状病毒感染疫情的背景下使用位置数据和接触追踪工具的指南》《车联网个人数据保护指南》等文件，明确了位置数据、健康数据、生物识别数据等敏感数据的使用处理条件和原则。美国拟制定《健康和位置数据保护法》，全面禁止数据经纪人出售或传输位置数据和健康数据。二是实施"列表""清单"管理，如美国梳理汇编形成"受管控非秘信息（CUI）列表"，将国家经济数据、政府管理数据、敏感技术数据等视为重要数据，采取严格安全管理措施，限制其流通共享。

明确重点环节及典型场景规则，规范数据处理活动。一是明确数据处理角色权责，如欧盟数据保护委员会制定《GDPR下数据控制者及数据处理者概念的指南》，通过区分数据控制者、数据处理者和联合控制者三重角色并确定责任性质和责任程度，明晰数据处理链条的权责边界。二是制定流通合规指引，如英国发布《数据共享行为守则》，明确各方责任与义务，要求安全措施必须与数据处理的性质、范围、背景和目的，以及为个人权利和自由带来的风险相适应，为数据安全共享提供实操指引。

建立完善的数据基础设施，构建安全的数据流通环境。一是建立完善的数据交易平台、数据银行、数据空间等利于数据安全存储、访问、共享的数据基础设施，如欧盟提出建立9个欧洲共同数据空间以促进数据安全共享使用。二是对数据交易平台、数据银行、数据空间等基础设施开展评估认证，及时发现潜在安全风险。三是赋予数据银行、数据空间中的数据所有者自主决定谁可以访问和使用其专有数据，明确数据使用限制、要求等权力，从而实现对数据的监督管理和持续控制。

积极利用数据安全技术化解数据要素流通与安全的矛盾。一是将数据安全技术应

用提升到战略高度，如美国出台《促进数字隐私技术法案》，大力支持隐私增强技术的研究和推广，助力安全、高效、合规地使用数据。欧盟出台《数据治理法案》，提出通过匿名化、数据池等技术解决方案和重用者的合法绑定协议等技术方案实现数据安全共享。二是脸书、苹果、亚马逊等企业利用开源差分隐私库、模糊定位技术、区块链等技术实现数据加密传输和数据追踪溯源等，有效平衡数据流通利用与安全保护。

3. 我国加强系统布局，探索适应数据流通的安全总体框架和实施路径

近年来，我国高度重视数据安全工作，在初步建立以数据资源安全保护为核心的管理体系的基础上，对数据要素流通安全治理进行了积极探索与实践。

以数据分类分级保护制度为基础，设置差异化流通安全要求。一是国家层面，《中华人民共和国数据安全法》明确提出国家建立数据分类分级保护制度，在保障数据安全的基础上积极促进数据依法开放共享和流通。二是行业层面，部分数据流通应用需求迫切的行业已开展实践探索，如工业和信息化部要求企业按照一般数据、重要数据、核心数据的分类实施分级保护。三是地方层面，部分地区针对优势特色产业数据流通开展先试先行，如北京率先明确自动驾驶数据全生命周期的分级保护要求，探索在可控成本范围内实现数据安全合规利用。

以保障数据全过程安全为目标，明确安全管理基础规则。一是构建贯穿数据供给、数据流通、数据使用全过程的数据安全基础制度。首先在数据供给环节，建立数据产权结构性分置制度，并在国家数据分类分级保护制度下，探索数据分类分级确权授权机制；其次在数据流通环节，围绕合规监管规则、安全可信的数据流通环境、安全服务生态、数据跨境流动管理 4 方面强化制度设计，促进数据高效安全流通；最后在数据使用环节，建立数据使用安全审查、监测预警、监督检查等制度，压实企业安全责任。二是聚焦关键环节探索开展安全机制创新。例如，广东首创数据经纪人制度，明确其在数据流通交易过程中起到中介担保作用，强化交易安全风险控制。贵州则发布了全国首套数据交易规则体系，提出在数据产品上架前进行安全评估，并开展上架、交易、跟踪全过程安全审查，保障交易全程合规。

以安全技术为支撑，推动构建安全可信的数据流通设施。一是国家层面，多项纲领性政策文件鼓励探索运用区块链、新兴密码技术、隐私计算、数据流转分析等技术支撑数据利用和安全保护；同时，依托试点示范项目遴选多方安全计算、联邦计算等安全技术应用创新案例，助力构建安全可信的数据流通环境。二是地方层面，上海打

造流通"安全屋"，依托数据沙箱、堡垒机等技术实现"数据不动算法动"，确保数据安全高效流通。北京市、贵州省等地利用区块链、联邦计算、多方安全计算等新技术建设安全可信的数据流通交易平台，实现原始数据"可用不可见"、数据产品"可控可计量"、数据流通行为"可信可追溯"。三是行业层面，中国信息通信研究院联合 30 多家单位建立"可信工业数据空间"，构建可信、全程可控、高效流通的数据共享和协同应用环境。阿里云计算有限公司搭建的 DataTrust 隐私增强计算平台集成了多种安全技术，提供在保障数据安全基础上的多方数据联合分析、联合训练、联合预测等多种服务。

（三）诈骗与反诈持续动态博弈，我国电信网络诈骗治理仍面临诸多挑战

1. 国外电信网络诈骗形势越发严峻，我国电信网络诈骗治理形势整体向好

受经济社会发展和各国治理深度等多重因素影响，国内外电信网络诈骗形势出现明显差异。2022 年，美国、英国等国家的电信网络诈骗犯罪案件持续高发多发，数量与涉案金额进一步攀升，而我国在各地区、各部门、各行业的重拳治理下，自 2021 年 5 月起，全国电信网络诈骗立案数连续 17 个月同比下降，治理形势整体向好。具体表现如下。一是英国电信网络诈骗案件呈现"井喷式"爆发。英国国家统计局发布的数据显示，2020—2021 年度，英国"反诈骗行动"机构记录的各式诈骗案件达 510 万起，比上一年度增加了 66.7%，电信网络诈骗案件呈现"井喷式"爆发。另据英国劳埃德银行研究团队发布报告，英国每年诈骗造成的经济损失高达 1370 亿英镑（约合 11 988 亿元人民币），2021 年利用社交媒体平台实施的诈骗案件数量、受害人数量同比增加 20 倍。二是美国电话诈骗形势愈发严峻。美国 Truecaller Insights 发布的《美国垃圾邮件和诈骗报告》数据显示，美国电话诈骗受害者数量已连续 8 年呈现上升趋势且诈骗金额上升幅度较大，其中，仅 2022 年，美国就有 6840 万人因电话诈骗蒙受损失，损失金额总计 395 亿美元（约合 2774 亿元人民币），较去年同期分别增长 15%、32%。三是澳大利亚诈骗损失金额再攀高峰。澳大利亚反诈网站 Scamwatch 官网公布的数据显示，2022 年，澳大利亚电信网络诈骗案件数达 23.9 万，其中存在经济损失的案件仅占 12.1%，损失金额却高达 5.7 亿美元（约合 40 亿元人民币），远远超过 2021 年的 3.2 亿美元（约合 22.5 亿元人民币）。四是我国电信网络诈骗案件数持续下降。中

国司法大数据研究院于 2022 年 8 月 1 日发布的《涉信息网络犯罪特点和趋势（2017.1—2021.12）司法大数据专题报告》显示，2021 年我国电信网络诈骗类案件量同比下降 17.6%，是近 5 年来首次下降。另据最高人民法院称，2022 年上半年，全国法院审结一审电信网络诈骗犯罪案件共 1.1 万件，2.1 万名被告人被判处刑罚，其案件量同比又有所下降。

2. 深挖电信网络诈骗最新特点，综合治理体系更加健全

当前，我国电信网络诈骗治理形势整体向好，但电信网络诈骗跨境趋势愈加明显，信息通信行业反诈支撑大平台（以下简称"平台"）数据统计，2022 年，超半数的诈骗电话为境外呼入，超过 90% 的诈骗网站为境外接入，案件占比达 80%。随着治理工作的持续深入，呈现以下趋势与特点。一是电信网方面。从归属地来看，使用境外电话卡号实施诈骗的占比持续升高，平台数据显示，境外号码占比从 2022 年 1 月的 46.5% 跃升至 2022 年 10 月的 60.8%，这些诈骗电话多来自东南亚地区。从使用特征来看，低资费套餐、新入网电话卡被用于实施诈骗的比例较高，平台数据显示，2022 年 1 月—10 月，近 40% 的诈骗号码在入网 1 个月内被用于实施诈骗，超过 50% 的诈骗号码使用了低于 30 元的资质套餐。二是互联网方面。从接入地特征来看，多数诈骗网站使用境外域名，并在境外接入。平台数据显示，2022 年 1 月—10 月，我国有超过 90% 的诈骗网站在境外接入，东南亚地区成为境外诈骗网站的主要接入地。从注册特征来看，归属于境外域名注册服务机构和域名注册管理机构的诈骗网站占比持续增多，平台数据显示，2022 年 10 月在 GoDaddy（一家美国公司）注册的诈骗网站数量最多，约占诈骗网站总量的 21.1%，且半数诈骗网站域名是新注册的，注册时间不超过 3 个月。从技术特征来看，诈骗网站更加隐蔽、更难被监测到，诈骗 App 更易制作与传播。平台数据显示，2022 年 1 月—10 月，近 30% 诈骗网站使用了 HTTPS 加密协议；大量诈骗 App 向源代码为同一套代码的不同变种。

上述电信网络诈骗的新趋势、新特点为电信网络诈骗治理工作带来新的挑战，为有效应对接踵而来的电信网络诈骗新形势、新挑战，更好地预防、遏制和惩治电信网络诈骗犯罪活动，2022 年 9 月 2 日，《中华人民共和国反电信网络诈骗法》通过审议，并于同年 12 月 1 日起正式实施。这是一部专门为打击、治理电信网络诈骗活动而制定的"小切口"法律，对反诈的关键环节、主要制度作出规定，构筑起电信网络诈骗治理的"四梁八柱"，为在当前及今后的常态化时期做好反诈工作提供了更加全面、有力的法治保障与规则指引。工业和信息化部高度重视电信网络诈骗治理工作，坚持以人

民为中心，坚决扛起行业监管的主体责任，深入开展"断卡行动 2.0""打猫行动"等专项，推出 12381 涉诈预警劝阻系统、"一证通查""反诈名片"等反诈"利器"，建成全国一体化技防体系，组织开展"反诈进社区""反诈进校园"等五进宣传活动。2021年以来，累计核查处置涉诈高风险电话卡超 1 亿张、关联互联网账号近 1 亿个，协助公安机关端掉"猫池"窝点超 1 万个，发送预警信息超 10 亿条，协助 1 亿多位用户查询了名下电话卡及网络账号数量，行业治理工作成效显著。

3. 诈骗与反诈持续动态博弈，我国电信网络诈骗治理仍面临诸多风险与挑战

2022 年，在各地区、各部门、各行业的共同努力下，我国电信网络诈骗治理工作取得显著成效。但我们必须清醒地认识到，电信网络诈骗不是简单的社会治安问题，而是复杂的社会治理难题，形势依然严峻复杂，防范治理工作仍面临诸多挑战与风险。一是技术对抗性增强。从技术攻防角度来看，防范治理呈现长期对抗态势，诈骗分子快速迭代升级诈骗技术手段，开发利用虚拟拨号、"秒拨 IP""阅后即焚"，以及 AI、区块链、"共享屏幕"等新兴技术与应用，提升诈骗智能化水平，增强诈骗的迷惑性与隐蔽性，整体技术攻防呈现高对抗、快转移、难防范等特点。二是网络诈骗越发复杂。目前互联网已成为实施电信网络诈骗的主要渠道，案件占比超过 80%。在互联网领域，网络跑分、兼职刷单、网络贷款等电信网络诈骗形式层出不穷，网站加密、域名跳转、高仿 CDN 服务等新技术、新应用被大量运用，境内、境外诈骗团伙相互勾结，使现有技防能力失效，诈骗 App 等井喷式增长，及时发现并处置黑灰产难度提升。三是跨境诈骗日益增多。诈骗窝点加速向境外转移，一方面通过改号软件拨打诈骗电话、发送诈骗短信，或通过租用境外网络资源搭建诈骗 App 或虚假投资理财网站，对国内公民实施电信网络诈骗；另一方面利用远程控制软件，操控境内人员搭建 GOIP 等非法集群设备，拨打诈骗电话、群发诈骗短信，极大地增加了涉诈风险预警、阻断和线索分析难度，也为公安机关落地查人，实施精准打击带来较大挑战。更有部分诈骗分子利用漫游至国内的境外卡拨打诈骗电话或利用网络流量实施网络诈骗，增加了打击和处置难度。四是传统业务被恶意利用。随着行业治理工作的深入，诈骗分子开始寻找电信企业业务管理漏洞实施诈骗行为，从公安案件来看，当前诈骗分子开始利用隐私号、中间号等隐藏主叫号码，利用招聘、外卖等场景的重点业务实施诈骗，以躲避溯源追查。另外部分诈骗分子利用具有语音功能的物联网卡，通过层层转呼隐藏主叫号码并拨打受害人号码实施诈骗。

三、2023 年网络安全领域发展展望

（一）"数字"时代，数字安全成为统筹发展和安全的战略保障

伴随深入推进数字化，数字时代安全的基础性、全局性地位持续凸显，数字安全逐渐成为战略趋势，是保障线上网络安全治理和线下经济社会稳定运行的核心动力源。党的二十大提出"以新安全格局保障新发展格局"，强调"加快建设数字中国、加快发展数字经济"的同时，要求"推进国家安全体系和能力现代化，坚决维护国家安全和社会稳定"。为满足新时代发展要求、保障数字化新发展格局，网络安全向数字安全新格局加速演变，驱动数字安全体系和能力建设发展，数字安全不仅需要保障线上网络空间的安全与可靠运转，还需要保障与其相关联的线下物理空间秩序的稳定运行，从而确保全社会各领域数字化发展的安全性。

新一代 ICT 技术与传统信息基础设施在社会生活、生产等各领域融合创新形成新型融合基础设施，并一起构成了数字基础设施。在此基础上，数字安全保护对象范畴主要包括三大方面。一是信息通信安全，涵盖网络、计算、存储等传统 ICT 层面的安全性，确保线上网络、系统、平台等的运行安全、稳定。二是数据要素安全，确保数据要素在自由流动共享、价值释放过程中的安全，以及确保用户隐私得到有效保护。三是网络物理融合安全，包括运行自动化、生产制造、执行调度等的安全性保障，保障线下运行操作平稳进行。

随着数字安全风险在数字化各环节、各流程中的蔓延扩散，围绕数字安全保护对象范畴，数字安全保障重点需要关注四大方面的安全性。一是数字技术应用安全，数字技术的规模化应用将技术自身安全缺陷和技术滥用等安全风险隐患不断扩大，如 AI 辅助驾驶系统感知算法缺陷引发交通事故，利用 AI 深度伪造虚假信息并散播，引发社会不安。二是数字平台使能安全，数字平台逐渐成为行业知识建模、数据汇聚分析、决策联动等的关键载体，是数字业务链条上传下达的重要通道，其安全性成为影响数字化持续深入发展的重要因素。三是数据要素流通共享安全，数据在大规模流通、海量传输共享等环节涉及多元场景、多元主体、多元利益，数字化业务流程间的数据关

联程度日益增强，数据要素流通共享、价值释放过程中的安全及隐私保护等问题日益凸显。四是网络物理融合安全，数字化转型发展加速 IT 与 OT 的融合，使得安全风险交织蔓延，线上网络空间系统瘫痪可能造成线下物理世界业务停摆，安全威胁影响从线上网络空间向线下物理世界延伸，保障线上网络空间安全和线下物理世界安全成为新的安全挑战。

（二）新型基础设施应用日益深入，安全保障体系建设步伐加快

制造业数字化转型加速工业互联网在各行各业深入应用，工业互联网安全体系化布局进一步加快落地。一是制造业加快数字化转型步伐，工业企业自动化、数字化、智能化程度快速提升，网络资产规模扩大，工业知识和机理模型等工业数据应用价值不断提升，但也导致网络安全风险暴露面不断扩大，制造业成为网络攻击的重点目标。IBM 研究报告显示，2021 年，制造业取代金融业等行业成为遭受网络攻击最多的行业。二是工业互联网向 45 个国民经济大类、研产供销服全环节加速应用渗透，网络安全风险向工厂内外、供应链上下游扩散蔓延。工厂内海量工业系统和设备加速联网，IT 与 OT 加快融合，工厂外数据要素市场化推动工业价值链 - 业务链 - 供应链升级，导致网络攻击蔓延直达工业生产一线，数字技术产品供应链安全影响上下游企业，工业数据爆发性增长催生数据泄露、滥用等安全风险。三是工业互联网融合应用向国民经济重点行业拓展，安全体系建设加速。工业互联网安全分类分级管理将持续深化，分类施策、分级防护的安全管理模式进一步向行业、区域落地。"工业互联网安全深度行"在全国范围内开展，技术、人才、产业整体推进，工业互联网安全保障能力加速提升。

车联网安全保障能力的重要性突出，安全管理落地推进。一方面，加强车联网安全的保障能力，已成为车企的主要竞争力。一是汽车加速向"新四化"方向发展，2022 年底，我国汽车保有量已经增长到 4.17 亿辆，汽车正在向智能化、网联化、共享化、电动化的"新四化"方向发展。工业和信息化部发布的《智能网联汽车技术路线图 2.0》明确提出要加强智能网联技术攻关，到 2025 年智能网联汽车渗透率达到 50%，到 2030 年智能网联汽车渗透率将超过 70%。二是自动驾驶、智能座舱、互联科技等数字化功能正加速"登陆"汽车产品，而全程联网的车机应用和"数以 TB 级"的行车

数据将为汽车行业数据安全保障带来全新挑战。一辆智能网联汽车每天至少收集 10TB 的数据，不仅数据量极大，而且涉及驾乘人员的出行轨迹、使用习惯、语音、视频等敏感信息。另一方面，随着政策和标准体系的逐步完善，车联网安全管理加快落地推进。一是车联网安全标准持续完善，工业和信息化部制定发布了《车联网网络安全和数据安全标准体系建设指南》，明确车联网安全标准体系建设框架，提出百余项安全标准项目。二是汽车数据管理加快落实，进一步规范汽车数据处理和出境活动。国家互联网信息办公室等 5 部门发布《汽车数据安全管理若干规定（试行）》，倡导汽车数据处理者在开展汽车数据处理活动时坚持"车内处理""默认不收集""精度范围适用""脱敏处理"等数据处理原则，减少对汽车数据的无序收集和违规滥用。三是车联网网络安全防护定级备案、车联网卡实名登记等工作常态化开展，将全面覆盖所有主要车联网企业。

（三）合规需求与业务发展双轮驱动，加速体系化数据安全治理能力建设

在数据安全合规落地的基础上，数据赋能业务深入发展，驱动体系化数据安全治理能力加快建设。一方面，数据全流程安全合规治理需求日益迫切。在数据安全顶层立法的牵引下，我国将加速出台承接性、配套性规范，进一步明确国家数据安全关键制度机制实施细则，以及数据安全保护和流通利用的安全基线要求。不同行业、不同场景下的数据分类分级保护、数据处理规则及相关主体权责边界将进一步明晰。同时，将进一步提升治理能力，从监督检查和正向引导两方面着手，稳妥推进重点领域数据安全管理实践落地，加强风险评估和监测预警，加大数据流通、使用合规的治理力度，推动政策有效落地实行。另一方面，业务模式和数据流转日益复杂。从业务系统来看，传统数据安全保护面对的业务系统结构一般采用前端、后台、数据库的简单三层结构，保护对象相对简单。而数字化时代数据安全保护面对的业务系统越来越复杂，包括大数据环境下的大数据平台、数据中台和数据服务等，需要新的防御措施和手段。从业务流程来看，在数字化时代，随着业务场景的逐渐丰富，数据跨系统、跨平台、跨行业、跨地域流动，与云、网、端不同的基础设施和不同的业务系统应用产生交互，数据流动路径变得尤为复杂。安全和业务的界限日益模糊，需要在不影响业务流程的同时实现数据安全按需管控。因此，在合规需求和业务模式的发展驱动下，体系化数据安全治理能力的建设工作将加速开展。具体有以下几个特点，即数据安全和业务流程

将有机结合，从组织、制度、流程多方面完善数据安全管理体系，有效支撑数据安全防护技术更好落地执行；以数据为中心、"零信任安全"为理念，建设内生安全能力；针对业务场景建模，建立能有效发现异常并及时处理的动态主动防御体系；以数据流动为重点，建立与业务流程融合的数据全生命周期安全保障成为数据安全部署新趋势和布局新方向。

（四）安全可信成为关注重点，技术呈现体系化发展

网络可信成为未来网络演进的最重要安全特征，网络可信技术体系在可信接入技术、可信计算技术、可信数据和可信管理等方面被重点关注，并在网络控制面、数据面、管理面等多维度逐步形成。一是可信接入技术。以 SDP（软件定义边界）、零信任安全、SASE（安全访问服务边缘）等为代表的差异性、多样性可信接入技术保障用户接入访问安全。根据 2022 年"绽放杯"5G 应用征集大赛 5G 应用安全专题赛数据，具备"零信任"能力的 CPE（用户驻地设备）、网关和边缘计算等产品已在"5G+ 工业""5G+ 能源"等行业落地应用。二是可信计算技术。当前全球供应链多元化、开放化趋势凸显，导致云 / 虚拟化设施软硬件的可信问题成为关注重点，传统基于 TPM（可信平台模块）和 TEE（可信执行环境）的可信计算技术将成为云 / 虚拟化组件信任的可行解决方案，通过 TPM 可信根在虚拟化组件之间形成信任根传递，结合远程证明方式对虚拟化设施进行可信验证，确保虚拟化设施整体可信。三是可信数据。多种保障数据全生命周期可信的技术将快速实现和应用，如可信时间戳、数字水印等技术保障数据源头可信，密码算法 / 协议保障数据传输可信，多方计算技术实现不可信节点间的隐私数据共享可信，区块链技术实现数据可信存储 / 取证溯源，这些技术将促进数据在网络空间中的可信交互，形成可信数据空间。四是可信管理。传统安全监测、审计与分析技术正在演进成为可信管理的基础，如 UEBA（用户实体行为分析）能提供画像及基于各种分析方法的异常检测，发现用户、主机、应用程序、网络、数据库等标准画像或行为异常的事件，确保系统资产运行和用户行为全过程可信。

（五）安全技术融合创新，安全能力与数字化发展齐头并进

随着数字化转型加快，数字安全风险与保障需求持续变化，驱动安全技术迭代升级，促进互通联动、协同主动化安全能力创新发展。一方面，安全技术能力协同化发

展打破互操作藩篱。数字场景中集约化、定制化等安全能力聚合需求显现，驱动单一割裂的安全能力向多类型、全阶段、深联动、高协同融合发展。从端点检测与响应、云访问安全代理等单一安全技术，向以安全编排自动化响应等技术为代表的安全响应互操作发展；扩展检测响应等技术创新应用推动互操作能力持续提升，实现安全检测与响应能力协同互操作；伴随互操作性的持续拓展，以网络安全框架为代表的网络安全技术体系将进一步推进识别、防护、检测、响应、恢复等安全能力互操作发展。另一方面，安全孪生技术推动风险防护与数字化能力同步发展。数字时代的安全风险蔓延交织，在新技术、新业务、新场景应用落地前，需要以安全孪生技术打造"先行一步"的数字威胁应对能力。通过安全孪生技术体系实现技术攻防模拟、数据采集、靶标编排部署、主机网络虚拟化等能力，以高仿真、高还原的现实级模拟环境验证数字场景安全能力实效，促进数字安全能力长期提升。